Christine
von Brühl

GERADE DADURCH SIND SIE MIR LIEB

 aufbau

Christine
von Brühl

*

GERADE DADURCH SIND SIE MIR LIEB

*

Theodor
Fontanes
Frauen

Mit 16 Abbildungen

Dieses Buch entstand mit Unterstützung
der Stiftung Preußische Seehandlung

MIX
Papier aus verantwor-
tungsvollen Quellen
FSC® C083411

ISBN 978-3-351-03730-7

Aufbau ist eine Marke der Aufbau Verlag GmbH & Co. KG

1. Auflage 2018
© Aufbau Verlag GmbH & Co. KG, Berlin 2018
Einbandgestaltung zero-media.net, München
Gesetzt aus der Whitman durch Greiner & Reichel, Köln
Druck und Binden CPI books GmbH, Leck, Germany
Printed in Germany

www.aufbau-verlag.de

Allen Apothekerinnen dieser Erde,
insbesondere Ulrike Uhlig
aus der Apotheke in Berlins Mitte,
in der Theodor Fontane im Jahr 1845
Zweiter Rezeptar war

Inhalt

»Wenn es einen Menschen gibt, der für
Frauen schwärmt, und sie beinahe doppelt
liebt (...), dann bin ich es.«

Vorwort

Kaum ein Autor hat derart eindrückliche Frauenporträts geschaffen wie Theodor Fontane. Ob Corinna Schmidt oder Effi Briest, ob Melanie van der Straaten oder die Witwe Pittelkow – sie erscheinen allesamt heute lebendiger denn je. Nur wenige literarische Werke sind derart flächendeckend von weiblichen Figuren geprägt. Seien es Grete Minde oder Jenny Treibel, seien es Cécile, die Schwestern Poggenpuhl oder Mathilde Möhring – sie bevölkern die Romane Fontanes und bleiben im Gedächtnis.

Obwohl wir längst in einer gänzlich anderen Zeit leben, verfolgen wir heute noch mit Spannung das Schicksal von Hilde Rochussen (*Ellernklipp*, 1881), hoffen inständig, dass der Junge, den sie liebt, nicht vom Vater erschlagen wird. Wir empören uns über Baron von Innstetten, der den Liebhaber seiner Frau ganze sechs Jahre nach dem Ende der Affäre kaltblütig im Duell erschießt (*Effi Briest*, 1895). Oder wir leiden mit Ernestine Rehbein, genannt Stine, von der wir erfahren, dass ihr Verehrer Waldemar Graf von Haldern ihr aufrichtig zugetan ist (*Stine*, 1890). Da er sie aus Standesgründen jedoch nicht heiraten kann, setzt er seinem Leben ein Ende. Seite an Seite mit Stine schleichen wir uns heimlich zu seiner Beerdigung und fragen uns gleichermaßen, warum diese Geschichte so tragisch hat ausgehen müssen.

Interessant ist, dass es gerade die Frauenfiguren sind, an denen Fontane exemplarisch die gesellschaftlichen Widersprüche aufzeigte, die er zu kritisieren suchte. In ihren Lebensentwürfen kulminieren die dramatischen Momente, die solche Widersprüche nach sich ziehen. Auch dem englischen Historiker Gordon A. Craig, der wie kein anderer die Präzision in Fontanes Schilderungen gepriesen hat, fiel auf: »Trägerinnen seiner Kritik in den Romanen und Erzählungen waren zumeist die Frauen, die nicht selten über den unmenschlichen und antiquierten Verhaltensnormen unglücklich wurden und an ihnen zerbrachen.«[1]

Wie zur Bestätigung schrieb Fontane in einem Brief an seine Freunde Paul (1854–1916) und Paula Schlenther (1860–1938): »Wenn es einen Menschen gibt, der für Frauen schwärmt und sie beinahe doppelt liebt, wenn er ihren Schwächen und Verirrungen, dem ganzen Zauber des Evatums, bis zum infernal Angeflogenen hin, begegnet, so bin ich es (…).«[2]

Woher rührte diese Leidenschaft? Und woher bezog Fontane seine Informationen über das weibliche Geschlecht, beschritt er doch bei der Beschreibung von Frauen ein Terrain, das einem Mann des neunzehnten Jahrhunderts größtenteils verschlossen blieb. War er ein wilder Liebhaber, der sich schwärmerisch von einer Kemenate in die andere schwang, immer auf der Suche nach einem neuen Weiberherz, das es zu erobern galt? War er Charmeur und Schwerenöter zugleich? Im Gegenteil: Fontane war ein grundsolider

Charakter. Abgesehen von zwei außerehelichen Schwangerschaften, die er mit Ende zwanzig verursacht haben muss, verliebte er sich als Jugendlicher in Emilie Rouanet-Kummer (1824–1902), verlobte sich mit ihr im Alter von sechsundzwanzig Jahren, heiratete sie fünf Jahre später und blieb ihr sein Leben lang treu.

Oder war Fontane ein Mitstreiter der Frauenbewegung, die zu seiner Zeit gerade erstarkte? Sah er sich als Fürsprecher der englischen Suffragetten, als Sprachrohr der bürgerlichen Kämpferinnen um Helene Lange (1848–1930) und Auguste Schmidt (1833–1902) oder gar als Vertreter der sozialistischen Bewegung um Clara Zetkin (1857–1933)? Wollte er mit seinen Erzählungen, Novellen und Romanen für Frauen das Recht auf Abitur, Studium und Erwerbsarbeit, dazu das Wahlrecht erwirken?

Oder war sein Interesse vielleicht ganz anderer Natur? Trieben ihn vielmehr diffuse Gelüste nach seinen Schwestern, seiner Tochter, wie eine Forschungsarbeit zu Fontane nahelegt?[3] Lebte er in seinem Werk inzestuöse Phantasien aus?

All diesen Fragen geht das vorliegende Buch nach und versucht Klarheit darüber zu schaffen, was Fontanes Movens war, sich mit der Sache der Frauen zu befassen. Zweifelsohne gingen seine präzisen Kenntnisse unter anderem auf die Frauen zurück, die ihn direkt umgaben. Entscheidend war zum Beispiel sein Verhältnis zu Martha (1860–1917), seiner einzigen Tochter, die ihn freimütig an ihrem Leben als Mädchen, Jugendliche und schließlich erwachsene Frau teilnehmen ließ. Große Anhänglichkeit zeigte er auch gegenüber seiner Mutter Emilie, geborene Labry (1797–1869), sowie seinen Schwestern Jenny (1823–1904) und Elisabeth (1838–1923). Nicht zuletzt war seine Ehe eine Partnerschaft auf Augenhöhe. Naturgemäß gab es Konflikte, doch Fontane zog Emilie stets ins Vertrauen und bewies ihr gegenüber eine geradezu anrührende Offenheit, wie der umfangreiche Briefwechsel der Eheleute zeigt.

Einen weiteren Hinweis gibt Fontanes Art, auf Menschen zuzugehen. Dank seines freundlich-respektvollen und gleichzeitig humorvoll-unbedarften Charakters pflegte er eine Form von zwischenmenschlichem Umgang, mit dem er das Vertrauen seines Gegenübers leicht gewinnen konnte. Ähnlich wie viele Frauen hatte er eine Vorliebe für Plaudereien, erzählte gerne, dachte laut nach, hörte genau zu. Er spielte sich nicht auf und machte sich nicht künstlich wichtig. Entsprechend unbekümmert traten Frauen ihm gegenüber auf und teilten sich ihm offen mit.

Fontanes Schriftstellerkollegen machten sich darüber lustig. Sie nannten ihn »Nöhl«, ein berlinerischer Ausdruck, der für »nöhlen« (quasseln, plaudern) steht. Aber gerade dadurch gelang es ihm wohl, eine spezifische Nähe zu seinem Gegenüber und engere Beziehungen zu Frauen herzustellen, die nicht seiner Verwandtschaft angehörten. Zu diesen gehörte beispielsweise die Diakonissin Emmy Danckwerts (1812–1865), die er als junger Mann in Pharmazie unterrichtete, oder Henriette von Merckel (1811–1889), die Witwe eines seiner Schriftstellerkollegen, und nicht zuletzt die Stiftsdame Mathilde von Rohr (1810–1889) in Dobbertin, bei der er sich längere Zeit aufhielt, mit der er Ausflüge machte und einen intensiven Briefwechsel führte. Auch in diesem Punkt bewies er sich als Zeitgenosse, der in Bereiche vordrang, die Vertretern seines Geschlechts gewöhnlich vorenthalten blieben. Überflüssig, darauf hinzuweisen, dass er sein Leben naturgemäß in vorwiegend männlicher Gesellschaft verbrachte: in der Kindheit mit Schulfreunden und seinen Brüdern, später mit Kollegen von literarischen Gesellschaften wie »Tunnel« oder

»Rütli«, zu denen Frauen selbstverständlich keinen Zutritt hatten, oder mit Männerfreunden wie Bernhard von Lepel (1818–1885), Paul Heyse (1830–1914), Karl Zöllner (1821–1897) oder Georg Friedlaender (1843–1914), mit denen er zudem ausführlich korrespondierte.

Erstaunlich ist es, welche Bedeutung Fontane den Protagonistinnen in seinem Werk beimaß und wie präzise er insbesondere ihr Empfinden und Denken schilderte, diesen ausgesprochen komplexen und wechselhaften Bereich, den Frauen oft selbst nicht so genau zu durchschauen wissen. Woher nahm er dazu die Sicherheit, letztlich den Mut?

Auffallend ist auch, wie offen Fontane in seinen persönlichen Aufzeichnungen über die Befindlichkeiten und Krankheitsbilder von Frauen reflektierte, wie unbefangen sein Umgang damit war. So teilte er seiner Frau detailliert mit, wie sie die Kinder behandeln, welche Medikamente sie Tochter Martha verabreichen sollte. Auch ihr selbst gab er ärztliche Ratschläge, wenn sie sich unwohl fühlte.

Ausschlaggebend hierfür war seine Ausbildung zum Apotheker, durch die er nicht nur mit zeitgenössischen Heil- und Therapiemethoden, sondern auch mit den entsprechenden Essenzen vertraut war. Ihr verdankte er letztlich auch den unerschrockenen, analytischen Blick eines Naturwissenschaftlers und Mediziners, der es ihm ermöglichte, Frauen gesamtheitlich zu erfassen, ihr Verhalten einzuordnen und ihre Seelenzustände treffend zu beschreiben. Nicht zuletzt kannte er Krankheit und wiederkehrende Unpässlichkeit aus persönlicher Erfahrung.

Fontanes Schilderungen waren derart gegenwarts- und ortsbezogen, dass sich mancher Zeitgenosse kritisch darüber äußerte, wenn er einzelne Geschäfte, Personen und Plätze in seinen Werken unbekümmert beim Namen nannte. Dann erhielt er Zuschriften von übereifrigen Lesern, die einzelne Wegbeschreibungen oder Details als fehlerhaft empfanden.

Fontane reagierte mit Engelsgeduld: »Es ist mir selber fraglich, ob man von einem Balkon der Landgrafenstraße aus den Wilmersdorfer Turm oder die Charlottenburger Kuppel sehen kann oder nicht. Der Zirkus Renz, so sagte mir meine Frau, ist um die Sommerszeit immer geschlossen. (...) Gärtner würden sich vielleicht wundern, was ich alles im Dörrschen Garten à tempo blühen und reifen lasse; Fischzüchter, daß ich – vielleicht – Muränen und Maränen verwechselt habe; Militärs, daß ich ein Gardebataillon mit voller Musik vom Exerzierplatz kommen lasse; Jacobikirchenbeamte, daß ich den alten Jacobikirchhof für ›tot‹ erkläre, während noch immer auf ihm begraben wird. Dies ist eine kleine Blumenlese, eine ganz kleine; denn ich bin überzeugt, daß auf jeder Seite etwas Irrtümliches zu finden ist. Und doch bin ich ehrlich bestrebt gewesen, das wirkliche Leben zu schildern. Es geht halt nit. Man muß schon zufrieden sein, wenn wenigstens der Totaleindruck der ist: ›Ja, das ist Leben.‹«[4]

Gerade was Frauen angeht, dokumentierte Fontane die Umstände und gesellschaftlichen Zusammenhänge, in denen sie im neunzehnten Jahrhundert lebten, besondes präzise. Dadurch lieferte er, nicht zuletzt, wertvolle Informationen zu ihrer jeweiligen persönlichen Lebenssituation und leistete ganz allgemein einen wesentlichen Beitrag zur Kulturgeschichte der Frau.

Ein besonderes Interesse zeigte Fontane an Frauenschicksalen, die mit dem bürgerlichen Moralkodex seiner Zeit im Konflikt standen. Das spiegelt sich in seinem Werk und wurde von Zeitgenossen streng verurteilt. So soll ein Mitinhaber der *Vossischen Zeitung* in der Zeit, in der *Irrungen, Wirrungen* (1888) vorabgedruckt wurde, den Chefredakteur in höchster Erregung gefragt haben: »Wird denn die gräßliche Hurengeschichte nicht bald aufhören?«[5] In einem Brief an seinen Sohn Theodor machte Fontane seinem Ärger darüber Luft: »Wir stecken ja bis über die Ohren in allerhand konventioneller Lüge und sollen uns schämen über die Heuchelei, die wir treiben, über das falsche Spiel, das wir spielen. Gibt es denn, außer ein paar Nachmittagspredigern, in deren Seelen ich auch nicht hineinkucken mag, gibt es denn außer ein paar solchen fragwürdigen Ausnahmen noch irgendeinen gebildeten und herzensanständigen Menschen, der sich über eine Schneidermamsell mit einem freien Liebesverhältnis *wirklich* moralisch entrüstet? *Ich* kenne keinen und setze hinzu, Gott sei Dank, daß ich keinen kenne. (…) Empörend ist die Haltung einiger Zeitungen, deren illegitimer Kinderbestand weit über ein Dutzend hinausgeht (der Chefredakteur immer mit dem Löwenanteil) und die sich nun darin gefallen, mir ›gute Sitte‹ beizubringen. Arme Schächer!«[6]

Aus heutiger Sicht klingt die Einschätzung von Fontanes Leistung natürlich ganz anders. So stellte Craig fest: »Für seine Zeit nahm Fontane eine einzigartig aufgeschlossene Haltung gegenüber Frauen ein, denn er mochte sie und gestand ihnen Eigenschaften zu wie Intelligenz, Mut und geistige Unabhängigkeit, die andere Männer nicht wahrnahmen.«[7]

Die folgenden Kapitel nehmen sich der Frauen an, denen Fontane zu seinen Lebzeiten besonders nahestand, und arbeiten das Außergewöhnliche der jeweiligen Beziehung heraus. Im Anschluss daran werden die literarischen Frauenfiguren in seinem Werk beleuchtet, besonders jene, die auf ein historisches Vorbild zurückgehen. Selbstredend hat Fontane seine Protagonistinnen frei erfunden, doch er ließ sich in einzelnen Fällen von lebenden Personen inspirieren.

Bei vielen Charakterisierungen stand ihm seine Tochter Martha Pate. Sie diente als Vorbild für die Figur der Corinna und inspirierte ihn mit ihrer natürlichen Selbstverständlichkeit und Redegewandtheit auch bei der Darstellung von Grete Minde, Lene Nimptsch, Brigitte Hansen, Ebba von Rosenberg, Effi Briest oder auch Melusine Ghiberti. Sie ist dadurch unwillkürlich in den Mittelpunkt der Aufmerksamkeit geraten.

Zunächst widmen wir uns jedoch der Frauenbewegung und zeigen Parallelen zu Fontanes Biographie auf.

»Man kann all diesen Dingen gegenüber
sagen: ›warum nicht!‹ aber doch noch mit
größrem Recht: ›wozu?‹«
Theodor Fontane und die Frauenbewegung

Als Fontane 1819 geboren wurde, steckte die Frauenbewegung noch in den Kinderschuhen. Ihren Anfang genommen
hatte sie 1791 in Frankreich. In ihrer Publikation »Déclara-
tion des droits de la Femme et de la Citoyenne« forderte
die französische Schriftstellerin Olympe de Gouges (1748–
1793) absolute Gleichberechtigung von Männern und
Frauen in rechtlichen, politischen und sozialen Belangen.
Die neue Verfassung sei ungültig, beschuldigte de Gouges
die Nationalversammlung, denn an ihrer Entwicklung sei
keine Frau beteiligt gewesen.

Mit ihren Forderungen machte sich die Revolutionärin
keineswegs beliebt. Man empfand ihr Engagement als Ein-
mischung in Politik und Entscheidungsgewalt, sie wurde
als Royalistin angeprangert, verhaftet und ins Gefängnis ge-
worfen. Wie viele andere bedeutende Streiter und Idealis-
ten jener aufgewühlten Zeit, die sich durchaus solidarisch
mit den Parolen von »Liberté, Égalité, Fraternité« fühlten,
fiel sie der Terrorherrschaft Maximilien de Robespierres

(1758–1794) zum Opfer, wurde vom Revolutionstribunal verurteilt und am 3. November 1793 auf der Place de la Concorde in Paris enthauptet.

Doch die Erklärung de Gouges' war wie ein Fanal und entfaltete ihre Wirkung weit über die Grenzen Frankreichs hinaus. Sie fand ihren Widerhall in England, wo sich Frauen unter anderem für die Verbesserung und Aufwertung der Krankenpflege, in Deutschland, wo sie sich etwa für differenziertere Bildungsmöglichkeiten von Frauen einsetzten, und auch in Amerika, wo sie sich beispielsweise im Widerstand gegen Sklaverei engagierten. Entscheidend war, dass geschlechtsabhängige Benachteiligungen erstmals in gebildeten Kreisen thematisiert wurden und auch von Frauen bestätigt oder generell anerkannt wurden, die aus wohlhabenden Familien stammten. Zuvor war man allgemein der Ansicht gewesen, Opfer von Ungerechtigkeiten seien allein Frauen einfacher Herkunft.

Die Forderung de Gouges' wurden Bestandteil der Diskussionen in den Clubs und Salons und führten zu einer Solidarisierung unter Frauen aller sozialer Gruppen. Und sie gaben Anlass zur Gründung von Frauenvereinigungen, die sich ausdrücklich für die Umsetzung der Gleichberechtigungsziele einsetzen wollten.

In Preußen war davon Anfang des neunzehnten Jahrhunderts noch nicht viel zu spüren. Friedrich Wilhelm III. (1770–1840) hatte 1819 mit Hilfe seiner Bündnispartner Napoleon (1769–1821) besiegt, die französischen Besatzungstruppen waren abgezogen und das Land erholte sich allmählich von den jahrelangen Auseinandersetzungen. Das Bürgertum gewann sukzessive an Bedeutung, und die Regierung leitete Reformen ein. Seit 1810 existierte in der zentralen Prachtstraße Unter den Linden Berlins erste Universität. Neben Gründungsrektor Johann Gottlieb Fichte

(1762–1814) lehrte hier ab 1818 Georg Wilhelm Friedrich Hegel (1770–1831). In den vornehmlich jüdischen Salons entwickelte sich eine intellektuelle Elite. Regelmäßig erschienen nun Tageszeitungen. Wilhelm (1767–1835) und Alexander von Humboldt (1769–1859) prägten mit ihren Bildungsidealen eine ganze Epoche.

Fontanes frühe Kindheit war von diesem Aufschwung bestimmt. Seine Eltern Emilie Labry und Louis Henry Fontane (1796–1867) waren beide hugenottischer Abstammung und Mitglieder der »Französischen Kolonie«, deren Vorfahren, unter dem Schutz des Edikts von Potsdam 1685 nach Brandenburg gekommen, über die Jahre einigermaßen selbstbewusst und wohlhabend geworden waren. Fontanes Vater war ausgebildeter Apotheker, nach der Hochzeit zog er kurzerhand mit seiner jungen Frau nach Neuruppin, kaufte eine ansehnliche Offizin, wie man das Laboratorium eines Apothekers damals nannte, und am 30. Dezember 1819 wurde Fontane in dieser Stadt geboren. In rascher Folge kamen drei weitere Kinder zur Welt, Jahre später noch eine zweite Tochter. Anschaulich beschrieb der Schriftsteller diese erste Lebenszeit später in seinem autobiographischen Roman *Meine Kinderjahre* (1894).

Mit dreizehn Jahren wurde Fontane nach Berlin geschickt, besuchte ab Oktober 1833 die Gewerbeschule von Karl Friedrich von Klöden (1786–1856) in der Niederwallstraße 12 und kam in der nahegelegenen Burgstraße bei August Fontane (1804–1870) unter, einem Halbbruder seines Vaters, sowie dessen Ehefrau Philippine (1810–1882), von den Kindern zärtlich Tante Pine oder Pinchen genannt. Drei Jahre später begann die Ausbildung zum Apotheker, nebenbei die Entwicklung zum Schriftsteller und schließlich 1843 die Aufnahme in die literarische Gesellschaft »Tunnel über der Spree«, die für den jungen Autor wie ein

Ritterschlag gewesen sein musste. Hier versammelten sich Schriftsteller wie der spätere Nobelpreisträger Paul Heyse (1830–1914), Theodor Storm (1817–1888) oder auch Künstler wie Adolph Menzel (1815–1905). Fontane befand sich unter Gleichgesinnten, und seine künstlerischen Ambitionen fanden dauerhaft Anerkennung.

In dem jungen, aufstrebenden Berlin absolvierte Fontane seinen Militärdienst, der ihm ähnlich wie die Apothekerlehre vornehmlich dazu diente, nebenbei weiter zu schreiben: Gedichte, Balladen, die Publikation seiner ersten Erzählung *Geschwisterliebe* (1839) fielen in diese Zeit. Auch Zeitungsbeiträge konnte er zunehmend unterbringen, schrieb für die *Berliner Zeitungs-Halle* und die *Dresdner Zeitung*, akquirierte Korrespondenzen, die für viele Jahre seinen Hauptverdienst ausmachen würden, doch erst mit Ende zwanzig beschloss er, ausschließlich von seiner Schreibkunst zu leben.

Nicht zuletzt lernte Fontane in Berlin seine zukünftige Ehefrau kennen, Emilie Rouanet-Kummer, die er 1850 heiratete und mit der er sieben Kinder hatte. Vier davon erreichten das Erwachsenenalter. Von ihr wird später noch ausführlich die Rede sein.

Soziale Not und die Einschränkung politischer Freiheiten führten 1848 zum Ausbruch der Märzrevolution, die nach wenigen Tagen niedergeschlagen wurde. Doch Friedrich Wilhelm III. war verstorben, sein Sohn Friedrich Wilhelm IV. (1795–1861) an die Macht gekommen, und der Thronfolger musste sich den Anforderungen der neuen, zunehmend lauter ihr Recht einfordernden Kräfte beugen. Am 19. März 1848 erhielt Preußen seine erste konstitutionelle Regierung, im Mai fanden die ersten Wahlen zu einer Nationalversammlung statt, und 1850 trat eine Verfassung in Kraft, die bis 1918 Bestand haben würde. Die Monarchie blieb erhalten, ihre Souveränität wurde indes deutlich eingeschränkt. Abgeordnetenhaus und Erste Kammer wirkten bei der Gesetzgebung mit. Rechtswirksame Regierungsbeschlüsse bedurften der Legitimierung durch den zuständigen Minister. Es blieb ein Privileg des Königs, diesen Minister zu ernennen oder zu entlassen, aber er durfte seine politischen Entscheidungen nicht mehr alleine fällen.

Fontane finden wir in den Tagen der Märzrevolte mitten im Getümmel. Der Achtundzwanzigjährige hat sich eine Waffe besorgt, mit ein paar rauflustigen Mitstreitern hinter den Barrikaden verschanzt und macht sich daran, die Aufständischen zu verteidigen. Er wollte an der revolutionären Stimmung teilhaben, politisch und persönlich, war dafür zunächst empfänglich. Später wechselte er die Seiten, wandte sich vom Vormärz ab und vertrat eine tendenziell konservative bis ambivalente Haltung. Ihn trieben entschieden andere Interessen. Er wollte Schriftsteller sein, kein Revoluzzer.

Früh zog es ihn nach England, die Sprache beherrschte er bald leidlich. Schon als junger Mann hatte er auf Einladung seines Neuruppiner Freundes Hermann Scherz (1818–1888) Gelegenheit gehabt, London zu besuchen. Begeistert vom liberalen Denken und der Freiheit des Individuums, die er hier zu spüren glaubte, fasste er den Entschluss, für länger nach England zu ziehen: »London hat einen unvertilgbaren Eindruck auf mich gemacht; nicht sowohl seine Schönheit als seine Großartigkeit hat mich staunen lassen. Es ist das Modell oder die Quintessenz einer ganzen Welt«,[8] notierte der angehende Schriftsteller.

1852 setzte er sein Vorhaben in die Tat um und ging von April bis September als Korrespondent für die *Preußische (Adler-)Zeitung* nach London. Wieder unterstützte ihn Scherz bei dem Unterfangen, auch seine Literatenfreunde vom »Tunnel« steuerten eine gewisse Summe für die Überfahrt bei. Sogar sein Vater gab eine Kleinigkeit dazu. Letztlich hoffte Fontane, mit dem Auslandsposten nicht nur seinem Interesse an England nachzukommen, sondern damit auch ein redliches Auskommen zu erlangen.

Das gelang ihm mit Bravour. Im September 1855 kehrte er als Korrespondent nach London zurück, schrieb für die *Neue Preußische Zeitung (Kreuzzeitung)*, *Die Zeit* und die *Vossische Zeitung*, konnte der reinen Lohnschreiberei jedoch auch regelmäßig entkommen und machte ausgedehnte Fahrten ins Umland und bis hinauf nach Schottland. Literarische Reiseberichte wie *Ein Sommer in London* (1854) und *Jenseits des Tweed* (1860) zeugen eindrucksreich von den Impressionen, die Fontane während der beiden England-Aufenthalte sammeln konnte.

Mit der Zeit ermöglichte ihm seine finanzielle Situation sogar, seine Familie nach London nachzuholen. Ehefrau Emilie, die ihren Mann gemeinsam mit Sohn George (1851–1887) und Schwägerin Elise Anfang 1856 bereits für ein paar Monate besucht hatte, zog mit George und dem inzwischen geborenen Sohn Theodor (1856–1933) Ende Juli 1857 in die englische Hauptstadt. Man wohnte beschaulich in der St. Augustin Road in Camden Town, damals noch ein Vorort von London, Emilie knüpfte Kontakte zu ansässigen Familien, lernte fleißig Englisch. Die Söhne taten es ihr gleich.

Während dieser Jahre in London unterstand Fontane neben seiner Korrespondententätigkeit außerdem der Zentralen Pressestelle in Berlin und hatte den Auftrag, die Berichterstattung über Preußen in den deutschen und englischen Zeitungen gemäß den Anweisungen seiner Regierung zu manipulieren – ein heikles Unterfangen. Doch Fontane schlug er sich tapfer. Auch dieser Aufgabe kam er pflichtbewusst nach.

Mit der Zeit wurden seine Betrachtungen zu dem Land seiner Träume weniger idealistisch. Aufmerksam und präzise beschrieb er die gesellschaftspolitischen Ereignisse, auch die sozialen Ungerechtigkeiten, die ihm auffielen. Gleichzeitig war er seinen Auftraggebern eine gewiss konservative Berichterstattung schuldig. Die *Preußische (Adler-)Zeitung* sah ihre Leser mehrheitlich im regierungsnahen Lager – keine Leichtes, sich in diesem Spannungsfeld abschließend zu positionieren. Auch hier zeigte sich, dass Fontane kein Journalist war, sondern letztlich Literat. Seine Stärken lagen eher im neutralen Beobachten und Nachzeichnen der Wirklichkeit als in der Festlegung auf eine einzelne politische Richtung. Seine Berichterstattung zeugte weniger von Parteizugehörigkeit als vielmehr von Distanz und berückender Unabhängigkeit.

Im Februar 1859 ging es zurück nach Berlin, doch die Freundschaften, die Fontanes in England geschlossen hatten, insbesondere zur Familie Merington, hielten ein Leben lang. Auch an den zeitgeschichtlichen Entwicklungen Britanniens nahm der Autor weiterhin Anteil. Nicht zuletzt flossen die dort erworbenen Kenntnisse in sein literarisches Werk mit ein, wie etwa in *Cécile* (1887) oder *Der Stechlin* (1899).[9]

In seiner England-Zeit muss Fontane auch mit der dortigen Frauenbewegung in Berührung gekommen sein. Während die englische »Blue Stockings Society« der englischen Schriftstellerin und Salondame Elizabeth Montagu (1718–1800) vor dem Spottnamen »Blaustrümpfe« noch resigniert hatte, vereinnahmten die Frauen, die sich ab Mitte des neunzehnten Jahrhunderts in England für das Frauenwahlrecht einsetzten, die Bezeichnung »suffragist« (Wahlrechtler) für sich. Die Presse hatte versucht, sie damit zu verleumden, jetzt machten sie das Schimpfwort zum Titel ihrer Bewegung. Anfangs in mehr oder weniger losen Zusammenkünften zu passivem Widerstand aufgerufen, sorgten die Suffragetten zunehmend für Störungen im öffentlichen Raum, rauchten demonstrativ im Freien, was sich keinesfalls schickte, oder traten gar in Hungerstreiks, um auf ihre Forderung aufmerksam zu machen. Auslöser ihres Engagements war bezeichnenderweise die Verabschiedung eines Gesetzes in England, das Frauen, die der Prostitution verdächtigt wurden, zu einer medizinischen Untersuchung zwang, die sogenannten Contagious Diseases Acts (1864 und 1869). Das Gesetz sollte der Ansteckungsgefahr vorbeugen, zielte jedoch ausschließlich auf den Vorteil für die Männer ab. Auf einen vagen Hinweis hin mussten sich die angezeigten Frauen herabwürdigender Kontrollen unterziehen, und das oft in aller Öffentlichkeit.

Auch bei dieser Widerstandsbekundung solidarisierten sich interessanterweise Frauen aller sozialen Schichten. Sie organisierten eine Kampagne, wählten die anglikanische Pfarrersfrau Josephine Butler (1828–1906) zu ihrer Leitfigur und formulierten 1870 gemeinsam eine Petition an das Britische Parlament. Butler hatte sich seit Ausbruch des Amerikanischen Bürgerkriegs für die Abschaffung der Sklaverei in den Staaten, ferner für die Wohlfahrt in England engagiert. Sie hatte eine Heimstatt für die Prostituierten in den Londoner Docks und ihre Kinder eingerichtet und kannte ihre Situation aus eigener Anschauung.

140 Mitstreiterinnen konnte Butler auf Anhieb für ihre Petition gewinnen. Frauen wie Florence Nightingale (1820–1910), die Sozialreformerin Mary Carpenter (1807–1877) oder die Botanikerin und Suffragette Lydia Becker (1827–1890) gaben freimütig ihre Unterschrift. Sie prangerten die Regierung an, Frauen als Prostituierte zu kriminalisieren, ihre Kunden hingegen nicht zu behelligen. Mit

ihrer Kritik stießen die Frauenrechtlerinnen zwar nicht umgehend auf Gehör, doch sie führte zu anhaltenden Unruhen und einer Radikalisierung ihres Engagements. 1883 wurde das Gesetz im Ergebnis suspendiert und 1886 ganz aufgehoben. Das Frauenwahlrecht, wofür die Suffragetten später eintraten, an der Spitze mit Emmeline Pankhurst (1858–1928) und ihren Töchtern Christabel (1880–1958) und Sylvia (1882–1960), konnte in England erst 1928 erstritten werden. Deutschland hatte das Recht 1918 eingeführt.

Die Unruhen, die die Frauenbewegung in England auslöste, drangen auch in den Salon der langjährigen Freunde Fontanes. Als es 1870 für Tochter Martha für ein Jahr nach England zu Familie Merington gehen sollte, begleitete Mutter Emilie die Zehnjährige zwecks Eingewöhnung für einige Wochen und schrieb Ende April ihrem Mann aus London: »Die jungen Damen sprachen Alle für ihr Stimmrecht u. hoffen daß die Zeit nahe ist daß wir gleichberechtigt sein werden mit den Herren der Schöpfung. Auch ich wurde nach meiner Meinung gefragt; aber ich konnte nur lachend sagen: ich hätte nicht Gelegenheit gehabt, über den Gegenstand nachzudenken, I had such a good position as the wife of you, that I don't want a other; which answer amused very much Mr. Merington.«[10]

In Fontanes Antwort zeigt sich seine pessimistische Haltung zu dem Thema: »Dein guter Einfall, womit Du die Debatte über Frauen-Stimmrecht coupirtest, hat auch mich amüsirt. Man kann all diesen Dingen gegenüber sagen: ›warum nicht!‹ aber doch noch mit größrem Recht: ›wozu?‹ Die Frauen, die zur Zeit Ludwigs XIV. die Welt, den König und die Gesellschaft regirten, hatten kein Stimmrecht, haben sich aber leidlich wohl dabei befunden, jedenfalls besser als jene Unglücklichen, die sich ›in Erfüllung ihrer Bürgerpflicht‹ an die Wahlurne drängen.«[11]

1859 zurück in Berlin, musste sich Fontane auf Arbeitssuche begeben. Preußen befand sich in Agonie, der regierende König war schwer krank, sein Bruder Wilhelm (1797–1888) hatte die Aufgabe des Stellvertreters übernommen, und keiner konnte recht sagen, wie es weitergehen würde.

Fontane fand eine Anstellung bei der *Kreuzzeitung*, die ihm und seiner Familie immerhin ein stabiles Einkommen sicherte. Ferner begab er sich auf Ausflüge in die Berliner Umgebung und begann, angesteckt von seinen literarischen Streifzügen durch England und Schottland, *Wanderungen durch die Mark Brandenburg* zu schreiben. Der erste Band erschien 1862, kurze Zeit später war er vergriffen und der Verleger verlangte nach einer Neuauflage. Fontane schwamm im Glück. Erstmals konnte er einen Mehrwert aus seinem Schreiben verbuchen.

Auch Preußens Lage veränderte sich. Am 2. Januar 1861 verstarb Friedrich Wilhelm IV., sein Bruder folgte ihm auf den Thron, ernannte Otto von Bismarck (1815–1898) zum Ministerpräsidenten, und vehement übernahm der Eiserne Kanzler die Führung. Zahlreiche militärische Auseinandersetzungen bescherte er seiner Regierung. Preußische Soldaten kämpften im Deutsch-Dänischen (1864), im Preußisch-Österreichischen (1866) und im Deutsch-Französischen Krieg (1870/71). Als Wilhelm I. 1871 aus Versailles zurückkehrte, hatte man ihn zum Deutschen Kaiser gemacht. Berlin war nun Hauptstadt des Deutschen Reiches, der Aufschwung unaufhaltsam. Die hohen Reparationszahlungen Frankreichs lösten Investitionen in schwindelnder Höhe aus: Die sogenannte Gründerzeit nahm ihren Lauf.

Hinzu gesellten sich technische Innovationen, die der Industrialisierung Vorschub leisteten. Zahlreiche neuen Fabriken und Produktionsstätten schufen Arbeit für viele

Neuberliner. Bald hatte die Einwohnerzahl die Millionengrenze überschritten.

Fontane hatte auf seine Art gewusst, von den Kriegszeiten zu profitieren. Er war auf eigene Initiative als Berichterstatter ins Feld gezogen, hatte sich möglichst nahe an den Rand der Kampfhandlungen begeben und seine Erlebnisse in detailreichen Reportagen wiedergegeben. Die Bücher, die dabei entstanden, gelten als Höhepunkt literarischer Kriegsberichterstattung.[12]

Inzwischen hatte sich die deutsche Frauenbewegung in unterschiedlichen Strömungen organisiert, und ihre Forderungen waren teilweise auf fruchtbaren Boden gefallen. Die ausgebildete Lehrerin Helene Lange (1848–1930) aus Oldenburg stand in Verbindung mit der bürgerlich-gemäßigten Gruppierung rund um die Meißner Schriftstellerin Louise Otto-Peters (1819–1895) und der Breslauerin Auguste Schmidt (1833–1902). Alle drei Frauen stammten aus mittelständischen Elternhäusern, waren also gutgestellte Personen, die aus prinzipiellem Unrechtsbewusstsein auf die Missstände, unter denen Frauen zu leiden hatten, aufmerksam machen wollten. Lange setzte sich mit ihrer Lebensgefährtin Gertrud Bäumer (1873–1954) für die Verbesserung der Ausbildung von Mädchen und jugendlichen Frauen ein. Otto-Peters forderte 1843, ähnlich wie de Gouges Jahrzehnte zuvor in Paris, mit einer gewissen Radikalität, in den *Sächsischen Vaterlandsblättern* ein Recht auf politische Beteiligung von Frauen: »Die Teilnahme der Frau an den Interessen des Staates ist nicht ein Recht, sondern eine Pflicht.«[13] Die Meißnerin hatte die Probleme erkannt, mit denen insbesondere die Arbeiterinnen im Rahmen der Industrialisierung konfrontiert waren, und forderte die Berücksichtigung ihrer spezifischen Lebenssituation. Neben den Büchern und Artikeln, die sie selbst publizierte, gründete Otto-Peters die *Frauen-Zeitung*, floh nach Verbot des Blattes in Sachsen mit der Redaktion nach Thüringen, um schließlich auch dort den restriktiven Gesetzen zu unterliegen. Mit ihren Mann August Peters (1817–1864) verlobte sie sich im Gefängnis, wo er seine Strafe für die Teilnahme an der Märzrevolution absitzen musste.

Nach der Hochzeit behielt Otto-Peters ihren Mädchennamen als Teil des Nachnamens bei, auch das eine kleine Revolution. Sie organisierte Versammlungen zur Aufklärung über die Lage der Frauen, gründete 1865 den *Leipziger Frauenbildungsverein* und den *Allgemeinen Deutschen Frauenverein*, Seite an Seite mit der Breslauerin Auguste Schmidt und vielen anderen Mitstreiterinnen.

Eine Ausgabe der beliebten Illustrierten *Die Gartenlaube*, in der auch Fontane publizierte, bildete 1894 zehn Mitglieder der Frauenbewegung ab. Die Fotos sind aufgefächert wie ein Kartenspiel. Sie zeigen durchsetzungsstarke Frauen, die Haare präzise gescheitelt, glatt nach hinten frisiert und sorgfältig zu einem Dutt hochgesteckt. Auguste Schmidt trägt ein leises Lächeln im Gesicht. Die Frauen engagierten sich nicht nur für ein Mitspracherecht in der Politik, sondern insbesondere auch für ein Recht auf Ausbildung und Erwerbsarbeit, unabhängig von der sozialen Herkunft. Die sozialistische Frauenbewegung um Clara Zetkin (1857–1933) setzte sich explizit für den Zugang von Frauen zu Universitäten ein. Zwar hatte es über die Jahrhunderte einzelne Akademikerinnen gegeben, wie die Ärztin Dorothea Christiane Erxleben (1715–1762), die in Halle nicht nur studierte, sondern sogar promoviert wurde, doch im Allgemeinen war es Frauen bis Anfang des zwanzigsten Jahrhunderts im deutschen Sprachraum, mit Ausnahme der Schweiz, verboten, ein Studium zu absolvieren oder einen Hochschulabschluss zu erwerben.

Schon die Mädchen und Frauen, die auf eine sogenannte Höhere Töchterschule gingen, sollten keineswegs von einer späteren Rolle im Haushalt und als Ehefrau abgehalten werden. Die Schultage waren kurz, sie umfassten oft nur vier Unterrichtsstunden, die Inhalte waren vergleichsweise banal. Die Ausbildung endete mit dem sechzehnten Lebensjahr. Ihr Ziel war nicht die Befähigung zum Berufserwerb oder der Zugang zum institutionalisierten Bildungssystem. Vielmehr sollten Frauen schon im jugendlichen Alter neben der Schule möglichst viel Zeit am häuslichen Herd verbringen, der Mutter zur Hand gehen und sich dem Haushalt oder jüngeren Geschwistern widmen. Besonders viel Raum erhielten die Lehrer im Rahmen des Curriculums, um ihren Schülerinnen ausgezeichnete Kenntnisse in verschiedenen Handarbeitstechniken beizubringen.

Das Thema Frauenbildung lag Fontane zweifelsohne am Herzen. Schon in der Grundschulzeit seiner Tochter Martha fiel ihm auf, wie entschieden Mädchen im preußischen Schulsystem unterfordert, ja regelrecht benachteiligt wurden. Nicht zuletzt aus diesem Grund hatte er 1870 die Einladung seiner Freunde, den Meringtons, angenommen und Martha im jugendlichen Alter von zehn Jahren nach England geschickt. In einem Brief an seine Vertraute, die Stiftsdame Mathilde von Rohr, erklärte er: »Da wir unsren Kindern sonst nichts hinterlassen können, so wollen wir wenigstens versuchen, ihnen eine innerliche Ausrüstung mit auf den Weg zu geben, die es ihnen möglich macht, vorwärts zu kommen, und dazu gehört beispielsweise Sprachkenntnis. Die volle Kenntnis einer fremden Sprache ist wie ein Kapital, von dessen Zinsen man leben kann.«[14]

Auch fand der Berliner Lette-Verein ausdrücklich Eingang in Fontanes Roman *Frau Jenny Treibel* (1893). Protagonistin Corinna Schmidt preist darin nicht ohne Stolz die

Ausbildung zur Kunststopferin, die sie an dieser Institution genossen hatte: »Und nun, wenn wir aufstehen, Mister Nelson, und die Zigarren herumgereicht werden – ich denke, Sie rauchen doch –, werde ich Sie um Ihre Zigarre bitten und meinem Freunde Leopold Treibel ein Loch in den Rock brennen, hier gerade, wo sein Herz sitzt, und dann werd ich den Rock in einer Droschke mit nach Hause nehmen, und morgen um dieselbe Zeit wollen wir uns hier im Garten wieder versammeln und um das Bassin herum Stühle stellen, wie bei einer Aufführung. Und der Kakadu kann auch dabei sein. Und dann werd ich auftreten wie eine Künstlerin, die ich in der Tat auch bin, und werde den Rock herumgehen lassen, und wenn Sie, dear Mister Nelson, dann noch imstande sind, die Stelle zu finden, wo das Loch war, so will ich Ihnen einen Kuß geben und Ihnen als Sklavin nach Liverpool hin folgen. Aber es wird nicht dazu kommen. Soll ich sagen leider? Ich habe zwei Medaillen als Kunststopferin gewonnen, und Sie werden die Stelle sicherlich *nicht* finden...«[15]

1866 vom engagierten Sozialpolitiker Wilhelm Adolf Lette (1799–1868) gegründet, war der Lette-Verein in der Tat ein Phänomen. Er verstand sich ausdrücklich als Bildungsanstalt für Frauen und bot darüber hinaus eine Auswahl an Ausbildungswegen und Lernberufen, die in ganz Deutschland ihresgleichen suchten. Dank dieser Möglichkeiten sollten alleinstehende Frauen die Chance bekommen, etwas zu lernen, womit sie ihr Leben später selbsttätig finanzieren konnten. Als erste Einrichtung dieser Art wurde der Lette-Verein Vorbild für sämtliche Frauenfortbildungsstätten des Landes.

Um die Bedeutung des Vereins zu verstehen, muss man differenzieren: Selbstverständlich gab es im neunzehnten Jahrhundert immer und überall für alleinstehende Frauen die Möglichkeit, zu arbeiten und Geld zu verdienen, sei es als Kindermädchen, Dienstmagd, Köchin oder Wäscherin. Auf dem Land fanden Frauen in der Landwirtschaft Einsatz, sei es als Erntehelferinnen oder als Milchwirtschafterinnen. Später kamen mit zunehmender Industrialisierung Lohnarbeiten in den Fabriken hinzu, doch das war alles in allem niedere Arbeit, und sie wurden schlecht bezahlt. Frauen, die derlei Tätigkeiten ausübten, hatten keine Ausbildung genossen. Viele von ihnen konnten kaum lesen oder schreiben. Ihre Motivation, arbeiten zu gehen, war die nackte Not.

Frauen aus bürgerlichen Kreisen konnten derlei Erwerbstätigkeiten nicht nachgehen. Sie entsprachen weder ihrem Stand noch dem sozialen Umfeld, aus dem sie kamen und dem sie qua Heirat auch weiterhin treu bleiben sollten. Sie lernten in der Kindheit lesen und schreiben, gingen selbstverständlich auf Grund- und Höhere Schule, wurden umfassend gefördert und bekamen individuellen Musikunterricht. Sie gingen auf Reisen, auch ins Ausland, und erwarben durch Erfahrung, Lektüre, anspruchsvolle Gespräche und intensiven Austausch mit ähnlich gebildeten Menschen eine umfassende Allgemeinbildung. Doch sie erwarben keinen Beruf. Wenn sie sich nicht gleich nach der Konfirmation im Alter von vierzehn, fünfzehn Jahren verlobten, so möglichst nach Abschluss der Schule. Spätestens mit zwanzig Jahren waren die meisten von ihnen verheiratet.

Bis dahin saßen sie zu Hause und langweilten sich. Es gibt einen Satz in *Frau Jenny Treibel*, der das Drama dieser gut ausgebildeten, gesellschaftlich gewandten, intelligenten jungen Frauen in wenigen Worten umreißt. Familie Treibel lädt zu einem Ausflug nach Halensee ein, und dann heißt es: »Auch Schmidts hatten zugesagt, Corinna mit besonderer Freudigkeit, weil sie sich seit dem Dinertage bei

Treibels in ihrer häuslichen Einsamkeit herzlich gelangweilt hatte (...).«[16]

Häusliche Einsamkeit war es also, die den jungen Frauen vorbehalten war, mit Langeweile und Müßiggang verbrachten sie ihre besten Ausbildungsjahre. Wem es nicht gelang zu heiraten, hatte nur zwei Optionen: Gouvernante oder Lehrerin, entweder auf dem Land als private Hauslehrerin oder an einer der Schulen, die die Betreffenden möglicherweise selbst gerade absolviert hatten. Diese Option wurde erschwert durch die sogenannte Zölibatsklausel. Sie galt für alle Lehrerinnen in Preußen wie auch später im Deutschen Reich: Sobald sie heirateten und Kinder bekamen, mussten diese Frauen ihr Arbeitsverhältnis kündigen.

Auch die Ehe versprach kein wahrhaft selbstbestimmtes Leben. Zwar waren die Frauen jetzt finanziell versorgt, doch lediglich über ihren Gatten, den sie doch eigentlich aus Liebe geehelicht hatten und nicht wegen seiner Wirtschaftskraft. Im Gegenzug hatten sie den Haushalt zu organisieren, die Kinder aufzuziehen und ihrem Mann ein sortiertes Zuhause zu sichern. Dazu waren sie laut Ehegesetz verpflichtet. Noch bis weit ins zwanzigste Jahrhundert hinein durften Frauen nur mit der ausdrücklichen Genehmigung ihres Mannes einer Erwerbstätigkeit nachgehen.

Abgesehen davon, dass man sich eine derartig einseitige Ordnung heutzutage kaum mehr vorstellen kann, barg sie selbstverständlich eine Vielzahl von Problemen. Schwierig konnte es zum Beispiel werden, wenn die Frau keine Kinder bekam oder wenn der Mann nicht in der Lage war, dauerhaft für den Lebensunterhalt aufzukommen, oder womöglich frühzeitig verstarb. Gewöhnlich hatten Witwen keinerlei Möglichkeit, selbst für ihr Einkommen zu sorgen.

So war es Lettes ältester Tochter Anna (1829–1897) ergangen. Mit zwanzig Jahren hatte sie den erfolgreichen Bremer Kaffeeimporteur Johann Carl Schepeler (1814–1861) geheiratet, war mit ihm nach Frankfurt am Main gezogen, wo er als Inhaber der familieneigenen Groß-Rösterei bald zum Hoflieferant avancierte und ein namhaftes Kaufhaus am Roßmarkt eröffnete. Anna hatte in rascher Folge drei Söhne geboren und führte als Mitglied der Frankfurter Bürgerschaft ein sorgenfreies Leben, doch nach wenigen Jahren verstarben ihre Kinder. Auch ihr Mann fiel einem Infekt zum Opfer und erreichte lediglich das siebenundvierzigste Lebensjahr. Mit Anfang dreißig war Anna Schepeler-Lette kinderlose Witwe und hatte keinerlei Einkommen. Das Vermögen ihres Mannes hatte im Wesentlichen aus firmeneigenen Anteilen bestanden.

Anna kehrte zurück nach Berlin in das Haus ihrer Eltern, engagierte sich in der Frauenbewegung und übernahm 1868 nach dem Tod ihres Vater, der zwei Jahre nach der Schulgründung verstorben war, den Vorsitz des Lette-Vereins. Schriftführerin wurde Jenny Hirsch (1829–1902), ebenfalls engagierte Frauenrechtlerin.

Der Lette-Verein – es lohnt, noch einmal darauf zurückzukommen, denn das war das Fluidum, in dem sich Fontane im Berlin in der zweiten Hälfte des neunzehnten Jahrhunderts bewegte – veränderte die ursprüngliche Ordnung radikal. Schon Vater Lette hatte die lächerlich geringe Auswahl von Erwerbsmöglichkeiten für Frauen um ein breites Angebot an respektablen Berufen erweitert. Neben der bei Fontane erwähnten Kunststopferin wurden an der Schule Telegraphistinnen, Elektroassistentinnen, Handelskorrespondentinnen, Setzerinnen, Buchbinderinnen, Gutssekretärinnen, Diätassistentinnen, Handarbeits- und Gewerbelehrerinnen, Modezeichnerinnen und -direktricen ausgebildet. Anna Schepeler-Lette erweiterte das Angebot sukzessive um weitere Lehreinheiten. So entstand

eine Handels- und Gewerbeschule mit den Ausbildungs-
gängen Näherei, Schneiderei, Wäschezuschneiderei, Ma-
schinennäherei, gewerbliches Zeichnen, Putz, Sprach- und
Handelswissenschaften. Während Vater Lette ganz zeit-
gemäß der Ansicht war, dass Erwerbstätigkeit speziell der
wirtschaftlichen Unabhängigkeit alleinstehender Frauen
dienen, die Rolle der Frauen in der Familie aber nicht be-
einträchtigen sollte, vertrat seine Tochter bald schon eine
andere, damals noch revolutionäre Position. Demnach könne Ausbildung durchaus in einen selbst gewählten, persön-
lichkeitsbestimmenden Beruf münden, Erwerbsarbeit die
Folge echter Eignung und Berufung sein.

Besondere Bedeutung erlangte diesbezüglich der Lehr-
gang für Fotografie. Auch wenn es heute nicht mehr nachvollziehbar ist – kaum eine Ausbildung gab den Frauen so
viel Selbstbestimmtheit und Unabhängigkeit wie die Kenntnisse, die sie im Umgang mit dem Fotoapparat erwarben.
Einerseits konnten sie sich hinter der Kamera verstecken,
andererseits Aussagen von durchschlagender Wirkung erzielen, nicht zuletzt vollkommen selbstständig ihre eigenen
Bilder entwickeln und entscheiden, welche sie behalten
und welche sie verwerfen wollten. Auch hier leistete der
Lette-Verein Pionierarbeit. Nach der Gründung der Photographischen Lehranstalt 1890 gingen bald zahlreiche Meis-
terinnen dieses Faches aus der Schule hervor. In den ersten
Jahren machte sich die Neustrelitzerin Marie Kundt (1870–
1932) als Fotografin einen Namen. Nichte von Professor
August Kundt, der 1888 den Lehrstuhl für Physik an der
Berliner Universität übernommen hatte, war sie eine der
ersten Schülerinnen der Photographischen Lehranstalt und
wurde später erste Assistentin des Leiters. Im zwanzigsten
Jahrhundert waren es Bekanntheiten wie Gisèle Freund
(1908–2000) und Eva Kemlein (1909–2004), die hier in

die Lehre gingen. Freund floh in den dreißiger Jahren wegen ihrer jüdischen Abstammung ins Ausland, fotografierte Walter Benjamin (1892–1940) im Pariser Exil sowie andere Geflüchtete. Kemlein, ebenfalls Jüdin, versteckte sich in Berlin und dokumentierte nach dem Zweiten Weltkrieg auf berührende Weise die zerstörte Stadt und das peu à peu wiedererwachende Leben im Frieden.

Viele Höhere Töchterschulen im Land, auch traditionelle Einrichtungen wie das Kloster Stift zum Heiligengrabe bei Wittstock, folgten dem Beispiel des Lette-Vereins, besorgten sich entsprechende Ausrüstungen und nahmen ebenfalls Fotografie in ihren Lehrplan auf. Ähnlich war auch die Einführung von Schwimm- und Turnunterricht Zeichen einer mutigen, offenen und zukunftsweisenden Mädchen- und Frauenbildung.

Neben der Erziehung zur Selbstbestimmung und wirtschaftlichen Unabhängigkeit gab es weitere Zielsetzungen des Lette-Vereins. Kontinuierlich wurden neue Berufe für Frauen gesucht und erfunden und die entsprechenden Ausbildungswege dazu erschlossen. Anna Schepeler-Lettes Nachfolgerinnen verfolgten auch im zwanzigsten Jahrhundert die jeweils aktuellen Entwicklungen in Industrie und Wirtschaft und suchten den Umgang mit diversen Erfindungen und Neuentwicklungen zum Gegenstand von Lehrinhalten zu machen.

So entwuchs der Photographischen Lehranstalt schon wenige Jahre später eine Ausbildungsstätte für Röntgenassistentinnen. Kaum hatte Wilhelm Conrad Röntgen (1845–1923) die Strahlen 1895 entdeckt, die nach ihm benannt wurden, entwickelte der Lette-Verein auch schon einen entsprechenden Bildungsweg. Auch hierbei spielt Marie Kundt eine entscheidende Rolle: Sie war diejenige, die den Mut hatte, bei einer ersten öffentlichen Versuchsveranstaltung am 29. Januar 1896 ihre rechte Hand der neuen Strahlung auszusetzen. Das Bild, das dabei entstand, war sensationell, jeder einzelne Knochen präzise zu erkennen. Deutlich sind sogar Kundts Ringe an einem ihrer Finger auszumachen.

Zum Glück waren Lettes mit ihren Ideen in Preußen nicht allein. Sie erhielten Zuspruch von vielen Seiten, fanden Anhänger und auch einzelne Mäzene. Eine der wichtigsten und dauerhaftesten Befürworterinnen ihrer Sache wurde Victoria von Großbritannien und Irland (1840–1901). Sie hatte 1858 Kronprinz Friedrich Wilhelm von Preußen (1831–1888) geheiratet und wurde 1888 an seiner Seite Königin Preußens und Deutsche Kaiserin. Leider währte die Regentschaft ihres liberalen Gatten nicht lang. Er hatte Kehlkopfkrebs im fortgeschrittenen Stadium, war schon als er sein Amt antrat schwer krank und verstarb drei Monate später.

Doch Victoria wusste sich durchaus schon als Kronprinzessin zu entfalten. Als älteste Tochter Königin Victorias von England (1819–1901) und Alberts von Sachsen-Coburg und Gotha (1819–1861) war sie umfassend auf die Rolle als Mitglied eines führenden europäischen Herrscherhauses vorbereitet worden. Ihr Vater legte neben dem Erwerb der französischen Sprache Wert darauf, dass sie Deutsch ähnlich fließend sprach wie Englisch, ließ sie gleichermaßen in Geographie, Arithmetik und Geschichte unterrichten wie ihren Bruder Edward, den zukünftigen Thronfolger, und beteiligte sie frühzeitig an seinen politischen Geschäften. Dergestalt vortrefflich ausgebildet, widmete sich die Kronprinzessin in Preußen der Verbesserung der allgemeinen Gesundheitsfürsorge und der Bildungsmöglichkeiten für Frauen und Mädchen. Gleich bei der Gründung 1866 übernahm sie das Protektorat für den Lette-Verein und unterstützte das Unterfangen, wo sie nur konnte. Noch kurz vor ihrem Tod finanzierte sie den Kauf des Grundstücks Victoria-Luise-Platz 6 und ermöglichte damit einen Schulneubau, der 1902 eingeweiht wurde. Unter dieser Adresse firmiert die Schule heute noch. Viele Mitglieder der Frauenbewegung fühlten sich zeit ihres Lebens in ihrem Streben von der Kronprinzessin ermutigt und persönlich unterstützt.

Mit der Regentschaft des prachtliebenden letzten Kaisers brach 1888 eine gänzlich andere Ära an. Jetzt war die Frau an seiner Seite wieder nur schmückendes Beiwerk und hielt sich von Politik und Machtstreben fern. Gleich zu Beginn gab Wilhelm II. (1859–1941) die Siegesallee in Auftrag. Sie führte von der Siegessäule am Reichstag in den Tiergarten hinein und zeigte einen Hohenzollernkönig nach dem anderen, gehauen in schneeweißen Marmor. Die Berliner ließen sich kaum beeindrucken und nannten die Prachtmagistrale spöttisch »Puppenallee«. Auch die Stadt entwickelte sich rasant weiter. Personenwagen fuhren inzwischen durch die Straßen, unter der Erde bohrte sich die U-Bahn durch den Untergrund und nachts flammten am Potsdamer Platz die ersten elektrisch betriebenen Straßenleuchten auf.

Unweit des Zoologischen Gartens entstand der sogenannte Neue Westen. Die bessere Gesellschaft bezog palastartige Wohnhäuser am Kurfürstendamm, und bald hatte sich das Viertel zum Gegenstück der schlossnahen Umgebung von Friedrichstraße, Leipziger Straße oder Unter den Linden entwickelt. Der alternde Fontane, 1889 wurde groß sein siebzigster Geburtstag begangen, nahm alles stillschweigend zur Kenntnis. Nach diversen Umzügen innerhalb Berlins war er mit den Seinen in der Potsdamer Straße 134c ansässig geworden, nahe genug an seinem geliebten Tiergartenpark, in dem er regelmäßig spazieren zu gehen pflegte. Auch unter der neuen Regierung blieb er seiner

Rolle als kritischer, präziser, aber politisch zurückhaltender Beobachter treu. Seine Meinung zum preußischen Militär hatte er in der Erzählung *Schach von Wuthenow* (1883) glänzend zum Ausdruck gebracht. In den zahlreichen Romanen, Novellen und Erzählungen, die er ab 1878 in rascher Folge publizierte, interessierten ihn eher gesamtheitlich moralische und allgemein gesellschaftskritische Fragen. Im Mittelpunkt steht der Einzelne in der Auseinandersetzung mit seinem persönlichen Schicksal, eingebunden in die Widrigkeiten der Zeit, wie eindrücklich in den Romanen *Irrungen, Wirrungen* und *Stine* geschildert.

Von dem anhaltenden Aufschwung, der Berlin im neunzehnten Jahrhundert bestimmte, hatte Fontane persönlich nie profitiert. Finanziell war es ihm immer schlecht ergangen. Obwohl er ununterbrochen arbeitete, konnte er seine Kernfamilie nur mit knapper Not vom Schreiben ernähren. Zwar hatten er und seine Frau, nachdem das erste Kind geboren worden war, fast immer Personal – eine der Haushälterinnen, die besonders lange bei ihnen arbeitete, hieß Mathilde Gerecke, Tilla genannt –, sie konnten sich Sommeraufenthalte in Thale, Krummhübel oder an der See leisten, nicht zuletzt kleine und vereinzelt auch größere Reisen, doch es war Existenzangst, die ihr gesamtes Dasein bestimmte. Allein dank seiner Herkunft und Bildung, wenn nicht kraft seiner Erziehung, konnte sich Fontane als Teil des Bürgertums behaupten, zu dem die Familien seiner Eltern eigentlich gehört hatten.

Neben Suffragetten und Lette-Verein, die zu seiner Zeit in der Öffentlichkeit standen, gibt es noch einen dritten Hinweis auf Fontanes Berührung mit der Frauenbewegung. Im April 1884 schrieb er einen Brief an Martha. Seine Tochter weilte zu diesem Zeitpunkt in Rom. An der Seite der wohlhabenden Amerikanerin Mrs Dooley und deren vierzehnjähriger Tochter Mamie hatte sie sich als Gesellschafterin und Erzieherin mit den beiden nach Italien begeben. Ob Martha sich denn schon mit Eva Dohm (*1859) getroffen habe, fragte der Vater aus dem fernen Berlin.

Eva war die Tochter der Autorin und Frauenrechtlerin Hedwig Dohm, geborene Schleh (1831–1919), und lebte zu dieser Zeit mit ihrer Mutter und Hedwig (1855–1942), der ältesten Schwester, in Rom. Vater Ernst Dohm (1819–1883), Chefredakteur der Berliner Satirezeitschrift *Kladderadatsch*, war jäh verstorben, die Herausgeber hatten der Familie eine Pension von zehntausend Mark ausgezahlt und die Witwe konnte sich dank der großzügigen Spende mit zwei ihrer vier Töchter kurzzeitig nach Italien zurückziehen.

Fontane interessierte sich sehr für das Schicksal dieser Familie. Er war mit Dohm gut bekannt gewesen, hatte den literarischen Salon besucht, den er regelmäßig montags in seinem Haus veranstaltete, und dabei auch seine hübsche, engagierte Frau kennengelernt. Sie hatte dunkle Haare und tiefliegende, schwarze Augen mit zart gezeichneten Brauen, einen Blick derart präzise und aufmerksam, dass man ihn nie wieder vergisst. Die Familien wohnten in Berlin in unmittelbarer Nachbarschaft, und die Töchter Eva und Martha befreundeten sich miteinander, weil sie im gleichen Alter waren. Sowohl Hedwig als auch Ernst Dohm stammten aus jüdischen Familien, die sich hatten taufen und ihre Namen ändern lassen. Schlehs Eltern hießen eigentlich Schlesinger, Dohms Eltern Levy mit Nachnamen. Friedrich Wilhelm III. hatte zwar 1812 ein Edikt erlassen, das Juden zu Inländern und anerkannten Staatsbürgern erklärte, und bei den Liberalen des Vormärzes unter ihnen Hoffnungen auf vollständige Assimilierung geweckt, doch der Ausgang der Märzrevolution machte derlei wieder zunichte. Bereits im Schatten der Unruhen mussten sie unter Zurückweisungen und Demütigungen leiden. Vielerorts kam es im Deutschen Bund zu Verfolgung und pogromartigen Überfällen auf jüdische Geschäfte. Nach Ablauf der Revolutionstage wurde in der preußischen Verfassung vom 31. Januar 1850 ausdrücklich festgehalten, dass Preußen ein christlicher Staat sei. Die Emanzipation der Juden war gescheitert.

Fontanes Interesse an der Familie war ganz eigener Natur. Er sah in Dohms Werdegang Parallelen zu seiner eigenen Existenz. Gebürtig aus Breslau, hatte der Journalist Theologie und Philosophie in Halle studiert, ursprünglich als protestantischer Pfarrer gewirkt und lediglich nebenbei begonnen, literaturkritische Texte zu publizieren. Nach Dohms ersten Veröffentlichungen über spanische und französische Literatur wurde allerdings bald deutlich, dass seine eigentliche Begabung im Bereich des literarischen Journalismus lag. Als 1848 der *Kladderadatsch* gegründet wurde, schlug für ihn, den politisch Liberalen mit latenter Neigung zu Humor und Ironie, die Stunde der Wahrheit. Mit Feuereifer stürzte er sich ins Geschäft, entwickelte ein besonderes Talent für das Witzeln in Reimen und arbeitete erst als Mitarbeiter, dann als Chefredakteur für das populäre Blatt. Unter seiner Leitung entwickelte es sich zur bedeutendsten Satire-Zeitschrift in Deutschland, die zunehmend auch auf die öffentliche Meinung Einfluss nahm.

Fontane hatte, ähnlich wie Dohm, zuerst einen Beruf gelernt und konnte seine literarischen Neigungen nur nebenher verfolgen. Auch heiratete er 1850 und damit drei Jahre vor Dohm, hatte ähnlich wie er vier Kinder und litt zeit seines Lebens darunter, seine Familie weder mit der Schriftstellerei noch mit dem Journalismus anhaltend versorgen zu können.

Bei Dohm war die Situation noch beunruhigender. Er konnte nicht wirtschaften, bewahrte keinen Überblick über seine Aus- oder Einnahmen und war wiederholt auf die Unterstützung von Freunden und Angehörigen angewiesen. Zwischenzeitlich häufte er derart hohe Schulden an, dass er 1869 kurzzeitig das Land verlassen musste. Die Kinder kamen nach Thüringen ins Internat, die Mutter zog zu Anna, einer ihre zahllosen Geschwister, die zu dem Zeitpunkt in Rom lebte, und der Vater nahm Quartier in Weimar.

1882 erlitt Dohm einen Schlaganfall und musste gepflegt werden. Als er 1883 verstarb, machten sich viele in seinem Umfeld Gedanken darüber, wie es für seine Familie nun weitergehen werde. Besonders die Autoren und Künstler, bei denen der Gürtel zeitlebens ähnlich eng geschnallt war, nahmen starken Anteil am Schicksal der Witwe. Doch Hedwig Dohm war eine tatkräftige Person. Sie stammte aus einer zwanzigköpfigen Familie und hatte frühzeitig gelernt, sich durchzusetzen. Gegen den Widerstand ihrer Eltern hatte sie eine Ausbildung zur Lehrerin absolviert, Spanisch gelernt und sich, als die finanziellen Missstände in ihrer Ehe zunehmend bedrohlicher wurden, kurzerhand in einen Übersetzungsauftrag gestürzt, der eigentlich ihrem Mann angetragen worden war. Mit der Monographie zur Geschichte der spanischen Nationalliteratur, die sie 1867 vorlegte, verschaffte sie sich in den literarischen Kreisen, in denen sie und ihr Mann verkehrten, Anerkennung und Respekt.

Mit dem Honorar konnte sie außerdem die prekäre Situation der Familie vorübergehend entschärfen. Sicher hätte sie gerne auch in ihrem Beruf als Lehrerin gearbeitet und dadurch zur wirtschaftlichen Entlastung der Familie beigetragen, aber das war ihr, wie schon erwähnt, gesetzlich nicht erlaubt.

Kein Wunder, dass sich Hedwig Dohm angesichts ihrer Lage zunehmend für die Frauenbewegung starkmachte. Sie veröffentlichte zwischen 1872 und 1879 scharfzüngige Essays zur Gleichberechtigung und forderte 1873 das Wahlrecht für Frauen. Gleichzeitig schrieb sie Theaterstücke wie *Der Seelenretter* (1876) und *Vom Stamm der Asra* (1876), in denen sie die Problematik thematisierte. Alle ihre Stücke wurden mit Erfolg im Berliner Schauspielhaus aufgeführt.

Nach dem Tod ihres Mannes setzte Hedwig Dohm, zurück aus Rom, den bekannten Montagssalon, den sie mit ihrem Mann geführt hatte, fort und widmete sich wieder ihrem frauenpolitischen Engagement. Sie unterstützte diverse Komitees wie das des »Frauenvereins Reform« und formulierte in über hundert Schriften ihre Forderungen. Weiterhin war es das Frauenwahlrecht, für das sie einstand, doch auch verbesserte Ausbildungsmöglichkeiten für Frauen lagen ihr am Herzen, wie zum Beispiel der Zugang zu Universität und Studium. Später setzte sie sich mit ähnlicher Vehemenz und Beharrlichkeit für die Friedensbewegung ein.

Fontane blieb ihr nahe und verfolgte ihr Leben mit Empathie. Die Aufführungen ihrer Stücke reflektierte er als Theaterkritiker der *Vossischen Zeitung* und sorgte damit für entsprechende Aufmerksamkeit. Er unterstützte die Freundschaft seiner Tochter Martha mit Eva und begleitete ihr Werden. Auch die anderen Kinder Hedwig Dohms behielt er im Blick. Tochter Hedwig hatte 1878 den Mathematiker Alfred Pringsheim geheiratet und lebte in München. Deren fünftes Kind Katharina, genannt Katja (1883–1980), würde später Thomas Mann (1875–1955) heiraten. In dem Text »Little Grandma«, den der Nobelpreisträger zum siebzigsten Geburtstag seiner Frau verfasste, gedachte er Katjas eindrucksvoller Großmutter Hedwig.

Tochter Eva Dohm heiratete den Bildhauer Max Klein (1847–1908), der kurz vor Ende seines Lebens das marmorne Standbild Fontanes fertigte. Es ist das bekannte, überlebensgroße Personendenkmal, das im Berliner Tiergarten seinen Platz fand, etwa dort, wo Fontane nachmittags gerne von seiner Wohnung in der Potsdamer Straße aus spazieren ging, und zeigt den Autor mit dichtem Schnurrbart, Fliege, in Gehrock und Weste, die rechte Hand auf einen Wanderstock gestützt. In der Linken hält er seinen Hut, der Blick geht in weite Ferne.

Ein Abguss ist bis heute im Tiergarten zu bewundern, das Original befindet sich im Märkischen Museum. Doch weder Fontane noch der Künstler selbst erlebten die Enthüllung am 7. Mai 1910. Die Fertigstellung übernahm der Bildhauer Fritz Schaper (1841–1919).

Es gab also mehrere Berührungspunkte zwischen Vertreterinnen der Frauenbewegung und Fontane. Trotzdem kann man nicht behaupten, er sei ihren Forderungen gefolgt. Auch wenn er die Probleme, die sie anprangerten, sah und in seinem Werk indirekt thematisierte, wurde er keineswegs ihr Fürsprecher oder gar Sprachrohr. Das war offenbar nicht möglich, die Kluft zwischen Männern und Frauen in diesem Punkt zu tief. Selbst heute findet sich schließlich kaum ein männliches Wesen, das sich couragiert politisch für die Sache der Frauen engagiert.

Es kam aber noch etwas anderes hinzu: Die Frauenfiguren, die Fontane schuf, waren Opfer, die Vertreterinnen der Frauenbewegung hingegen Kämpferinnen, die ein Frauenbild, wie es Fontane (durchaus treffend) schilderte, nicht mehr akzeptieren wollten. Hätten Fontanes weibliche Figuren zu guter Letzt triumphiert, wären es nicht immer derart traurige, leidende Figuren gewesen, hätten Frauen wie Helene Lange, Auguste Schmidt oder Eva Dohm möglicherweise Parallelen zu ihren Idealen erkennen können. »Da um die natürliche Abhängigkeit der Frau vom Mann im neunzehnten Jahrhundert soviel Aufheben gemacht wurde, ist es umso interessanter festzustellen, wie scharf Fontanes Romanheldinnen dieser Auffassung widerstrebten. (…) Dennoch vermag ihre Stärke nichts gegen das vereinte Gewicht gesellschaftlicher Sitten und moralischer Heuchelei«, hielt Craig fest.[17]

Fontane sah seine Aufgabe nicht darin, in seinen Erzählungen, Novellen und Romanen zu grundlegenden Reformen aufzurufen, zu Revolte und Widerstand. Er wollte die Welt beschreiben, wie sie war, die Wirklichkeit schildern, und er blieb dabei immer sachlich distanziert. »Der typische Fontane-Roman war keine breit angelegte Analyse des gesellschaftlichen Lebens in einer bestimmten Epoche, sondern handelte davon, wie eine bestimmte Gruppe von Individuen in der Gesellschaft auf die Verhältnisse reagierte, unter denen sie leben mußte.«[18]

Eine einzige Figur hebt sich allerdings deutlich von allen anderen ab: Melanie van der Straaten aus L'Adultera (1882). Sie verlässt ihren schwerreichen Mann und die zwei Töchter, weil sie von ihrem Geliebten ein Kind erwartet. Ihr Gatte lässt sich scheiden, sie heiratet den Geliebten, bekommt das Kind und kehrt Jahre später zurück nach Berlin. Da ihr zweiter Mann nur ein geringes Einkommen hat, gibt sie privat Französischstunden, um zum Haushalt beizutragen. Sie beklagt sich nicht, sie steht zu ihrem Wort, und zum Schluss gelingt es ihr sogar, sich mit ihrem ersten Ehepartner zu versöhnen. Mit solch einer modernen Frauenfigur hätten sich vielleicht sogar die wilden Suffragetten identifizieren können.

Nach diesem Blick auf die geschichtlichen Hintergründe bleibt die Frage offen, warum Fontane in fast jedem seiner Prosastücke gerade Frauen in den Mittelpunkt stellte. Mit der Frauenbewegung, die ihn sein ganzes Leben lang begleitete und mit deren Vertreterinnen er sogar vereinzelt in Berührung gekommen war, konnte er sich offensichtlich nicht identifizieren. Folglich fanden Frauentypen wie Emmeline Pankhurst oder Eva Dohm auch keinen Eingang in sein Werk. Trotzdem schreibt er über selbstbestimmte Frauen und befürwortet offenkundig ihr Handeln. Woher rührte seine Empathie? Wer hatte ihm das beigebracht? Wer hatte ihn entsprechend geprägt? Um das herauszufinden, gilt es im Folgenden die Beziehungen zu den Frauen zu analysieren, die Fontane besonders nahe waren, allen voran seine Mutter.

Trennung ohne Scheidung

Mutter Emilie Labry (1797–1869)

———————❋———————

Fontanes Mutter hieß mit Mädchennamen Emilie Labry. Ein Pastell zeigt sie im vornehmen Seidenkleid mit langen Ohrringen und ausuferndem weißem Spitzenkragen. Der entsprechende Scherenschnitt im Profil hebt ihre spitze Nase hervor und die hochgetürmten, wohl sehr langen Haare. Ihr Gesichtsausdruck ist dezidiert und wirkt, als habe sie sehr genau gewusst, was sie wollte. Sie war, wie schon erwähnt, hugenottischer Abstammung und kam aus einer wohlhabenden Familie. War ihr Vorfahre Pierre Labry noch als einfacher Schlosser im siebzehnten Jahrhundert auf die Flucht gegangen und hatte sich dann in Magdeburg angesiedelt, war sie, drei bis vier Generationen später, schon die Tochter eines wohlhabenden Seidenhändlers mit Sitz in der Brüderstraße im Zentrum Berlins. Die Firma Humbert und Labry handelte nicht mit Seiden oder sonstigen edlen Stoffen, sondern mit Seidendocken, was Emilie Labry wiederholt unterstrich. Scheinbar galt ihr der sorgsam aufgewickelte Faden, in praktisch handhabbare Päckchen eingedreht, kostbarer als fertig gewirkte Stoffe. Zeit ihres Lebens bezog sie sich auf ihre vornehme Herkunft. Gerne schwärmte sie den Kindern von den feinen Korianderbiskuits vor, die ihr Vater zu konsumieren pflegte. Die Kekse wurden selbstredend nicht irgendwo erstanden, sondern bei Josty & Co., dem besten Zuckerbäcker der Stadt.

Der Eigentümer des Unternehmens stammte aus der Schweiz, war Ende des achtzehnten Jahrhunderts nach Berlin gezogen und residierte mit seinem Café Josty nahe dem Stadtschloss. Später zog er an den Potsdamer Platz. In dem bekannten Café verkehrten namhafte Literaten wie Heinrich Heine (1797–1856), Joseph von Eichendorff (1788–1857), ja sogar die Brüder Jacob (1785–1863) und Wilhelm Grimm (1786–1859).

Auch die nahe Verwandtschaft zu einem Rittergutsbesitzer in Kleinbeeren, der über mehrere Kutschen und Chaisen verfügte und in Familienkreisen nur »Onkel Mumme« genannt wurde, erfüllte Fontanes Mutter mit nachhaltigem Stolz. Wiederholt wurde während Fontanes Kindheit darauf verwiesen.

Emilies Vater verstarb früh, und die Familie zog in die erste Etage eines vornehmen Bürgerhauses in der Nähe des Petriplatzes, war aber weiterhin gut versorgt. Auch der Tod der Mutter, Emilie war inzwischen achtzehn Jahre alt geworden, veränderte ihr Leben lediglich dahingehend, dass sie in das angesehene Pensionat der Madame Lionnet eintrat, wozu die Zinsen aus dem familieneigenen Vermögen durchaus reichten. Ihre jüngeren Geschwister kamen in die Obhut des französischen Waisenhauses, und auch das tat ihrer Ausbildung und beruflichen Entwicklung keinerlei Abbruch: Bruder Fritz (1797 – um 1872/73) wurde später Forstmeister in Aachen, Bruder Gustav (1800–1892) Amtmann in Herzberg.

Kaum erwachsen geworden, lernte Emilie Louis Henry Fontane kennen, und die beiden verlobten sich. Louis Henry machte Staatsexamen, wurde Apotheker und erwarb, wie schon erwähnt, die Löwen-Apotheke in Neuruppin, nordwestlich von Berlin. Drei Jahre später, am 24. März 1819, heirateten die beiden, waren also zum Zeitpunkt ihrer Eheschließung noch überaus jung. Fontanes Mutter zählte erst einundzwanzig, der Vater war dreiundzwanzig Jahre alt.

Die Hochzeit fiel genau auf den Geburtstag Louis Henrys, Emilie war also gewissermaßen ein Geburtstagsgeschenk für ihren Mann. Und eine weitere Freude bereicherte ihr Leben: Kaum waren neun Monate vergangen, kam im selben Jahr Sohn Theodor zur Welt.

Die Apotheke, die der Vater erworben hatte, befand sich im Zentrum der Ortschaft, war groß und bedeutsam. Die Familie wäre davon also dauerhaft bequem zu ernähren gewesen, doch leider hatte Louis Henry ein schweres Laster, ein Leid, das er in seine Ehe mit einbrachte und dauerhaft beibehielt: Er war Spieler, die Einsätze wurden mit barer Münze bezahlt und seine Sucht nach Whist, Boston, L'Hombre und ähnlichen Kartenspielen stürzte die Familie peu à peu in den Ruin. Schon nach zehn Jahren musste er die schöne Apotheke wieder verkaufen. Emilie war verzweifelt.

Immerhin machte er bei dem Handel so viel Geld, dass er nicht nur seine Schulden tilgen, sondern auch eine neue Offizin nebst Laden erwerben konnte. Allerdings war dieses Geschäft wesentlich ärmlicher und befand sich überdies in Swinemünde (heute: Świnoujście), weit im Norden des Landes nahe der Ostsee. Die Familie musste umziehen. 1827 verließen die Eltern Neuruppin mit Sack und Pack, und eigentlich hätte das Leben wenigstens jetzt in geruhsamen Bahnen verlaufen können. Inzwischen waren Fontanes Brüder Rudolf (1821–1845) und Max (1826–1860) geboren sowie Schwester Jenny (1824–1906), die Geschwisterschar also auf respektable Größe herangewachsen und scheinbar alles in feinster Ordnung. Doch Louis Henry konnte auch in Swinemünde nicht vom Kartenspiel lassen, und nach fünf Jahren ging alles wieder von Neuem los. Er war finanziell am Ende, die Apotheke musste verkauft werden, und die Familie zog in das Oderbruch nach Letschin, östlich von Berlin. Auch hier machte der Vater nicht lange sein Glück. Bald war er erneut verschuldet, das Kartenspiel blieb sein steter Begleiter. Ehefrau Emilie schimpfte und stritt mit ihm, aber gegen die Sucht war sie machtlos.

Fontane stammte also, zumindest mütterlicherseits, aus gutem, gebildetem und auch vermögendem Haus, doch schon wenige Jahre nach seiner Geburt war das Geld perdu und sein Dasein dauerhaft von Existenznot gezeichnet. Als er die Ausbildung zum Apotheker abgeschlossen hatte, gab es keinerlei Startkapital für ihn, um eine eigene Offizin zu erwerben.

Ganz und gar gehorsamer und verantwortungsbewusster ältester Sohn, schützte er seine Eltern und die Geschwister indes, bedeckte ihre Sorgen und Nöte mit einem Mantel des Schweigens. In seinen Jugenderinnerungen zeichnete er zahlreiche Episoden aus Neuruppin und Swinemünde nach, doch es sind durchweg unterhaltsame Geschichten, die er überlieferte. Nie verlor er über seine Eltern ein schlechtes Wort. Das ist insofern hinderlich, als dass seine Schilderungen die wesentlichen Quellen zum Schicksal dieser Familie darstellen. Man wird nie erfahren, wie sich das Elend im Einzelnen vollzogen hat. Vielmehr gewinnt man den Eindruck, der Vater sei ein zwar leichtsinniger, aber durchweg unbedarfter, liebenswürdiger Charakter gewesen und die Mutter habe grundsätzlich immer zu ihm gehalten. Umso überraschender ist es, Fontanes Biographie entnehmen zu müssen, die Eltern hätten sich 1850 ohne

Scheidung getrennt. Auch dazu gibt es kaum Informationen.

Ähnlich existieren nur wenige Quellen, die das Verhältnis zwischen Mutter und ältestem Sohn beleuchten. Es gibt keine entsprechenden Briefstellen, schon gar nicht die Beschreibungen eines Zeitgenossen oder Historikers. Emilies Biographie lässt sich ab dem Umzug nach Letschin nur noch bruchstückhaft nachzeichnen. Sie war keine historisch bedeutsame Person, keine Persönlichkeit des öffentlichen Lebens. Sie wurde der Nachwelt allein dadurch bekannt, dass ihr Sohn zufällig ein bedeutender Autor geworden ist, allerdings erst lange nach ihrem Tod. Kein Außenstehender hat je über sie geschrieben.

Im Jahr 1892 erkrankte Fontane schwer an der Grippe und konnte sich monatelang nicht wieder erholen. Frau und Tochter zogen mit ihm ins Riesengebirge, weil sie sich davon eine Besserung seines Gesundheitszustandes erhofften, aber es veränderte sich nichts. Nach vier Monaten kehrte die Familie zurück nach Berlin, und Fontane griff endlich wieder zu Stift und Papier. Er wählte einen autobiographischen Text über seine Kindheit, eine Publikation, über die er später in seinem Tagebuch notierte: »Ich (…) darf sagen, mich an diesem Buch wieder gesund geschrieben zu haben.«[19]

Meine Kinderjahre. Autobiographischer Roman trug zur vollständigen Wiederherstellung des Schriftstellers bei. Während seine Angehörigen schon damit gerechnet hatten, der Mann würde bald sterben, kam Fontane zu seiner eigenen Überraschung wieder auf die Beine und lebte gesund und munter noch fünf Jahre lang.

Selbstverständlich erwähnte er in diesen autobiographischen Aufzeichnungen seine Mutter, doch damit tritt ein weiteres Problem zutage, von dem sämtliche Nachforschungen über Fontane und sein Werk geprägt sind. Seine Schilderungen geben naturgemäß nur seine eigene Perspektive wieder. Es fällt schwer, sich auf dieser Basis ein umfassendes Bild von Emilie Labry zu machen. Es sind die Beschreibungen eines Befangenen, darüber hinaus die eines versierten Schriftstellers. Fontane veröffentlichte seine Jugenderinnerungen erst im Alter von vierundsiebzig Jahren, er hatte sein Schreiben längst professionalisiert, und seine Mutter war überdies zu dieser Zeit schon verstorben. Seine Aufzeichnungen fanden also im Rückblick auf die Kindheit statt. Nicht zuletzt bezeichnete er *Meine Kinderjahre* zwar als »autobiographisch«, aber gleichzeitig auch als »Roman«.

Hinzu kommt, dass Fontanes Schilderungen durchweg von Selbstironie geprägt sind, die per se eine gewisse Distanz des Autors zur geschilderten Wirklichkeit markiert. Für den Leser ist das angenehm, denn ihm werden gut erzählte Geschichten präsentiert. Für den Forscher, den Literatur- oder Kulturwissenschaftler, der sich auf die Suche nach der Wahrheit begeben hat, ist es höchst verfänglich, denn er erfährt einerseits sehr genau, was passiert ist, hat dazu selbst aber keinen direkten Zugang, denn zwischen ihm und den geschilderten Ereignissen steht immer der geübte Autor.

Diese Grundhaltung zeichnet Fontanes gesamtes Schaffen aus. Ob es seine Reisebeschreibung durch England und Schottland *Jenseits des Tweed* oder seine *Wanderungen durch die Mark Brandenburg* (1862, 1863, 1873, 1882, 1889) sind, ob seine Romane oder Balladen, alles hat diesen leicht ironischen, nachsichtigen Ton, den Klang einer Sprache, die beweist, dass der Verfasser in der Lage ist, über sich selbst und das Menschliche am Sein zu lächeln. Es ist der Text eines Autors, der nur genau die Fakten anführt, aus denen sich eine gut erzählte Geschichte komponieren lässt.

Solange es sich um Prosa und Lyrik handelt, ist das gleichgültig. Gerade diese Gattung Text zeichnet sich dadurch aus, dass der Autor mit Distanz und Esprit formuliert, nicht zuletzt mit Intelligenz und Sinn für seine Kunst. Handelt es sich allerdings um historische, biographische Zusammenhänge, die nicht durch andere Quellen überprüfbar sind, ist diese Distanz äußerst hinderlich.

Und noch etwas erschwert die Wahrheitsfindung: Fontane war Journalist und Reporter, gewohnt und verpflichtet, Berichte zu verfassen, die der Wirklichkeit möglichst nahekamen. Er machte die historische Realität seiner Zeit also durchaus zur Grundlage seiner Erzählungen und bezog sich auch auf zeitgenössische Fakten. In *Meine Kinderjahre* beschreibt er beispielsweise lebhaft – ein kurzer Diskurs sei zur Erklärung erlaubt –, welcher Aufwand betrieben wurde, um einen Ort wie Swinemünde und seine Bevölkerung im Jahr 1831 vor der Asiatischen Cholera zu schützen. Die kurze Zeitspanne von der Ansteckung bis zum Tod, die hohe Sterblichkeitsquote und die Ungewissheit über ihre Verbreitungsform hatten diese Krankheit rasch zu einer existenziellen Bedrohung werden lassen. 1829 in Indien ausgebrochen, breitete sie sich in Windeseile über Handelswege Richtung Russland aus. Im Schlepptau der russischen Armee, die bedingt durch den polnischen Novemberaufstand 1830 in Kongresspolen intervenierte, gelangte die Epidemie sukzessive in den Westen. Die Länder versuchten sich gegen die Einschleppung der todbringenden Krankheit zu schützen. Gleich 1830 wurde von der österreichischen Regierung ein Programm zur Seuchenabwehr eingeleitet, das auch für viele deutsche Nachbarstaaten Vorbildcharakter erlangte. Durch Errichtung eines militärischen Sperrgürtels an den Grenzen, eines sogenannten Gesundheits-Kordons, die Einschränkung des Schiffsverkehrs auf

Binnengewässern und Flüssen sowie die Schließung der Seehäfen sollte die Cholera außerhalb der eigenen Grenzen gehalten werden. Auch die versuchsweise Desinfizierung von eingeführten Waren mit Chlorgas sowie strenge Quarantänevorschriften für Reisende aus den betroffenen Gebieten waren gängige Methoden der Seuchenprophylaxe.

Doch trotz aller Vorsichtsmaßnahmen und obwohl die Missachtung der Gesundheits-Kordons mit der Todesstrafe geahndet wurde, fand die Krankheit ihren Weg über die Grenzen. Ende Mai 1831 meldeten Danzig und Königsberg bereits die ersten Cholerafälle, dann Pommern und Posen, schließlich Berlin, Magdeburg und Hamburg. Besonders schwer betroffen waren die östlichen Provinzen Preußens wie Posen, West- und Ostpreußen, die nächste Nachbarschaft also von Swinemünde. Nicht zuletzt lag die Stadt unweit der Ostsee und hatte einen Binnenhafen, war also quasi von zwei Seiten aus bedroht.

Entsprechend finden sich in Fontanes Jugenderinnerungen folgende Aufzeichnung: »Herbst 31 sah sich die Revolution besiegt, aber ein neuer schlimmerer Feind war inzwischen heraufgestiegen und näherte sich von Osten her unsern Grenzen: die Cholera. Vorbereitungen zur Abwehr derselben wurden getroffen, natürlich (wie immer) auch bewitzelt, und als der alte Geheime Rat Rust Absperrungsmaßregeln vorschlug, erschien eine Berliner Karikatur, die den alten Rust, bei vollkommenster Porträt-Ähnlichkeit, als Sperling (aber mit einem doppelten r geschrieben) darstellte. Darunter stand: ›Passer Rusticus, der gemeine Landsperrling‹. Indessen, es half zu nichts; es blieb bei der Absperrung, und auch nach Swinemünde hin wurde Militär detachiert, um dort einen Kordon zu ziehen. Im Sommer eben genannten Jahres (1831), an einem glühend heißen Tage, traf ein Bataillon vom Kaiser-Franz-Regiment bei uns ein. Die Grenadiere hatten, von Wollin her, einen viermeiligen Marsch durch sandige Kiefernheide machen müssen und kamen ziemlich marschmüde an, trotzdem sie sich, während der Bootfahrt von einem Flussufer zum andern, wieder erholt hatten. Wir Jungens standen am Bollwerk und staunten die schönen großen Leute an, an die zunächst Quartier-Billets verteilt wurden.«[20]

Amüsiert und amüsant schildert der Schriftsteller die Faszination, die Soldaten samt ihren Uniformen bei ihm und seinen Freunden auslösten. Auch das genannte Chlorgas kam zur Sprache, denn zuständig war für derlei Gifte natürlich der ortsansässige Apotheker: »Zuletzt sprach auch mein Vater und bemerkte in seiner launigen, wenn auch vielleicht anfechtbaren Weise: ›Was draußen auf der Mole die Kanone, das sei drinnen in seiner Stadtapotheke der große Salzsäure-Ballon gewesen, unter dessen Heranziehung er jeden Augenblick imstande gewesen wäre, das bedrohte Swinemünde unter Chlor zu setzen.‹«[21]

Es ist ein Geschenk, dass durch die präzisen Schilderungen von Autoren wie Fontane viele Details und Lebensumstände aus dieser Zeit überliefert wurden. Gerade das macht die Qualität ihrer Werke aus. Doch wie soll man die Fakten herausfinden, die sich dahinter verbargen? Die Charakterisierung einer einzelnen Person wie Emilie Labry, die historisch keinerlei Tragweite hatte, bleibt dabei lückenhaft.

Hilfreich sind die biographischen Aufzeichnungen insofern, als dass sie indirekt das Verhältnis zum Ausdruck bringen, das zwischen Sohn und Mutter herrschte. So heißt es im zweiten Kapitel von *Meine Kinderjahre*: »Am 27. März 1819 waren meine Eltern in Ruppin eingetroffen, am 30. Dezember selbigen Jahres wurde ich daselbst geboren. Es war für meine Mutter auf Leben und Sterben, weshalb sie, wenn man ihr vorwarf, sie bevorzuge mich, einfach antwortete, ›er ist mir auch am schwersten geworden‹. In dieser bevorzugten Stellung blieb ich lange (…).«²²

Das Zitat enthält nicht nur den selbstironischen Hinweis darauf, dass Fontane von seiner Mutter wohl nur deshalb wertgeschätzt wurde, weil er ihr eine schwere, schließlich aber doch zu bewältigende Geburt bereitet hatte, sondern auch die Tatsache, dass sie ihn in der Tat sehr liebte, ihn seinen Geschwistern sogar vorzog und das auf eine Art, die anderen Menschen aus ihrer Umgebung auffiel. Fontane wuchs demnach mit dem starken Gefühl auf, von seiner ersten Bezugsperson, der leiblichen Mutter, nachhaltig angenommen und wertgeschätzt worden zu sein. Er war, auch das beweist das Zitat, in ihren Augen offenkundig kein Kind, das Ärger verursachte oder Sorgen, sondern ein Nachkomme, mit dem sie durchweg zufrieden und glücklich war. Und er erwiderte diese starken Gefühle aus vollem Herzen.

Von ähnlich unumwundener Akzeptanz zeugt (bei aller Selbstironie) die Episode über Fontanes gepflegte Haarpracht: »Ich hatte lange blonde Locken, weniger zu meiner eigenen als zu meiner Mutter Freude, denn um diese Locken in ihrer angeblichen Schönheit zu erhalten, wurde ich den andauerndsten und gelegentlich schmerzhaftesten Kämmprozeduren unterworfen, dem Kämmen mit dem sogenannten engen Kamm. Wäre ich damals aufgefordert worden, mittelalterliche Marterwerkzeuge zu nennen, so hätte der ›enge Kamm‹ mit obenan gestanden.«²³

Auf diese Art ließen sich diverse weitere Belege dafür anführen, dass Fontane ein grundsätzlich gutes Verhältnis zu seiner Mutter hatte. Das war gerade deshalb von besonderer Bedeutung, weil er in einem Elternhaus aufwuchs, in dem der Vater der Mutter mental unterlegen war. Während Emilie mit einem gewissen Standesbewusstsein erzogen und entsprechenden finanziellen Mitteln ausgestattet worden war, war Louis Henry mehr aus jugendlichem Übermut in seine Ehe hineingeschlittert, hatte nach eigenem Bemessen deutlich zu früh geheiratet und legte anschließend eine Bruchlandung nach der anderen hin. Seine Frau kritisierte ihn wiederholt aufs Schärfste, auch das zeigen Fontanes Erinnerungen, konnte ihn jedoch nicht zur Räson bringen. Während sie hartnäckig versuchte, der Familie ihr gesellschaftliches Ansehen und ein wirtschaftlich respektables Niveau zu erhalten, entzog sich ihr Mann diesen Ansprüchen, war gerne aushäusig, bevorzugt auch mehrere Tage mit Pferd und Wagen unterwegs, und verspielte das gemeinsame Vermögen.

Die Kinder spürten die Schwäche des Vaters und müssen wiederholt Zeugen der verzweifelten Kämpfe gewesen sein, die die Mutter mit ihm ausfocht. Fontane beschreibt sie als temperamentvollen, schnell aufbrausenden Menschen, der sich deutlich gegen den Leichtsinn ihres Mannes zur Wehr setzte: »Ihre ganz südfranzösische Heftigkeit, die mitunter geradezu ängstliche Formen annahm, war vielleicht nicht immer zu billigen, aber doch schließlich nichts anderes als eine beneidenswerte Kraft, sich über Pflichtverletzung und unsinnige Lebensführung tief empören zu können, und ich muß es als ein großes Unglück ansehen, daß diese mir jetzt klar zutage liegenden Vorzüge von uns allen zwar immer gewürdigt, aber in ihrem vollen Wert und Recht nie ganz erkannt wurden.«[24] Gleichzeitig werden die Geschwister gespürt haben, dass die Konflikte zwischen den Eltern dauerhaft und nicht zu lösen waren.

In seinen Erinnerungen beschreibt Fontane, wie er den Vater Jahre später kurz vor seinem Tod noch einmal besuchte. Louis Henry freute sich herzlich über das Wiedersehen und versuchte sich zu rechtfertigen: »›Es gibt immer noch ein paar Leute, die denken, das jeu sei schuld gewesen. Ich sage dir, das ist Unsinn. Das war nur so das zweite, die Folge. Schuld war, was eigentlich sonst das Beste ist, meine Jugend, und wenn es nicht lächerlich wäre, so möcht ich sagen, neben meiner Jugend meine Unschuld. Ich war wie das Lämmlein auf der Weide, das rumsprang, bis es die Beine brach. (…) Sieh, ich hatte noch nicht ausgelernt, da ging ich schon in den Krieg, und ich war noch nicht lange wieder da, da verlobte ich mich schon. Und an meinem dreiundzwanzigsten Geburtstag habe ich mich verheiratet, und als ich vierundzwanzig wurde, da lagst du schon in der Wiege.‹«[25]

Fontane hörte sich das Geständnis geduldig an, gab es in seinem Buch detailliert wieder und setzte es sogar in Anführungsstriche, als sei es ein Zitat und der Vater habe tatsächlich so gesprochen: »›Und ich spielte noch dazu herzlich schlecht. Aber wenn ich mich dann den ganzen Tag über gelangweilt hatte, wollt ich am Abend wenigstens einen Wechsel verspüren, und dabei bin ich mein Geld losgeworden und sitze nun hier einsam, und deine Mutter erschrickt vor dem Gedanken, ich könnte mich wieder bei ihr einfinden. Es sind nun beinah fünfzig Jahre, daß wir uns verlobten, und sie schrieb mir damals zärtliche Briefe, denn sie liebte mich. Und das ist nun der Ausgang.‹«[26]

Es gibt kaum eine gekonnter erzählte Episode in Fontanes Werk. Offensichtlich möchte hier ein alter Mann seinen Frieden mit der Welt machen, einen Abschluss finden und sich gleichzeitig bei seinem Sohn für sein Versagen entschuldigen. Mit diesem Text warb Fontane nicht nur um Verständnis für den Vater. Es ging ihm grundsätzlich um menschliches Versagen. Schließlich war er selbst zeit seines Lebens nicht in der Lage, seiner Familie finanzielle Sicherheit zu vermitteln. Auch wenn es kein Laster war, das ihn daran hinderte, sondern mangelnder Erfolg oder eben die Tatsache, dass mit Zeilenhonorar nicht viel Geld zu machen war, muss er größtes Verständnis und Mitgefühl für seinen Vater gehabt haben. Schließlich war er selbst Zeuge, als dieser Mann am Ende seines Lebens Resümee zog und dabei zu keinem glücklichen Ergebnis kam. Stand Fontanes Mutter im Nachhinein als Stütze des Systems da, als diejenige, die die Ordnung aufrechterhalten hatte, die Kinder für ihr Aufwachsen benötigen, blieb Louis Henry derjenige, der dieses Streben nachdrücklich behindert hatte.

All diese kleineren und größeren emotionalen Zusammenhänge verdeutlichen, dass Fontanes Kindheit und Jugend von einer charakterstarken Mutter geprägt war, die sich ihrer Herkunft bewusst war und ihn darüber hinaus liebte und förderte. Gleichzeitig wuchs Fontane mit einer ersten männliche Bezugsperson auf, die schwach war, seiner Frau unterlegen, seine Familie wiederholt im Stich ließ und ihr fortwährend Sorgen bereitete. Nicht zuletzt forderte die Situation von ihm als Ältestem, die Geschwister zu schützen und für den Zusammenhalt zu sorgen.

Obwohl Fontane seinen Vater sehr liebte, hat er in direkter Anschauung frühzeitig erfahren, wie kompliziert das Leben für verheiratete Frauen seiner Zeit war. Zunächst waren sie rechtlich abhängig von ihren Ehemännern, gleichgültig nahezu, mit welchen materiellen Mitteln sie die Ehe angetreten hatten. Dann verantworteten sie unter großem gesundheitlichem Risiko die Geburt und den Erhalt ihrer Kinder (Gebären war für Säugling wie Mutter seinerzeit lebensbedrohlich), und schließlich waren sie stets bemüht, ein Niveau aufrechtzuerhalten, das der Familie Wohlstand und Ansehen sicherte. Durch ihre Heirat gerieten Frauen in eine Zwangslage, die kaum Freiheiten und schon gar kein Wohlbefinden oder gar Sicherheit garantierte. Dennoch entwickelten sie eine starke Liebe zu ihren Kindern und vielleicht auch zu ihrem Mann.

Es gibt eine Szene in *Meine Kinderjahre*, in der Fontane die bizarre Lage schildert, in der sich seine Mutter befand, ein Versuch von ihr, dem Ehemann Respekt zu erweisen und sich gleichzeitig gegen seinen Leichtsinn zu verwahren, um ihre Kinder davor zu beschützen. Emilie Fontane machte mit ihren Kindern einen Ausflug im Pferdewagen und erfuhr unterwegs von einem Bekannten der Familie, dem Oberförster Munde, dass ein Gewitter aufziehe. »Dann wollen wir eilen«, zitierte Fontane seine Mutter: »Wir fahren gute drei Stunden, bei Dunkelwerden vielleicht noch länger, und mein Mann wird in Unruhe sein, weil er weiß, daß die Kinder sich ängstigen.«[27] Der Förster ließ den Wagen vorfahren, die Familie machte sich auf den Rückweg, und Fontane erzählte eindrucksvoll, wie sich die Reise hinzog, das Gewitter sich näherte und die Mutter trotz der sichtlich drohenden Gefahr darauf drang, die Fahrt nicht zu unterbrechen, um nur ja rechtzeitig zu ihrem Gatten zurückzukehren. In letzter Sekunde erreichen sie Swinemünde und das rettende Zuhause.

Drinnen brannte Licht, der Vater war offenkundig daheim, doch obwohl in diesem Augenblick plötzlich starker Regen einsetzte, kam er ihnen keineswegs zu Hilfe. Offensichtlich hatte er sich nicht die geringsten Sorgen gemacht. Vielmehr waren Freunde vorbeigekommen, er hatte sich mit ihnen zu einer Partie Whist niedergelassen, und nichts und niemand konnte ihn davon abhalten, das Spiel zu Ende zu führen.

Emilies Zorn muss unbeschreiblich gewesen sein. Doch Fontane ließ sich nicht näher darüber aus. Nur indirekt ist seinem Text zu entnehmen, welchen Streit das Verhalten des Vaters ausgelöst hat: »An Begrüßung war nicht zu denken, und meine Mutter zog sich empört in ihre Stube zurück. Und nun sollten wir zu Bett gebracht werden; ich bat aber aufbleiben zu dürfen, was mir auch gewährt wurde. Das Gewitter – eins von den ganz schweren, wie sie sich auf Inseln einstellen, wo der einschließende Wassergürtel sie festhält – nahm inzwischen seinen Fortgang. Mich fröstelte, und ich wußte nicht recht, wo ich hin sollte. Da stahl ich mich unbemerkt wieder nach vorn in die Stube, wo die vier Whistspieler noch immer saßen und dann und wann in ihrer Spielerregung so scharf auf die Tischkante schlugen, daß die Glasmanschetten auf den Messingleuchtern schwirrten und klirrten. Die Lichter waren fast schon niedergebrannt. ›Ich denke, noch einen Rubber.‹ Und dabei fuhr mein Vater mit dem Daumen über die Seitenwand der wieder zusammengerafften Karten. ›Nimm ab, Werkenthin.‹ Ein greller Schein leuchtete durch die Ritze der Fensterladen, und mir war, als müsse der Blitz zwischen die Spieler fahren. Das Wetter war aber schon im Schwinden, und ich ging in meine Kammer, wo meine Geschwister bereits schliefen. Was eine halbe Stunde später drüben auf der andern Seite des Flurs zur Sprache kam, lag mir zum Glück außer Hörweite.«[28]

Nicht umsonst konstatierte Fontane bei seiner Mutter frühzeitig starke Nervosität. Wiederholt erwähnte er das in seinen Aufzeichnungen. Um sich dagegen behandeln zu lassen, begab sie sich sogar zur Kur: »Meine Mutter war nicht mit dabei, sie hatte sich Mitte Juni nach Berlin begeben, um sich daselbst einer Nervenkur bei dem damals berühmtesten Arzte, dem Geheimrat Horn, zu unterziehen. Horn empfahl ihr das, was noch heute empfohlen wird. ›Verpflegen Sie sich gut, meine verehrte Frau (…) und suchen Sie sich unangenehmen Eindrücken nach Möglichkeit zu entziehn.‹«[29] Tragischerweise gelang es der Mutter, Fontane zufolge, sich in Berlin durchaus von der Krankheit zu erholen, doch zurück in Swinemünde wurde sie wieder krank: »(…) als meine Mutter aber, etliche Wochen später, in Swinemünde eintraf und vieles anders fand, als sie wünschte, war es mit ›Vermeidung unangenehmer Eindrücke‹ vorbei, und die Nervenzustände stellten sich wieder ein.«[30]

Nun hatte Fontane, wie gesagt, die Angewohnheit, sein Leben und das seiner Familie auf eine Art zu beschreiben, dass man die erwähnten Sorgen und Probleme als Leser nicht allzu ernst nehmen kann. Auch die Schilderung der mütterlichen Unpässlichkeiten wirkt eher vergnüglich. Nicht zuletzt waren Nervosität oder auch Neurasthenie im neunzehnten Jahrhundert gewissermaßen Modekrankheiten, denen in gehobenen Kreisen überaus große Bedeutung beigemessen wurde. In seinem Buch *Das Jahrhundert der Manns* schreibt Manfred Flügge: »Die Binnenseite der politischen Widersprüche war die allgemeine Nervosität. Sie war eine Signatur der modernen Zeiten schlechthin, fand aber im Wilhelminischen Deutschland ihren greifbarsten Ausdruck. Leben und Werk des jungen Heinrich Mann ergäben schönes Anschauungsmaterial für das ›Zeitalter der Nervosität‹. Dies meint die Reizbarkeit im ›ruhelosen Reich‹ als eine der Wurzeln der Katastrophe von 1914, wobei es unwichtig ist, ob es sich um ein Phantasma oder um medizinische Realität handelte. ›Raste nie, doch haste nie, sonst haste die Neurasthenie‹, reimte der Volksmund. Den Begriff Neurasthenie hatte der New Yorker Nervenarzt George M. Beard 1880 eingeführt. Diese Nervenschwäche, ein Grenzzustand zwischen Krankheit und Gesundheit, wurde als charakteristisches Leiden verstanden und galt als Grund, sich in spezielle Kuren zu begeben.«[31]

Was an der Krankheit letztendlich dran war, inwieweit sie das Leben der Betroffenen beeinträchtigte – wir werden uns im Zusammenhang mit Fontanes Tochter Martha noch genauer damit beschäftigen –, ist im Nachhinein nicht leicht herauszufinden. Oft gingen Depressionen, Panikattacken und diffuse Ängste damit einher. Fest steht, dass Fontanes Mutter nachhaltig unwohl war, und es ist davon auszugehen, dass dies an ihrer Ehe mit einem spielsüchtigen Mann lag.

Bekannt ist, dass Fontanes Mutter eine Scheidung in Erwägung zog. Ein Geistlicher namens Schultz wurde zu Rate gezogen, ein Freund der Familie, der sich mit derlei Lebenssituationen auskannte. Naturgemäß riet er von der Trennung ab, ein Geistlicher wird immer bemüht sein, eine Familie zusammenzuhalten, doch Emilie ließ sich davon nicht beeindrucken. Fontane beschrieb sie auch hier als starke, selbstbestimmte Person, keineswegs als Opfer: »Die Trennung erfolgte dann auch wirklich, die Ehescheidung unterblieb. Aber diese letztere wurde doch vorübergehend ganz ernsthaft erwogen, und ein Freund unseres Hauses, der damalige bethanische Geistliche, Pastor Schultz, dessen Spezialität Ehescheidungsfragen waren (es war die Zeit unter Friedrich Wilhelm IV., wo man solche Dinge mit frisch auflebender dogmatischer Strenge behandelte) – Pastor Schultz, sag ich, lehnte sich, als er von dem Plane hörte, mit aller Kraft und Beredsamkeit dagegen auf. Meine Mutter hielt sehr viel auf ihn und kannte zudem das Ansehen, dessen er sich ›bis hoch hinauf‹ erfreute, ›bis hoch hinauf‹, was für sie Bedeutung hatte; nichtsdestoweniger machten seine strengen Auseinandersetzungen nicht den geringsten Eindruck auf sie, so wenig, daß sie, als er schwieg, mit superiorer Seelenruhe sagte: ›Lieber Schultz, Sie verstehen diese Frage gründlich; aber ob ich ein Recht darauf habe, mich scheiden zu lassen oder nicht, diese Frage kann in der ganzen Welt kein Mensch so gut beantworten wie ich selber.‹ Und damit brach sie ab.«[32]

Emilie begleitete ihren Mann noch von Swinemünde in das Oderbruch und blieb dort einige weitere Jahre an seiner Seite. Schließlich wurde den beiden ein fünftes Kind geboren, Tochter Elisabeth Charlotte, ein echter Nachzügler, meist Elise oder auch nur Lise oder Lischen genannt. Doch Ende der vierziger Jahre muss es endgültig zum Eklat gekommen sein. Das Ehepaar trennte sich. Emilie zog zurück nach Neuruppin und lebte dort ab 1854 ohne ihren Mann. Allein die inzwischen sechzehnjährige Elise begleitete sie.

Fontanes Vater hingegen hielt sich zunächst in Neustadt bei Eberswalde auf und ab 1855 in Schiffmühle, einem kleinen Ort im Oderbruch bei Bad Freienwalde, wo er schließlich am 5. Oktober 1867 im Alter von einundsiebzig Jahren verstarb. Sein Grab befindet sich in Neutornow, einem Ortsteil dieser Stadt.

Obwohl in Fontanes Erinnerungen nicht viele Informationen über die Jahre der Entzweiung zu finden sind, gibt es immerhin einen Hinweis, warum seine Mutter ausgerechnet nach Neuruppin ziehen wollte. Er beschreibt an dieser Stelle den Tag, an dem er selbst mit zwölf Jahren in seine Geburtsstadt zurückgekehrt war, um dort kurzzeitig die Schule zu besuchen, bevor es für ihn in die Gewerbeschule und zu Onkel August nach Berlin gehen sollte: »Am dritten Tag unserer Fahrt trafen wir in Ruppin ein und nahmen, eh ich in der Pension untergebracht wurde, in einem Haus Quartier, das unserer früheren Apotheke gegenüber lag. ›Da bist du geboren‹ sagte meine Mutter und wies hinüber nach dem hübschen Hause, mit dem Löwen über der Eingangstür. Und dabei traten ihr Tränen ins Auge. Sie mochte denken, daß alles anders hätte verlaufen müssen, wenn ›das und das‹ anders gewesen wäre. Und dies ›das und das‹ war *er*. Sie war nicht gern von dieser Stelle weggegangen und ist als eine Frau von über funfzig, äußerlich getrennt von ihrem Manne, dahin zurückgekehrt, um dort, wo sie jung und eine kurze Zeit lang auch glücklich gewesen war, zu sterben.«[33]

Auch während der Trennung hielt Fontane zu beiden Eltern regelmäßigen Kontakt. Das Verhältnis zwischen seiner Mutter und seiner Ehefrau war offen und freundlich, zumindest anfangs. Nach dem ersten Kennenlernen hatte Fontanes Mutter 1846 gesagt: »Du hast Glück gehabt, sie hat genau die Eigenschaften, die für dich passen.«[34] Das Ehepaar besuchte Emilie regelmäßig in Neuruppin, im Oktober 1855 verbrachte Fontanes Frau mit ihrem Erstgeborenen George ganze zehn Wochen bei der Schwiegermutter. Fontane lebte in dieser Zeit in England. Er berichtete seiner Mutter zuverlässig über die größeren und kleineren Ereignisse in seiner Familie, so von den Geburten seiner Kinder. Hin und wieder kamen die Enkelkinder in die Stadt am Ruppiner See, in die Obhut der Großmutter, vor allem in der Zeit, in der Ehefrau Emilie mit den Umzügen zwischen London und Berlin beschäftigt war.

Im Alter wurde die Mutter unzufrieden und bitter. Insbesondere das Verhältnis zu Emilie litt darunter. Sie beklagte sich darüber wiederholt in den Briefen an ihren Mann. Gotthard Erler beschrieb die Situation in seiner Biographie über Fontanes Frau wie folgt: »Sie habe, nach Emilies Worten, ›gegen alle Menschen Einwendungen zu machen‹, sehe alles durch eine schwarze Brille und sei ›verstimmt, unwillig und bitter gegen die ganze Menschheit‹. Sie sei ›ausnehmend gut in der Kinderstube u. den angrenzenden Räumen, aber – ungenießbar in der Gesellschaft‹, wo sie sich mit einer peinlichen Gefallsucht produziere.«[35]

Fontane versuchte zu vermitteln. Sein Verhalten gegenüber seiner Mutter blieb bis zum Schluss einfühlsam und verständnisvoll, seine Liebe ungebrochen. Er hing gleichermaßen an ihr wie an seinem Vater und sah sich nach der Trennung in seiner Nachfolge. Emilie Fontane-Labry starb am 13. Dezember 1869 im Alter von zweiundsiebzig Jahren und wurde unabhängig von ihrem Mann in Neuruppin begraben. Noch fünfzehn Jahre lang hatte sie getrennt von ihm gewissermaßen ihr eigenes Leben gelebt.

Fontane notierte nach der Beerdigung in sein Tagebuch: »Am 13. Dezember starb meine liebe, alte Mama; den dritten Tag begruben wir sie bei stürmischem Wetter auf dem schönen *alten* Kirchhofe, an der Stelle wo sie zu ruhen gewünscht hatte. Die ganze Stadt nahm an dem Tode der alten Frau Theil und die schönsten Kränze und Guirlanden wurden ihr mit ins Grab gegeben. Wie sie friedensvoll, *erlöst* im Sarge lag – dies Bild von ihr wird mir bleiben.«[36]

Erler merkte zusätzlich an, Fontanes Mutter sei auf dem sogenannten Alten Friedhof am Wall begraben worden, ein Ort, an dem aus Platzgründen nur noch in seltenen Fällen Beerdigungen stattfanden, doch die Familie des Malers Wilhelm Gentz (1822–1890) habe ihr ein Stück abgetreten, »an einer schönen, baumbepflanzten Stelle«.[37] Heute befindet sich ihre Ruhestätte – man gedenkt ihrer hier gleichermaßen wie der jüngsten Tochter Elise – hinter der Bahnstation von Neuruppin. Der originale Grabstein steht neben den Parkplätzen des Museums.

Bei dem Tod seines Vaters war Fontane siebenundvierzig, bei dem Tod seiner Mutter fast fünfzig Jahre alt. Obwohl er davon ausging, nicht älter als sein Vater zu werden, lebte er bis in sein achtzigstes Lebensjahr. Seine Kindheitsbeschreibungen zeigen, dass er die Konflikte in der Ehe seiner Eltern bemerkte und bedauerte, doch seine Seele hatte daran keinen Schaden genommen. Seine Aufzeichnungen darüber stimmen versöhnlich. Er fühlte sich nicht dafür verantwortlich.

Fontane versuchte, beiden Menschen, Vater wie Mutter, gerecht zu werden und nicht über sie zu richten. Es blieb kein Groll, kein Zorn bei ihm zurück. Trotzdem nahm er aus seinem Elternhaus die Erfahrung mit, dass eine Frau ihren Mann verlassen kann. Sie musste seine Unzulänglichkeiten nicht ihr Leben lang ertragen. Fontanes Mutter bewies in ihrem Handeln weibliche Zerrissenheit, aber auch deutliche Dominanz.

Zwei ungleiche Schwestern
Jenny (1823–1904) und Elisabeth Fontane (1838–1923)

Eine weitere Frau prägte Fontane schon in Kindheits- und Jugendjahren – seine Schwester Jenny. Sie war vier Jahre jünger als er, zwischendurch wurde Bruder Rudolf geboren, auf Jenny folgte Max, und so trugen Fontanes Eltern Verantwortung für ein vierköpfiges Rudel junger Menschen, dicht hintereinander zur Welt gekommen. Vier Kinder in sieben Jahren – das waren Glück und Mühe zugleich. Alle vier Geburten fanden in Neuruppin statt, und die Kinder zogen dann mit den Eltern gemeinsam nach Swinemünde um. Auch das könnten alles in allem Gründe dafür gewesen sein, dass die Mutter wiederholt unter Nervosität und Überanstrengung litt.

Fontane empfand als Ältester starke Verantwortung für seine Geschwister. Mit Schwester Jenny verband ihn viele Jahre lang eine besonders enge Freundschaft. Zeitlebens nannte er sie bei ihren Kosenamen »Jennychen« und »Dickchen«, verfasste ihr 1848 auch ein Gelegenheitsgedicht *Für Jenny*.[38] Umso verwunderlicher ist, dass sie in *Meine Kinderjahre* kaum Erwähnung fand. Seine Jugenderinnerungen lesen sich, als sei Fontane Einzelkind gewesen. Wenn darin von Gleichaltrigen die Rede ist, waren es Freunde oder Spielkameraden – vor allem Jungs.

Im Gegensatz zu ihrem ältesten Bruder hatte Jenny Fontane Glück, rein materiell gesehen. Sie heiratete im Alter von siebenundzwanzig Jahren Hermann Sommerfeldt (1820–1902), einen vermögenden Apotheker, der darüber hinaus in der Lage war, Fontanes Vater seine Apotheke in Letschin abzukaufen. Am 26. April 1850 schrieb Fontane unwirsch seinem Freund Lepel: »Meine Schwester hat sich mit einem Giftmischer verlobt, der am 1. Oktober die Bude meines Vaters übernimmt.«[39] Louis Henry war dadurch wieder einmal schuldenfrei, allerdings auch ohne Offizin. Entsprechend ging, wie schon erwähnt, auch Fontane leer aus. Sommerfeldts Existenz hingegen war gesichert, und er konnte mit Jenny eine Familie gründen. Fontane muss den Schwager gewissermaßen als Konkurrent empfunden haben.

Sommerfeldt war beruflich und geschäftlich weiterhin erfolgreich. 1864 zog Jenny mit ihm nach Berlin, wo er die Luisenstädtische Apotheke in der Köpenicker Straße erworben hatte. An seiner Seite gelangte sie zu Wohlstand und gebar überdies zahlreiche Kinder. In einem Brief von Emilie Fontane an ihre Stiefmutter im Jahr 1866[40] ist von der Geburt eines inzwischen vierzehnten Nachkommens die Rede.

Das Verhältnis Fontanes zu seiner Schwester Jenny veränderte sich mit der Zeit. Er wusste sie zu schätzen, bewunderte ihren Pragmatismus oder bedauerte sie wegen der Mühen, die der Alltag ihr bisweilen bereitetete, doch wohlhabend, wie sie inzwischen war, entwickelte sie in seinen Augen ein bourgeoises Gehabe, das er grundsätzlich ablehnte. Wiederholt kritisiert er das in seinen Briefen. So schrieb er seiner Tochter Martha nach einer Geburtstagsfeier im Hause Sommerfeldt am 18. April 1884: »Ich kann den Bourgeoiston nicht ertragen, und in derselben Weise wie ich in frühren Jahrzehnten eine tiefe Abneigung gegen Professorenweisheit, Professorendünkel und Professorenliberalismus hatte, in derselben Weise dreht sich mir jetzt angesichts des wohlhabend gewordenen Speckhökertums das Herz um. Wirklicher Reichtum imponiert mir oder erfreut mich wenigstens, seine Erscheinungsformen sind mir im hohen Maße sympathisch, und ich lebe gern inmitten von Menschen, die 5000 Grubenarbeiter beschäftigen, Fabrikstädte gründen und Expeditionen aussenden zur Kolonisierung von Mittel-Afrika. Große Schiffsreeder, die Flotten bemannen, Tunnel- und Kanalbauer, die Weltteile verbinden, Zeitungsfürsten und Eisenbahnkönige sind meiner Huldigungen sicher, ich will nichts von ihnen, aber sie schaffen und wirken zu sehn tut mir wohl, alles Große hat von Jugend auf einen Zauber für mich gehabt, ich unterwerfe mich neidlos. Aber der ›Bourgeois‹ ist nur die Karikatur davon, er ärgert mich in seiner Kleinstelzigkeit und seinem unausgesetzten Verlangen, auf nichts hin bewundert zu werden. Vater Bourgeois hat sich für 1000 Tlr. malen lassen und verlangt, daß ich das Geschmiere für einen Velasquez halte, Mutter Bourgeoise hat sich eine Spitzenmantille gekauft und behandelt diesen Kauf als ein Ereignis, alles, was angeschafft oder wohl gar ›vorgesetzt‹ wird, wird mit einem Blicke begleitet, der etwas ausdrückt: ›Beglückter du, der du von *diesem* Kuchen essen, von *diesem* Weine trinken durftest‹, alles ist kindische Überschätzung einer Wirtschafts- und Lebensform (...).«[41]

Fontane mochte den Bourgeois nicht leiden, das zeigen auch andere Textstellen. Dort ist in diesem Zusammenhang von »Geldsackgesinnung«, »Wohlhabenheit« oder »Äußerlichkeitsherrschaft« die Rede,[42] Vokabeln, mit denen er die Abhängigkeit von materiellen Werten, ja, ein Selbstverständnis, das allein auf Wohlstand basiert, hart verurteilt.

Er differenzierte allerdings ausdrücklich zwischen Familien, die überraschend zu Geld gekommen waren und sich fortwährend damit brüsteten auf der einen Seite, und Wohlhabenden, die sich nicht so verhielten, auf der anderen Seite. Gut situierte Intellektuelle schloss er dabei aus, und sei ihre Herkunft auch noch so bürgerlich, denn auch sie waren seiner Meinung nach in der Lage, sich von der Bedeutung ihres Wohlstands zu distanzieren. Es war also im Grunde keine Klassifizierung, die Fontane mit dem Begriff »Bourgeois« vornahm, sondern eine moralische Zuordnung und hatte somit wenig mit dem Begriff »Bürgertum« zu tun. Heute würde man stattdessen wahrscheinlich die Bezeichnung »Neureicher« verwenden.

In der Rolle einer Bourgeoise, die durch Heirat überraschend zu Reichtum und gesellschaftlichem Ansehen gekommen war, bot ihm Jenny willkommenes Anschauungsmaterial. So sind an der Person der Kommerzienrätin Treibel in seinem Roman *Frau Jenny Treibel* eindeutige Parallelen zu seiner Schwester feststellbar. Nicht zuletzt tragen beide Frauen denselben Vornamen.

Der Inhalt des Romans ist rasch wiedergegeben: Bei einem eleganten Abendessen im Haus des Kommerzienrates Treibel verliebt Sohn Leopold sich in die schlagfertige Professorentochter Corinna Schmidt und beschließt sie zu heiraten. Obwohl Corinna ihrem Vetter Marcell versprochen wurde, lässt sie den reichen Fabrikantensohn gewähren, weil sie sich in jugendlicher Ahnungslosigkeit ein Leben jenseits von wirtschaftlichen Zwängen idealisiert. Doch Jenny Treibel ist mit der sich anbahnenden Liaison keinesfalls einverstanden. Obwohl Corinnas Vater Professor Wilibald Schmidt ein Jugendfreund von ihr ist, möchte sie eine Ehe zwischen ihrem Sohn und dem Mädchen aus ärmlicherem Haus partout verhindern. Corinna sieht ein, dass sie im

Umfeld dieser Frau nicht glücklich werden kann, lässt von Leopold ab und heiratet am Ende doch Marcell.

Interessant ist die Art und Weise, in der Fontane das neureiche Gehabe in dem Roman kritisiert. Im Gegensatz zu der harten Kritik an der Bourgeoisie, die in seinem Brief an Martha zum Ausdruck bringt, führt er die Konflikte im Roman auf rein menschliche Eigenschaften wie Angst und Kleinmut zurück. Die Kommerzienrätin im Buch schildert Fontane nicht einfach als eine dumme und engherzige Person, sondern als eine Frau, die sich im Zwiespalt befindet. Sie schwankt zwischen Anhänglichkeit und Eitelkeit, zwischen Sentiment und gesellschaftlichem Ehrgeiz. Einerseits verehrt sie ihren Jugendfreund Schmidt, in dessen Nachbarschaft sie als Tochter der Gemüsehändlerin Bürstenbinder aufgewachsen ist. Andererseits fühlt sie sich in ihrer Rolle als Aufsteigerin schnell bedroht und ist zutiefst beleidigt, als ihr Sohn Leopold mitteilt, er habe sich mit Corinna verlobt. Eigens macht sie sich auf den Weg in die Professorenwohnung, um das Verhältnis der beiden jungen Leute wieder zu lösen. Die Szene, die sie dem jungen Mädchen dort macht, ist weder amüsant noch verzeihlich.

Der Roman *Frau Jenny Treibel* diente Fontane nicht als grundlegende Abrechnung mit der Bourgeoisie. Er liefert vielmehr ein amüsant-ironisches Sittengemälde seiner Zeit. Die Protagonisten wirken natürlich, ihr Handeln ist menschlich. Jeder könnte so werden wie Jenny Treibel, jeder sich derart verhalten. Fontanes Beobachtungen zielen nicht auf eine Person im Einzelnen ab, sondern auf die Gesellschaft im Allgemeinen.

Ähnlich konnte Fontanes Kritik an der Bourgeoisie auch sein Verhältnis zur Schwester letztlich nicht trüben. Er hing an Jenny, sah die Zwänge, in denen sie steckte, und blieb ihr freundlich verbunden. Mal machte er sich Sorgen um sie, mal ärgerte er sich, doch seine Geschwisterliebe zu ihr blieb ihm grundsätzlich erhalten.

Vollkommen überraschend und zu einem Zeitpunkt, als Fontanes Eltern schon nachhaltig zerstritten waren, folgte auf die Viergeschwisterbande aus den Jahren 1819 bis 1826 am 23. April 1838 in Mühlberg an der Elbe noch eine Nachzüglerin. Elisabeth Charlotte Fontane, auch Lisa, Elise oder Lieschen genannt. Sie war neunzehn Jahre jünger als ihr ältester Bruder und kam zur Welt, nachdem er längst das Haus verlassen und seine Ausbildung angetreten hatte. Der Altersunterschied zwischen den beiden war so groß, dass die beiden eigentlich nicht wie Geschwister aufwuchsen, sondern eher wie Vetter und Cousine oder wie Stiefkinder.

Bei Elises Geburt wurde Fontane gebeten, die Patenschaft für sie zu übernehmen, sicher ein Versuch, den Ältesten in die Familie mit einzubinden und ihm gleichzeitig die Verantwortung für die kleine Schwester zu übertragen, denn die Wahrscheinlichkeit, dass die Eltern sterben würden, bevor Elise erwachsen und selbstständig geworden war, war groß. Mutter Emilie war bei der Geburt ihrer Jüngsten einundvierzig Jahre alt.

Das Mädchen war ein Mensch mit vielen Talenten, sie war humorvoll und belesen, einfühlsam und wortgewandt. Sie wusste genau nachzufragen und zu formulieren. Vor allem aber besaß sie einen wachen Verstand. In ihren ersten zwei Lebensjahrzehnten brachte sie sich fürsorglich sozial in der Familie ein. Sie ging ihrer Mutter zur Hand und lebte ab der Trennung der Eltern allein mit ihr in Neuruppin.

Mit ähnlicher Selbstverständlichkeit unterstützte sie, nachdem sie älter geworden war, auch Fontanes Kernfamilie, stand seiner Ehefrau Emilie in Zeiten des Wochenbetts zur Seite und bot ihr im Januar 1856 sogar Geleitschutz auf ihrer ersten Reise nach England. Dabei war sie eine nicht zu unterschätzende Hilfe, denn Emilie hatte nicht nur den kleinen George dabei, sondern auch eine starke Neigung zu Reiseübelkeit. Entsprechend fürchtete sie sich vor der Kanalüberquerung, außerdem grauste sie sich vor den damals meist dreckigen und verwanzten Schiffen. In späteren Jahren entwickelte Fontanes Frau eine regelrechte Panik vor diesen Seefahrten.

Elise stand ihr tapfer zur Seite, obwohl sie die Anstrengungen sicher auch nicht gleichgültig ließen. Sie blieb mit der Familie in London und fiel dort sogar einem Apothekerfreund Fontanes ins Auge, Julius Schweitzer, der die junge Frau am liebsten sofort geheiratet hätte. Doch Elise ging auf sein Werben nicht ein, sondern kehrte gemeinsam mit Emilie und George im Mai 1856 zurück nach Berlin. Dabei hätte sie mit ihren inzwischen achtzehn Jahren durchaus bei dem verliebten Apotheker bleiben können. Sie zog wieder nach Neuruppin, kümmerte sich dort um ihre alternde Mutter und versorgte sie zuverlässig. Besonders in den letzten Wochen vor ihrem Tod im Winter 1869 stand sie ihr, im Wechsel mit Emilie, die ebenfalls zur Betreuung der Schwiegermutter aus Berlin angereist war, treu zur Seite. Erst Jahre später, 1875, heiratete Elise mit inzwischen siebenunddreißig Jahren den Strigauer Kaufmann und Feuerversicherungsinspektor Hermann Weber und lebte fortan in Berlin. Sie verstarb am 14. Juli 1923 mit fünfundachtzig Jahren in Berlin-Weißensee und wurde in Neuruppin beerdigt.

Fontane hing an seiner kleinen Schwester, er korrespondierte mit ihr und erzählte ihr von Erlebnissen mit seinen Kindern oder seiner Frau. Da sie viel Zeit in seinem Haus verbrachte, war sie ein echtes Bindeglied zwischen seiner Herkunfts- und seiner Kernfamilie. Einmal schrieb er ihr offenherzig über Emilie und seinen Sohn George: »Emilie ist wirklich engelsgut zu ihm, gibt, was sie irgend hat, und hat wahrhaftig keinen Anspruch darauf, von G. als eng und kleinlich im Geldpunkt dargestellt zu werden. Im Gegenteil. Wie sie überhaupt einen noblen Charakter hat, so hat sie ihn auch in Geldangelegenheiten. Sie ist viel gütiger als ich; ich bin in allen diesen Dingen der reine Blender, wie alle Menschen, die leicht geartet sind und eine Neigung haben, sich alles Unangenehme so lange wie möglich vom Leibe zu halten.«[43]

Bisweilen beauftragte Fontane seine Schwester mit Vor-Ort-Recherchen für seine *Wanderungen durch die Mark Brandenburg*. Dabei gab er ihr konkrete Anweisungen, was sie herausfinden sollte, so zum Beispiel »historisch-romantisches Liederlichkeitsmaterial«[44] für die Schilderungen rund um Schloss Hoppenrade im Löwenberger Land nördlich von Berlin. Elise kam dem gerne nach, zog für Fontane Erkundigungen ein und lieferte detaillierte Beschreibungen. Mit ihren Geschichten beflügelt sie seine Phantasie.

So floss beispielsweise ihr Hinweis auf einen französischen Soldaten, der 1806 in Dreetz erschlagen worden sein soll, in seine Kriminalgeschichte *Unterm Birnbaum* (1885) ein. Ausdrücklich bat er sie im Oktober 1873, den Gerüchten noch einmal nachzugehen: »Wahr braucht es ja nicht zu sein, der ›Volksmund‹ hat das Vorrecht zu lügen, soviel er will, es heißt dann ›Sage‹ und wird von den Gelehrten oder Käuzen meines Schlages mit höchstem Respekt behandelt. Trommle also in Dreetz noch ein paar Menschen zusammen: einen Schäferknecht, der sich absteigend entwickelt hat, eine ›weise‹ Frau, einen wahrsagenden Imbécile, einer davon wird doch wohl zum Donnerwetter so viel Erfindungskraft haben, um rauszukriegen, warum dieser arme Franzose eigentlich totgeschlagen worden ist. Ich selbst kann und darf nichts erfinden, einmal weil es gegen

das ›historische Gewissen‹ ist, dann weil es in meinem Ge-
müte feststeht, daß der biedre Dreetzer von 1806 den Franzosen so totschlug, wie man einen Pfahl in die Erde schlägt,
oder mit noch viel weniger Grund.«[45]

Vieles davon findet sich tatsächlich in *Unterm Birnbaum*
wieder: Protagonist Abel Hradschek stößt beim Umgraben
unter einem Birnbaum in seinem Garten auf die Überres-
te eines französischen Soldaten. Der Fund wird später zum
Beweis für die Unschuld Hradscheks herangeführt. Auch
eine »weise« Frau kommt in der Erzählung vor, freilich flie-
ßen auch andere Gegebenheiten in die Geschichte mit ein.
So handelt es sich bei dem Vorbild für das Wirtshaus Hradscheks nicht um ein Lokal in Dreetz, sondern um das Hotel
zum Alten Fritz in Letschin.[46]

Auch Paul Heyse profitierte von Elises Recherche-Eifer.
Sein Werk *Der Roman der Stiftsdame* (1888) geht auf eine
Idee zurück, die 1864 bei einem Besuch gemeinsam mit
Fontane in Neuruppin entstand. Bei dieser Gelegenheit
erzählte Elise ihnen die Lebensgeschichte einer Frau und
führte die beiden Schriftsteller auch zum Ort des Gesche-
hens. Rund zwanzig Jahre später verarbeitete Heyse diese
Informationen in seinem Roman.

Während Fontane sich mit seiner älteren Schwester Jenny auf einer Stufe sah, stark für sie empfand und sich im Erwachsenenalter bisweilen auch ernsthaft über sie ärgerte,
nahm er die jüngere nicht als Konkurrentin wahr, sondern
fühlte sich für sie verantwortlich. Von Konflikten mit Elise
ist an keiner Stelle die Rede. Sie war gewissermaßen seine
Schutzbefohlene. Gleichzeitig versuchte er keineswegs, sie
zu kujonieren oder gar zu erziehen.

Augen wie glühende Kohlen
Ehefrau Emilie Rouanet-Kummer (1824–1902)

Jahrzehntelang galt Fontanes Ehefrau Emilie Rouanet-Kummer als eine unzufriedene und schlecht gelaunte Frau. Sie sei fortwährend leidend oder auch krank gewesen und habe das Talent ihres Mannes grundsätzlich in Zweifel gezogen. Er sei gar kein Dichter, soll Emilie von ihrem Mann gesagt haben, und ausgerechnet dieser Satz, einzelner Ausruf aus einem über fünfzig Jahre lang währenden, mehrheitlich friedlichen und vor allem stabilen Eheleben, hatte sich der Literaturkritik unauslöschlich eingeprägt. Fontane sei der große Dichter, der gutherzige Ehemann, und Emilie die grantige, ungebildete Gattin gewesen, deren Nörgeleien er ausgesetzt war.

Das Bild geht zurück auf ein Zitat Gerhart Hauptmanns (1862–1946), der das alte Ehepaar samt Tochter Martha in der kleinen Wohnung in der Potsdamer Straße besuchte und unverhofft Zeuge eines der üblichen angeregten Familiengespräche wurde, wie sie im Hause Fontane in extenso gepflegt wurden. Hauptmann war um Jahre jünger, Fontane indes, von den Stücken des Nachwuchsdramatikers begeistert, förderte sein Schaffen nachdrücklich und vermittelte ihm entscheidende Kontakte. Beide Schriftsteller verkehrten voller Respekt miteinander. Ohne Fontanes Unterstützung wäre Hauptmann nicht so rasch in Berlin bekannt geworden. Auch später, nachdem der Ältere längst verstorben war, konnte der Jüngere von dessen Anerkennung zehren. Fontanes positive Kritiken waren quasi Gütesiegel für das Werk des Dramatikers.

Seine Beobachtungen im Hause Fontane notierte Hauptmann erst Jahrzehnte später. Das Zitat war ferner Teil eines Fragments, das unter dem Titel »Das zweite Vierteljahrhundert« als Fortsetzung seiner Autobiographie posthum veröffentlicht wurde, also auch nicht mehr von Hauptmann überprüft worden war. Darin fanden sich die Zeilen: »Ich erinnere mich meines humoristischen Staunens, als die resolute Frau Fontane, im Zimmer auf und ab gehend, fortwährend die Worte ›Er ist ja kein Dichter! Er ist ja kein Dichter!‹ in meiner Gegenwart mit heftiger Überzeugung vor sich hinredete.«[47]

Erst 1998, hundert Jahre nach Fontanes Tod, gelang es, das einseitige Bild zu revidieren. Gotthard Erler veröffentlichte den dreibändigen Ehebriefwechsel des Autors im Aufbau Verlag und konstatierte im Vorwort mit Freude, Emilie erweise sich in ihren Schreiben als »liebenswerte und liebenswürdige Persönlichkeit, als kluge, gebildete Frau, die ihren Mann geliebt und verehrt und sehr wohl an seine poetische Sendung geglaubt hat«.[48] Hunderte von Briefen hatte Erler durchforstet, gesichtet, erfasst und kommentiert, um zu diesem Ergebnis zu kommen. Rund zehntausend Mal will Fontane seiner Frau geschrieben haben, 180 Briefe von Emilie fanden Eingang in die Publikation. Insgesamt sind 751 Schreiben darin zu finden. Sie bieten unendlich viel Stoff und Informationen zu dieser Beziehung.

In seiner Biographie über Emilie Fontane *Das Herz bleibt immer jung* zeichnete Erler das neue Bild präziser nach. Ein kommunikatives Naturell und ausgesprochenes Talent zur Freundschaft habe die Schriftstellergattin ausgezeichnet, so der Wissenschaftler. Dies habe ihr geholfen, die Höhen und Tiefen an der Seite ihres Mannes durchzustehen. Immer habe sie zu ihm gehalten, der Gesprächsfaden sei nie abgerissen.

Hört man sich heute unter Fontane-Kennern um, gewinnt man jedoch den Eindruck, die neue Erkenntnis habe nicht wirklich Verbreitung gefunden. Lieber wird an dem alten, romantischen Bild festgehalten, Fontane habe sein Leben lang unter seiner ungebildeten Ehefrau zu leiden gehabt. Wie konnte sich dieses Bild erhalten?

Als Emilie Rouanet-Kummer und Fontane sich zum ersten Mal begegneten, war Emilie noch ein Kind. Sie lebte bei Adoptiveltern in der Burgstraße inmitten Berlins, das hier Anfang des neunzehnten Jahrhunderts eng bebaut und dicht bewohnt war. Fontane war, wie berichtet, während seiner Gewerbeschulzeit in Berlin bei Verwandten untergekommen, seinem Onkel August und Tante Pine, geborene Sohm, die Schauspielerin war. Sie wohnten mit ihrer Tochter Rosa zufällig in nächster Nachbarschaft von Emilies Adoptiveltern und waren gut mit ihnen bekannt. So teilten sie sich beispielsweise ein Zeitungsabonnement, was Grund genug war für Emilie, regelmäßig bei den Nachbarn aufzutauchen. Fontanes Tante nahm sich des Mädchens liebevoll an. Auch befreundete sich Emilie mit Rosa, ein Adoptivkind wie sie selbst.

Fontane war fünf Jahre älter und hatte naturgemäß nicht viel für das kleine Nachbarkind übrig. Er war gerade dem Elternhaus entwachsen, hatte in Neuruppin die Schule abgeschlossen und war zur weiteren Ausbildung in die Hauptstadt geschickt worden. Ähnlich wie sein Vater sollte er Apotheker werden, und noch war die Hoffnung groß, dass er dieses Ziel auch erreichen werde. Doch der junge Mann hatte ein lästiges Hobby, eine heimliche Leidenschaft, die er hartnäckig verfolgte und die ihn erfolgreich von der Ausbildung abhielt: Er schrieb Verse. Anstatt regelmäßig in die Gewerbeschule zu gehen, saß er lieber in seinem Zimmer, las und dichtete oder setzte sich in ein Café und blätterte die dort ausliegenden Zeitungen durch.

Fontanes erste Erinnerungen an Emilie waren vage. In seiner Biographie *Von Zwanzig bis Dreißig* (1898) beschrieb er sie als »verwildert«, als ein »Ciociaren-Kind aus den Abruzzen«, doch was ihm auffiel und deutlich im Gedächtnis haften blieb, waren ihre dunklen Augen. Im Nachhinein behauptete er, er habe sich deswegen auf der Stelle in sie verliebt: »Das Gesicht, ein blasses Dreieck mit vorspringender Stirn und Stubsnase, war nahezu häßlich, aber die zurückliegenden, etwas unheimlichen Augen glühten wie Kohlen und machten, daß man das Kind bemerken mußte.«[49]

Einmal überraschten Fontane und sein Neuruppiner Freund Scherz das sogenannte Ciociaren-Kind in der Wohnung des Onkels beim Theaterspielen. *Romeo und Julia* hatte sie sich auserkoren und kopierte nun emsig, Seite an Seite mit Gefährtin Rosa, eine Szene nach der anderen, allerdings in eigenen, frei gewählten Worten, und während die Freundin nur den jeweiligen Gegenpart geben, doch keine Zeile sprechen musste, wurde sie hingegen fleißig von Emilie in die jeweils rechte Position geschoben, um die Dialogsituationen zumindest körperlich zu vervollständigen. Fontane war begeistert und schloss Emilie zum Schluss in die Arme: »Mein Freund Scherz konnte sich in der ganzen Sache nicht zurecht finden, während ich die kleine Tragödin entzückt in die Höhe hob und an diesem Abende wenigstens durch meine, der Künstlerin dargebrachte Huldigung, das Übergewicht über den Mitbewerber hatte.«[50]

Während Fontane aus vergleichsweise geregelten Verhältnissen stammte, hatte Emilie eine schwierige Kindheit. Sie wurde am 14. November 1824 südlich von Berlin in Beeskow geboren, einem Städtchen, das heute durchaus positive Assoziationen weckt. Im vorgerückten Frühling zieht es Spargelliebhaber in den brandenburgischen Ort, um das schmackhafte Gemüse dort kiloweise zu erstehen oder wenigstens zu verzehren. Die Gegend hat sich auf Spargelanbau spezialisiert.

Für Emilie war sie jedoch keineswegs mit angenehmen Erinnerungen verbunden. Sie war das uneheliche Kind einer vierunddreißigjährigen Pfarrerswitwe, Mutter dreier legitimer Kinder. Thérèse Müller, geborene Rouanet (1790–1867), war französisch-hugenottischer Herkunft, Emilies Vater ein Militärarzt namens Georg Bosse (1797–1865), der sich nur kurzzeitig in Beeskow aufgehalten hatte. Wahrscheinlich hat er nie etwas von der Existenz seiner Tochter erfahren. Zum Zeitpunkt der Geburt war er längst weiter Richtung Westen versetzt worden und lebte in Brühl bei Köln.

Um das Ereignis zu verheimlichen, wurde das Mädchen nicht in seinem Geburtsort, sondern in Dresden getauft und geriet von dort in Begleitung einer Amme in den Haushalt eines entfernten Verwandten nach Wermsdorf, zu Jean August Alexander Rouanet (1783–1867). Der wohlhabende Apotheker nahm Emilie selbstverständlich in sein Haus, und sie wuchs gemeinsam mit seinen drei Kindern auf. Allein seine Frau wollte den Zustand nicht dauerhaft ertragen, und so fassten die beiden einen recht lieblosen Entschluss: Als das Mädchen drei Jahre alt geworden war, wurde es per Anzeige in der *Vossischen Zeitung* zur Adoption freigegeben. Zu allem Überfluss stellten die Pflegeeltern für die Übernahme des Kindes eine erkleckliche Summe Geldes in Aussicht. So kam es, dass die Annonce zahlreiche

Zuschriften nach sich zog. Die Entscheidung fiel schließlich auf Karl Wilhelm Kummer (1785–1855), einen Berliner Hersteller von Globen und plastischen Landkarten aus Pappmaché, der sich allein dadurch auszeichnete, dass sein Antwortbrief besonders herzlich ausgefallen war. Trotz verzweifelter Gegenwehr wurde Emilie nach Berlin gebracht und dem Fremden übergeben. Hier, inmitten der großen Stadt, fand das Mädchen vorübergehend sein neues Zuhause. Kummer wohnte mit seiner damaligen Ehefrau Marie Dorothee (gest. 1831) in eingangs erwähnter Burgstraße.

Wider Erwarten entpuppte sich Emilies Adoptivvater als liebevoller Mensch. Nach anfänglichem Heimweh fasste Emilie allmählich Vertrauen und entwickelte ein dauerhaft gutes Verhältnis zu ihm. Sie hing an ihm, sein Wohlergehen lag ihr zeitlebens am Herzen, und bisweilen machte sie sich große Sorgen. Denn Kummer lebte in nicht sonderlich soliden Verhältnissen. Anstatt sich seinem kartographischen Gewerbe zu widmen, hatte er sich der Welt des Theaters verschworen und verbrachte seine Zeit lieber mit Schauspielern in entsprechenden Etablissements und Künstlerkneipen. Sein Tagesablauf passte auch keinesfalls zu dem Rhythmus, der den Bedürfnissen eines heranwachsenden Kindes entsprach. Er schlief morgens lang aus, verließ das Haus gegen Mittag und kehrte erst spätnachts zurück.

Auch mit den Frauen hatte Kummer Pech. Marie Dorothee litt an einer chronischen Krankheit und verstarb wenige Jahre nach Emilies Ankunft. Da war das Mädchen sechs Jahre alt. Daraufhin kam sie in die Obhut einer Hilfsmagd, die sich allerdings nebenbei als Soldatenhure verdingte und die Kleine grob vernachlässigte. Während sie ihre Liebesdienste verrichtete, musste Emilie bei Wind und Wetter im Kasernenhof ausharren und warten, bis die Magd zurückkehrte. Schlimmer fast noch als die latente Kälte waren die

Soldaten, die in dem Hof herumlungerten oder aus den Fenstern lehnten, das Kind beobachten und hänselten. »Es prägten sich die während dieses Umherstehens und Wartens empfangenen Bilder dem Kinde so tief ein, daß es sich, als es viele Jahre später am Nervenfieber darniederlag, in seinen Phantasien immer wieder auf dem furchtbaren Kasernenhofe sah, aus dessen hundert Fenstern ebenso viele Grenadiere herniedergrinsten«,[51] notierte Fontane später.

Wenn die Magd das Kind nicht mitnehmen wollte, machte sie Emilie Angst, so dass sie lieber zu Hause bleiben wollte, sich dort jedoch, allein zurückgelassen, derart fürchtete, dass sie leise vor sich hin weinte: »Oft wenn es dem Mädchen nicht paßte die Kleine mitzunehmen, schnitt sie ihr Abends so schreckliche Gesichter vor, daß das geängstigte Kind sie schließlich bat doch von ihr zu gehn. Das geschah denn nachträglich auch und das noch nicht achtjährige Kind blieb nun eingeschlossen in sein dunkles Schlafkämmerlein, allein, wo es die Hausbewohner oft wimmern hörten.«[52]

Auch wirtschaftlich war Kummer nicht sonderlich erfolgreich. Bald musste er die Wohnung in der Burgstraße aufgeben und zog mit Emilie in einen Neubau in die Große Hamburger Straße, die sich ebenfalls im Zentrum, doch außerhalb der ehemaligen Befestigungsanlage befand. Hier waren neue Wohnungen entstanden, die zwar schon bewohnt werden konnten, doch noch anhaltend beheizt werden mussten, damit die restliche Feuchtigkeit aus den Steinen wich. Gegenleistung für dieses in Berlin bis in die Neuzeit übliche sogenannte Trockenwohnen war eine geringere Miete. Entsprechend war das soziale Umfeld, in dem Emilie aufwuchs: »Lauter gescheiterte Leute hatten hier, als Trockenwohner, ein billiges Unterkommen gefunden: arme Künstler, noch ärmere Schriftsteller und bankrotte Kaufleute, namentlich aber Bürgermeister und Justizkommissarien aus kleinen Städten, die sich zur Kassenfrage freier als statthaft gestellt hatten«, [53] beschrieb Fontane die Nachbarn.

Zu allem Überfluss heiratete Kummer als Nächstes eine Witwe, die Emilie nicht besonders freundlich behandelte. Sie beschimpfte sie als »angenommenen Panker«, was die Kleine zwar inhaltlich nicht verstand, aber dennoch verstörte, und gab ihr wenig zu essen. Das anhängliche, scheue Mädchen entwickelte sich zu einer frechen Göre, einem Schrecken der Hinterhöfe, vor dem die Mütter ihre Kinder warnten. Kummer sorgte zwar dafür, dass seine Adoptivtochter in eine anständige Schule ging, doch zwischen all den säuberlichen und sittsamen Kindern fühlte sie sich erst recht verloren.

Emilie machte es sich zur Angewohnheit, beim Spiel zwischen den Teppichstangen und Wäscheleinen ein tiefes Loch zu graben und mit einem anderen Kind so lange darum zu rangeln, bis es in der Grube landete. Triumphierend sah sie dann auf das Opfer zu ihren Füßen herab. Das ging nicht lange gut. Eine Mutter beobachtete das üble Spiel aus der Ferne und wies ihre Tochter Elise an, das schlimme Nachbarmädchen von ihrem Geburtstagsfest wieder auszuladen. Das sei nicht der rechte Umgang für sie. Selten habe sich Emilie derart radikal abgelehnt gefühlt, erzählte sie Fontane später.

Solche und ähnliche Erfahrungen hinterließen bei der jungen Frau das bleibende Gefühl, nirgendwo so recht hinzugehören. Die Sehnsucht nach emotionaler Sicherheit begleitete sie ihr Leben lang. Immerhin waren Kummers die netten Nachbarn aus der Burgstraße erhalten geblieben, denn Fontanes Onkel war mit Tante Pinchen ebenfalls in die Große Hamburger Straße umgezogen. August war ebenso ein Luftikus wie Kummer, ein gescheiterter Künstler, der sich inzwischen als Händler für Malerzubehör versuchte. Was die beiden Familien miteinander verband, war die Liebe zum Theater. Während Emilie und Rosa sich in Rollenspielen versuchten, kundig von Fontanes Tante unterstützt, trällerte Mutter Sohm beim Aufräumen Texte aus Stücken, in denen sie selbst aufgetreten war. Ähnlich wie ihre Tochter war auch sie eine Bühnenkünstlerin.

Emilie nahm aus dieser Welt mit, was sie nur mitnehmen konnte. Oft wurde sie abends zu Vorstellungen mitgenommen, und schon als Mädchen lernte sie die Stücke von Shakespeare und Schiller nicht nur durch Lektüre, sondern direkt auf der Bühne kennen. Bis ins hohe Alter sollte sie die Schauspielerei lieben und ausgesprochen gerne ins Theater gehen.

Bei ihrer Konfirmation im September 1839 schließlich erfuhr Emilie, dass sie nicht Kummers leibliche Tochter war. Ihr Adoptivvater hatte das all die Jahre für sich behalten, doch ab dem Tag der Einsegnung galten Mädchen damals als heiratsfähig, und Kummer hatte befunden, dass dies der richtige Zeitpunkt sein müsste, um Emilie über ihre Vergangenheit aufzuklären. Das Mädchen erschrak über die Nachricht und war nachhaltig irritiert. Wie bei vielen Adoptivkindern beschäftigte sie ab sofort die Frage, wer wohl ihre leibliche Mutter sei und wo sie lebte. Auch nach möglichen Geschwistern und Cousinen oder Vettern begann Emilie nun zu fahnden und fand in der Tat bei der einen oder anderen verwandten Familie liebevollen Anschluss.

Vielleicht war es ein besonderer Glücksfall, dass Kummer ausgerechnet in dieser Zeit endlich die richtige Frau kennenlernte. Von der unfreundlichen Witwe hatte er sich längst getrennt. Jetzt brachen deutlich bessere Zeiten an: Bertha Kinne (1807–1870) stammte aus dem sächsischen Herrnhut, wo die gleichnamige evangelische Brüdergemeinde beheimatet ist, und fand, obwohl Kummer zweiundzwanzig Jahre älter war als sie, an dem eigentümlichen Mann Gefallen. Einen Monat nach Emilies Konfirmation wurde in Dresden geheiratet, und Bertha nahm sich der Stieftochter warmherzig an. »Herzensmama« wird Emilie ihre neue Adoptivmutter taufen und mit ihr später, nachdem sie das Haus verlassen hatte, regelmäßig korrespondieren.

»Ihren Theo« betrachtete Emilie offenbar lange Zeit als eine Art älteren Vetter oder jedenfalls als nahen Bekannten. Sie wohnte unverhofft Fontanes Konfirmation bei, sah dabei zum ersten Mal seine Eltern und verfolgte auch weiterhin aus der Ferne seinen Werdegang. Fontane ging im Rahmen seiner Ausbildung 1840 an eine Apotheke in Burg bei Magdeburg, wechselte anschließend nach Leipzig und später nach Dresden. Ostern 1843 arbeitete er als Defektar in seines Vaters Apotheke in Letschin. Das Jahr 1844 brachte Fontane zurück nach Berlin, wo er ab 1. April seinen freiwilligen, einjährigen Militärdienst leistete. Auf seinen Wunsch hin wurde er vom Kaiser-Franz-Regiment einberufen. In diese Zeit fiel auch seine Einführung in die literarische Vereinigung »Tunnel über der Spree«, denn sein Freund Lepel, der dies veranlasste, war Offizier in demselben Regiment.

Schon vor dieser Zeit hatte er Emilie gelegentlich wiedergesehen und zeigte sich überrascht, wie sehr sie sich inzwischen verändert hatte: »Die Kleine, mittlerweile neunzehn Jahr alt geworden, war total verändert. Nicht bloß das Abruzzentum war hin, auch die mildere Form: das Südfranzösische hatte sich beinah ganz verflüchtigt und die tief liegenden dunklen Augen, die mir, ohne schwarz zu sein, immer kohlschwarz erschienen waren, sahen jetzt, in dem hierlandes üblichen Halbgrau hell und lachend in die Welt hinein. Alles in allem, beweglich und ausgelassen, vergnügungsbedürftig und zugleich arbeitsam, war sie der Typus einer jungen Berlinerin, wie man sie sich damals vorstellte.«[54]

Emilie hatte die Schule abgeschlossen und sich im Kummer'schen Haushalt nützlich gemacht. Gelegentlich begleitet sie ihren Vater zu einer Kur in Salzbrunn. Außerdem suchte und fand sie Anschluss bei ihrer leiblichen Mutter Thérèse, die 1841 neu geheiratet und daraufhin zu Emilie Kontakt aufgenommen hatte. Ihr zweiter Ehemann hieß Karl Gottlob Triepcke (1777–1856) und war Oberförster im schlesischen Dammersdorf bei Liegnitz. Emilie besuchte die beiden und lernte bei der Gelegenheit auch ihre Halbschwester aus Thérèses erster Ehe kennen, Marie Müller, verheiratete Fels (1815–1856), später Mutter von sechs Kindern. Hier in Liegnitz fand Emilie eine Art zweite Heimat, denn ihre Mutter nahm sie gemeinsam mit dem überaus freundlichen Triepcke wiederholt auf, die beiden verwöhnten die junge Frau, auch später noch, nachdem Emilie geheiratet und Kinder bekommen hatte, und regelmäßig verbrachte sie dort Ferien im Grünen. Zwar war ihr Verhältnis zur leiblichen Mutter nicht ungetrübt, Emilie konnte sich auch hier letztlich nicht angenommen fühlen, doch Thérèse sorgte in unregelmäßigen Zuwendungen für den Unterhalt ihrer illegitimen Tochter und gab ihr eben das, was sie zu geben vermochte.

Zu welchem Zeitpunkt Fontane Emilie für sich auserkoren hatte, lässt sich schwer ausmachen, doch fest steht, dass die beiden während seiner Militärzeit ein Paar wurden. Anschließend wurde Fontane Zweiter Rezeptar bei Julius Eduard Schacht (1804–1871) in der Polnischen Apotheke in der Friedrichstraße, nahe der Straße Unter den Linden, und die beiden trafen sich regelmäßig. Wiederholt erwähnt Emilie ihren Liebsten in den Briefen an die Eltern. Sie wusste um seinen Aufenthalt beim Militär und die Stelle in der

Schacht'schen Apotheke, von der Aufnahme in die literarische Vereinigung »Tunnel« Ende September 1844, und als sie im Herbst 1845 für mehrere Wochen zu Stiefschwester Marie nach Liegnitz abreiste, begleitet Fontane sie an den Zug.

Die Apotheke, in der Fontane damals arbeitete, existiert heute noch. Die Inhaberin ist mit ihrem Geschäft zwar in die benachbarte Dorotheenstraße umgezogen, doch ein gläsernes Schild im Schaufenster erinnert an die Zeit, als der Schriftsteller hier beschäftigt war. In klaren Lettern steht darauf zu lesen: »Nach einjähriger Militärzeit übernimmt Fontane am 24. Juni 1845 die Stelle des 2. Rezeptars in der von Julius Schacht geführten Apotheke Friedrichstraße/ Ecke Mittelstraße bis 30. Juni 1846.«

Am 8. Dezember 1845 hatte Fontane die Aufgabe, Emilie von hier aus abends nach einem Geburtstagsfest nach Hause zu begleiten. Das junge Mädchen sollte nicht allein durch die nächtlichen Straßen wandern müssen. Gemeinsam schritten die beiden plaudernd die Friedrichstraße entlang Richtung Spree, und in jugendlichem Eifer beschloss der junge Mann spontan, sich mit seiner Freundin zu verloben. Mitten auf der Weidendammbrücke machte er Emilie einen Heiratsantrag, sie schlug ein. War ihre Zukunft am südlichen Spreeufer noch gänzlich unbestimmt gewesen, befand sie sich kurze Zeit später am nördlichen Ufer in festen Händen. Emilie Rouanet-Kummer, das ungezogene Adoptivkind aus der Nachbarschaft, das Mädchen mit den glühenden Kohlenaugen, sollte Fontanes Ehefrau werden.

Emilie war überglücklich. Im April fuhr sie mit ihrem Liebsten erstmals zu seinen Eltern und schrieb von Letschin am 24. April 1846 begeistert der Herzensmama: »Die letztverlebten acht Tage kann ich zu den glücklichsten meines Lebens rechnen, u. wenn es möglich ist, daß ich meinen

Theodor noch mehr lieben könnte, als es bis jetzt geschah, so ist es in diesem längeren Beisammensein geschehen, wenigstens hat sie sich immer mehr befestigt.«[55]

Dann jedoch folgte eine lange Wartezeit. Fünf Jahre sollte es bis zur Hochzeit dauern, fünf lange Jahre, die voller Unbehagen und Zweifel für Emilie waren. In erster Linie waren es finanzielle Probleme, die Fontane davon abhielten, zu heiraten. Er war kurz vor seinem Abschluss in Pharmazie, doch zum Erwerb einer Offizin reichte es, wie gesagt, nicht. Außerdem wollte er ja Schriftsteller werden, hatte bislang jedoch keineswegs die nötige Anerkennung, um mit dem Schreiben ernsthaft Geld verdienen oder gar eine Familie ernähren zu können. Schließlich schwebte ihm eine bürgerliche Existenz vor, wie sie ihm seine Eltern oder zumindest die Mutter vorgelebt hatte. Keinesfalls wollte er so enden, wie er es im Umfeld der Großen Hamburger Straße erlebt hatte.

Überraschend nahm Fontane im September 1848 das Angebot an, im Krankenhaus Bethanien zwei Schwesternschülerinnen in Pharmazie auszubilden. Das sicherte ihm einerseits Kost und Logis, andererseits konnte er in der Nähe seiner »Tunnel«-Freunde bleiben und seinen literarischen Ambitionen folgen. Emilie musste sehen, wie sie damit zurechtkam.

In der Tat waren die fünf Jahre nicht leicht für die junge Frau. Sie versuchte, bei Freunden oder Familien im Haushalt auszuhelfen, zog unstet durch die Lande oder hielt sich monatelang bei neu gefundenen Verwandten in Liegnitz oder Ludwigslust auf. Auch die unruhigen Tage der Märzrevolution verbrachte sie nicht in Berlin und schrieb ihrer Herzensmama am 28. März 1848, sie habe »entsetzliche Angst ausgestanden«, denn sie habe in steter Sorge an den Verlobten gedacht. Schließlich spielten sich die Auseinandersetzungen im Zentrum der Stadt ab. Auch befand sich Fontane, wie wir wissen, durchaus in rauflustiger Gesellschaft. Wie traurig es sei, fügte Emilie in ihrem Brief hinzu, dass man sich so absehnen müsse. In anderen Briefen aus dieser Zeit fand sie noch stärkere Worte: »Das Gefühl, daß ich eigentlich nirgends so recht hingehöre, quält mich dann auch (…).«[56]

Warum, kann man sich heute fragen, war eine junge, hübsche Frau wie Emilie damals bereit, derart lange auszuharren? Fontane war letztlich ein Mann wir jeder andere. Sah man einmal von den Gefühlen ab, die sie für ihn empfand (und er offenkundig auch für sie), muss es Emilie doch beunruhigt haben, dass er sie als seine Verlobte rein gar nicht in seine Zukunftspläne mit einbezog.

Auch verkehrte Fontane in dieser Zeit durchaus mit anderen Frauen. Von zwei Kindern, die er in Dresden zeugte, weiß die Forschung heute zu berichten.[57] Ein Brief vom 1. März 1849 an Freund Lepel legt darüber eindeutig Zeugnis ab.[58] Günter Grass (1927–2015) machte in seinem Roman *Ein weites Feld* (1995) eine Anspielung auf die Episode. Zwar war die Mutter dieser Kinder keine Frau, mit der Fontane eine Familie gegründet hätte. Hätte Emilie davon erfahren, wäre es dennoch entsetzlich für sie gewesen.

Die junge Frau musste eben sehen, wo sie blieb. Sie hatte weder vermögende Eltern noch eine weiterführende Ausbildung oder Anstellung. Als Verlobte war sie darüber hinaus weder verheiratet noch ledig, also einerseits gebunden und schwer vermittelbar, andererseits ohne männlichen Schutz und Einkommen. Man kann sich die Rechtlosigkeit von Frauen zu jener Zeit nicht düster genug ausmalen. Emilie hatte praktisch keine andere Möglichkeit, als auszuharren.

Sie war allerdings pragmatisch veranlagt, hatte eine rasche Auffassungsgabe und gute Instinkte. Die Verbindlichkeit und der letztlich bürgerliche Anspruch, den Fontane vermittelte, gaben ihr Hoffnung, dass es sich immerhin lohnte, auf diesen Mann zu warten. Genau diese Veranlagung entsprach schließlich ihren innersten Bedürfnissen. Sie suchte nach einer klaren Zugehörigkeit und der daraus resultierenden sozialen Daseinsberechtigung. Sie wünschte sich im Grunde nichts mehr als eine eigene Familie, ein Zuhause, und das würde ihr Fontane geben können.

Und Fontane selbst? Ob sich der angehende Schriftsteller für seine Frau schämte? Vor der Hochzeit instruierte er Freund Lepel noch ausdrücklich per Brief, er möge gewisse anwesenden Damen und Herren aus Emilies Verwandtschaft allesamt als Vettern und Cousinen bezeichnen, weil nicht alle ihre leiblichen Geschwister waren. »Ich rate Dir, der *Vereinfachung* halber immer ganz kurz von ›der Braut‹ zu sprechen und Dich auf Cousinen- und Geschwisterschaft gar nicht einzulassen.«[59]

Fontane hatte Emilie ins Herz geschlossen und war viel zu anständig, um sie im Stich zu lassen. Auch war er dank seiner Phantasiebegabung durchaus in der Lage, Emilies Lebensgeschichte als schillernd zu betrachten, was sein Interesse eher beflügelt haben mochte, als dass ihn die Fakten abgeschreckt hätten. Doch in der Tat war seine Verlobte nicht von Familie, und Fontane würde nie eine wie auch immer geartete gesellschaftliche Anerkennung durch die Heirat mit ihr erlangen. Sie war ihm, was Stand und Herkunft anbetraf, deutlich unterlegen, und er würde das zeitlebens kompensieren müssen.

Nun lag Fontane, sei es aus jugendlichem Gleichmut, sei es dank seiner charakterlichen Eigenschaften, nichts an derlei Umständen. Er wollte Schriftsteller werden. Dazu war ihm eine Mitgliedschaft in literarischen Zirkeln oder eine eigene Publikation wichtiger als eine Schwiegerfamilie, die ihm Zutritt zu den bürgerlichen Salons Berlins verschaffte. Wiederholt geriet er später, was das anbetraf, in Konflikt mit den Erwartungen der Gesellschaft. Erwähnt wurde sein tiefes Unbehagen gegenüber der Bourgeoisie, das sich in dem Roman *Frau Jenny Treibel* spiegelte.[60] Zudem entwickelte er gerade dadurch ein ganz eigenes Gespür für zwischenmenschliche Nöte, die auf derlei gesellschaftliche Diskrepanzen zurückgingen.

Nachdem die Bethanien-Schwestern ihre Examina abgelegt hatten, war es mit Fontanes Lehrerstellung vorbei, und er stand erneut vor dem Nichts. Schon überlegte er, nach Amerika auszuwandern, wohin Onkel August inzwischen mit Tante Pinchen gezogen war. Vor dem Hintergrund der Erfindung der Eisenbahn und des rasch sich ausdehnenden Schienennetzes kam ihm auch der Gedanke, Zugschaffner zu werden. Da ergab sich auf Vermittlung seines »Tunnel«-Kollegen Wilhelm von Merckel (1803–1861) unerwartet die Möglichkeit, als Lektor auf Honorarbasis, »diätisch«, wie es damals hieß, im »Literarischen Cabinet« des preußischen Innenministeriums zu arbeiten. Vierzig Taler im Monat wurden dafür in Aussicht gestellt. Diese Aufgabe entsprach genau Fontanes Geschmack. Er hatte sich im weitesten Sinne als Schreibender zu betätigen und erhielt dafür sogar regelmäßig Gehalt. Nebenbei blieb genug Zeit, seinen literarischen Ambitionen zu folgen. Er schlug ein und entschied sich zeitgleich, nun endlich zu heiraten. In einem Telegramm an Emilie teilte er ihr unumwunden mit: »Wenn dir's paßt, im Oktober Hochzeit.«[61]

Emilie war erleichtert. Zwar regnete es nach dieser langen Wartezeit Kritik von der Verwandtschaft aus allen Richtungen, warum um alles in der Welt sie diesen mittellosen Luftikus heiraten wolle, woher dieser Mann sich eigentlich einbilde, ein Dichter zu sein. Er habe doch Apotheker gelernt. Nicht umsonst lautet das erste Schriftstück aus Emilies Hand, das im Ehebriefwechsel veröffentlicht wurde: »Also Oktober! Alle Verwandten, wie du dir denken kannst, haben lange Gesichter gemacht; aber niemand hat zu widersprechen oder auch nur abzuraten gewagt.«[62]

Und Emilie behielt recht. Am 16. Oktober 1850 trat sie mit ihrem Verlobten vor den Altar, Konsistorialrat Auguste Fournier (1800–1874), ein alter Bekannter der Familie, traute die beiden in der französisch-reformierten Kirche in der Klosterstraße, und das Paar wurde von vielen Bekannten und »Tunnel«-Freunden, auch Verwandten, groß gefeiert.

Diese Ehe scheiterte nicht. Emilie und Theodor kannten sich von Kindesbeinen an, und wenn es von außen den Anschein hatte, als habe Fontane das Nachbarmädchen nur zu sich genommen, um es zu beschützen, war sie doch die eigentlich ideale Partnerin für ihn. Dank der Welt des Theaters, die ihre Kindheit geprägt hatte, wusste sie, dass künstlerisches Vermögen nicht unbedingt mit Erfolg und finanziellem Wohlstand einherging, dass man vielmehr bereit sein musste, Opfer zu bringen, wenn man in der Kunst reüssieren wollte, und dass daran rein gar nichts Unseriöses war. Sie war schließlich zeit ihres Lebens umgeben von Lebenskünstlern, Glücksrittern und Schauspielerinnen gewesen. Gemessen daran war Fontane ein überaus solider Charakter, kein unsteter Komödiant, sondern ein zuverlässiger, verbindlicher Mensch, und das war für sie am Ende des Tages das Wichtigste.

Das junge Glück bezog eine geräumige Wohnung mit vier Zimmern in der Puttkamerstraße, und gleich gingen die finanziellen Sorgen los: Das »Literarische Cabinet« wurde zum 1. Januar 1851 aufgelöst und Fontanes neue Stelle ersatzlos gestrichen. Das frisch getraute Paar ließ sich nicht verunsichern. Nach dem Versuch, zwei der vielen Zimmer in der Puttkamerstraße unterzuvermieten, gab Fontane die große Wohnung auf und zog mit seiner Schutzbefohlenen in die Luisenstraße, nahe dem Brandenburger Tor. Schließlich war Emilie inzwischen schwanger geworden. Nun gab es kein Zurück.

Ein Jahr nach der Hochzeit kam George Émile zur Welt, ein gesunder Knabe, schnell der absolute Liebling beider Eltern. Im September wurde er getauft, wieder ein Grund zu feiern.

Auch in der neuen Wohnung nahmen Fontanes, um Geld zu sparen, Untermieter auf, zeitweise Fontanes Bruder Max sowie insbesondere Friedrich Witte (1829–1893), einen Freund und ehemaligen Kollegen aus der Schacht'schen Apotheke. Lebenslange Freundschaft würde die beiden Familien verbinden. Während Fontane weiter versuchte, sich eine Existenz als Schriftsteller zu schaffen – vergeblich beantragte er 1851 beim König eine Poetenpension, unterrichtete Privatschüler und erhielt dann ab November wider Erwarten doch Gelegenheit, für die »Centralstelle für Preß-Angelegenheiten«, wie das ehemalige »Literarische Cabinet« nun hieß, zu arbeiten –, hängte Witte noch in aller Seelenruhe ein Studium der Pharmazie an und schrieb eine Doktorarbeit. Er stammte aus Rostock und hatte das Glück, sich der Übernahme der gutgehenden Apotheke seines Vaters gewiss sein zu können. Auch heiratete er 1854 Anna Schacht (1834–1910), Tochter des Inhabers der Polnischen Apotheke, in der er gemeinsam mit Fontane beschäftigt gewesen war, führte also gewissermaßen die Apothekerdynastien beider Familien fort.

Zurück in Rostock, gründete Witte zehn Jahre später eine pharmazeutische Fabrik, die so erfolgreich war, dass ihr Ruhm um die ganze Welt ging. Der begabte Mann stellte Produkte wie Koffein in kristalliner Form her, besonders reines Pepsin und außerdem Pepton, das entscheidend zur Erforschung bakterieller Krankheiten beitrug.

Anna bekam vier Kinder und etablierte an der Seite ihres Mannes das Dasein einer verantwortungsbewussten, prominenten Unternehmerfamilie. 1878 zog Witte gar als Abgeordneter für Rostock in den Berliner Reichstag ein, was wiederholte Begegnungen mit Familie Fontane in Berlin zur Folge hatte und nicht zuletzt innige Freundschaft zwischen Tochter Martha und den Wittes stiftete. Rasch aufeinanderfolgende Briefwechsel zeugen von der engen Verbindung. An den unterschiedlichen Lebensstationen des erfolgreichen Rostocker Apothekersohnes lässt sich ablesen, wie es Fontane (mit Emilie) vielleicht ergangen wäre, wenn er nicht ausgerechnet Schriftsteller geworden wäre. Aus heutiger Sicht klingt dieser Gedanke abwegig, doch aus damaliger Nahsicht war er durchaus präsent.

Friedrich Carl (1864–1938), ältester Sohn von Friedrich Witte, führte das Werk seiner Eltern fort, und die F. R. Chemische Fabriken Witte bestimmten auch Anfang des zwanzigsten Jahrhunderts noch die Geschichte der Stadt Rostock. Er heiratete Laura Roth (1869–1939), Tochter einer gebildeten New Yorker Baumwollhändlerfamilie, die sich selbstbewusst und nachdrücklich ab der Geburt ihres fünften Kindes im Mecklenburgischen Landesverein für das Frauenstimmrecht und die rechtliche, politische und wirtschaftliche Gleichstellung der Frau einsetzte. Die Familie Witte blieb fester Bestandteil der engagierten Bürgerschaft Rostocks. Mit Stolz und Freude verfolgte Laura Witte 1918 die Einführung des Frauenwahlrechts, ließ in ihrem sozialen und politischen Engagement aber nicht nach und forderte darüber hinaus freie Berufswahl für Frauen und Lohngleichheit.

Diese Familiengeschichte zeigt, welchem sozialen Umfeld sich Fontane letztlich zugehörig fühlte. Wittes waren die Freunde, die ihm halfen und ihn unterstützten, die um seine dauerhaften Existenzsorgen wussten, an denen sich die Fontanes aber auch bisweilen maßen, was ihr Selbstbewusstsein nicht unbedingt beflügelte. Das kam insbesondere zum Tragen, als die eigenen Kinder erwachsen wurden und entsprechend gefördert werden sollten.

Überraschend delegierte die »Centralstelle für Preß-Angelegenheiten« Fontane 1852 nach London, damit er von dort aus politische und feuilletonistische Beiträge insbesondere für die *Preußische (Adler-)Zeitung* schrieb, die der königlich-preußischen Regierung assoziiert war. Dank Fontanes Kenntnissen über England war er für diese Aufgabe der ideale Kandidat. Dennoch reiste er Anfang April mit gemischten Gefühlen ab, denn keiner konnte ihm sagen, wie lange seine Mission dauern würde. Außerdem musste er Emilie mit dem kleinen George vorerst alleine zurücklassen. Auch als Fontane 1855 ein zweites Mal als Korrespondent nach London ging, lebte Emilie mit inzwischen zwei Kindern einige Monate alleine in Deutschland, bevor sie ihrem Mann nach England folgte. In diesen Zeiten langer Trennung tröstete sie sich mit längeren Aufenthalten bei Freunden auf dem Land. Dann ging es zu den Triepkes nach Liegnitz oder später häufiger noch zu Johanna Treutler (1826–1899) ins benachbarte Neuhof. Treutlers waren wohlhabende Zuckerrübengutsbesitzer und hatten mehrere Kinder. Emilie und Johanna hatten sich bei Emilies Mutter Thérèse kennengelernt und eng miteinander befreundet.

Der Briefwechsel aus diesen Jahren dokumentiert auf zauberhafte Weise, wie innig und offen Fontane mit seiner Frau verkehrte. Mit »Meine liebe, liebe Mila«, »Meine liebe Herzens-Mila«, »Meine liebe Frau« begannen Fontanes Briefe, mit »Mein Herzensmann«, »Mein einzig geliebter

Mann«, »Geliebtes Herz« antwortete Emilie ihm darauf. Es ist die Zeit, in der man noch romantische, gefühlvolle Briefe schrieb, in der Liebe durch ein Übermaß an Emotionen zum Ausdruck gebracht wurde, die Zeit, in der man an der Liebe, wenn sie aufrichtig war, ebenso litt. Hingabe und Opferbereitschaft galten als Beweis für die Intensität der Zuneigung. Man kann anhand der Briefe also nicht im Einzelnen ausmachen, wie echt die Gefühle wirklich waren, die der eine für den anderen empfand, aber zwischen Emilie und Fontane herrschte doch, man kann es nicht anders sagen, ein hohes Maß an Nähe, eine Zuneigung, die man bei der Scharfsinnigkeit eines Mannes wie Fontane einerseits und der mangelnden Zuneigung, die Emilie als Kind widerfahren war, andererseits, nicht erwartet hätte.

Besonders Emilie litt während Fontanes Jahren in England sehr unter der monatelangen Trennung von ihrem Mann. Fast jedes Mal schrieb sie, wie sie ihn vermisse, wie sehr sie allein unter dem Tatbestand litt, dass er sich nicht in ihrer Nähe befand: »Den Abend verbrachte ich wieder einsam, Mine war aus, aber ich fürchte mich nicht mehr, vielleicht weil ich weiß, daß Niemand kommt, der mich liebevoll beruhigt, ach, Theo, nie, nie willige ich wieder in eine Trennung von Dir, es ist doch zu schwer, allein zu sein!«[63]

Deutlich wird in den Briefen auch, dass sie beide die Trennung körperlich nicht gut ertrugen. Fontane war sowieso kein durchweg gesunder Mann, wiederholt litt er an langwieriger Grippe und Schwächezuständen. So hatte er seine Stelle bei der Neubert'schen Apotheke in Leipzig 1842 aufgeben müssen, weil er an einem rheumatischen Fieber erkrankt war. Auch in London war er häufig unwohl, ging selbst an warmen Tagen nicht ohne Halstuch aus dem Haus, legte sich abends beim Schreiben zusätzlich ein Plaid über die Knie und klagte über die entsetzliche Kälte in seinen diversen englischen Unterkünften, die zugigen Fenster und Türen oder unliebsame Gerüche. Meist wurde er insbesondere dann krank, wenn er sich nach einem Wiedersehen mit der Familie wieder für längere Zeit von ihr trennen musste. Dann waren seine Briefe an Emilie besonders wehmütig und zärtlich: »Dich nehme der Himmel in seinen Schutz und gebe Dir alles Liebe und Gute«, schloss er seinen Brief vom 30. April 1857.[64] Mit »Leb wohl, pflege Dich und behalte lieb Deinen Theodor« beendete er den nächsten. [65]

Auch Emilie war häufig unwohl, müde, abgespannt oder erkältet. Sie hatte Zahnschmerzen, bekam Fieber oder Krämpfe, fiel in der Kirche in Ohnmacht. Im Februar 1857 zog sie sich eine schmerzhafte Augenentzündung zu, die sie zwang, eine Augenbinde zu tragen. Ihren Brief diktierte sie Elise, Fontanes Schwester, die ihr zu Hilfe geeilt war: »Lischens Freundlichkeit verschafft Dir einen längeren Brief; meine Augen sind leider immer noch recht schlimm, und darum muß sie statt meiner berichten.«[66]

Doch es lag auch an den Schwangerschaften, die sich in diesen Jahren einstellten, wenn Emilie besonders sehnsuchtsvoll oder unpässlich war. Nach George wurden ihr nacheinander drei Söhne geboren, Rudolf (1852), Peter Paul (1853) und Ulrich (1855), die tragischerweise alle nach der Geburt verstarben. Unendlich litten beide Eltern unter diesen Verlusten. Erst am 3. November 1856 wurde Emilie von einem gesunden Jungen entbunden, der ihr erhalten blieb. Er wurde auf den Namen Theodor getauft.

Rund um die Geburt war sie wieder allein, Fontane kam nicht aus London, um ihr beizustehen. Wie immer ging es dabei um Leben und Tod, sowohl für den Säugling als auch für die Mutter. Immerhin konnte Emilie auf die Unterstützung der Schwiegerfamilie zurückgreifen: Fontanes Mutter und seine Schwester Elise standen ihr abwechselnd zur Seite. Außerdem wurde eine Amme engagiert: Marie, Mutter von Zwillingen, »phlegmatisch, gutmüthig, kerngesund, (…) mit rothen Backen«, wie Emilie zufrieden nach London schrieb.[67] Die Entscheidung zu dieser Hilfestellung war ein Glück, denn wenige Wochen nach der Entbindung bekam Emilie eine schmerzhafte Brustentzündung und lag wochenlang mit Fieber im Bett. Allein hätte sie den Kleinen nicht stillen und nicht wieder zu Kräften kommen können.

Auffallend sind die medizinischen Hinweise, die Fontane aus der Ferne erteilte. Hier ist deutlich zu spüren, das er als ausgebildeter Pharmazeut und Naturwissenschaftler wenig Berührungsängste im Umgang mit Menschen hatte, schon gar nicht mit Frauen, zumindest was ihre physische Beschaffen- und Gesundheit anbetraf. So schrieb er Emilie, als sie mit Theodor schwanger war: »Uebrigens bin ich der Meinung, dass Du Dich doch nicht richtig behandelst; jede Frau in diesem Zustande und im 7. Monat hat solche Zufälle und Beschwerden wie Du sie jetzt hast, Du musst Dich nur ein bischen danach richten und bumms still liegen, wenn Du fühlst, dass Dir gehen und stehen nahezu unmöglich wird.«[68]

Auch bei der Erziehung meldete er sich später zu Wort. Jacken und Mützen sollten die Kinder tragen, wenn es draußen kalt und regnerisch war, nicht zu dünne Kleider und Tücher um den Hals. Nur Wollstoffe würden wirklich wärmen. Gleichzeitig galt es, nicht das kalte Abwaschen zu vernachlässigen: »(…) stell aber das kalte Baden nicht ein, nur versteht sich an passabel warmem Ort oder tüchtige Wollen-Lappen zur Hand, um abrubbeln zu können.«[69]

Hinzu kamen handfeste Anweisungen – sie durchzogen den gesamten Briefwechsel –, welche Medikamente zu verabreichen wären: »Italienische Pillen erhältst Du gewiß in Liegnitz; sonst laß sie durch Dr. M. aufschreiben: Aloës pulv: Ferri sulphuric: calcinat: aa 31 m. f. pilulae N° 60.«[70]

Manche Rezepturen Fontanes wirken aus heutiger Sicht befremdlich: »(…) unter allen Umständen mußt Du mir versprechen, nicht aus falscher Oekonomie oder in der Absicht einen lumpigen Fünfthalerschein zu sparen, irgendetwas zu unterlassen, was Dein Zustand und Deine Gesundheit erfordern könnten. Ein Ei und Glas Rothwein zum Frühstück; spatzieren gehen; wenig Lektüre, etwas mehr Arbeit und vor allem viel Unterhaltung in Gemeinschaft mit Pfefferkuchen und Braunbier werden Dir gut thun.«[71] Die Verabreichung von Alkohol im Krankheitsfall war im neunzehnten Jahrhundert durchaus üblich.

So waren es nicht nur sehnsuchtsvolle Briefe, die Fontane in London erreichten, sondern auch Berichte voller Probleme, Sorgen und Ängste. Emilie war verständlicherweise überanstrengt, durchlebte die Situation einer Alleinerziehenden, die sich eigenverantwortlich um Haushalt, Kinder- und Familienarbeit kämpfen musste und darunter schmerzlich litt. Hinzu kamen die finanziellen Sorgen. So hatte sie sich das beileibe nicht vorgestellt. Sie liebte ihren Mann und sah nicht den geringsten Sinn darin, getrennt von ihm zu leben. Die Nachtschichten mit den Kleinen, die intensive Pflege bei naturgemäß rasch aufeinanderfolgenden Kinderkrankheiten, die Versorgung und Erziehung brachten sie trotz kurzzeitiger Unterstützung durch weibliche Familienmitglieder und vereinzelt auch Personal regelmäßig an den Rand eines Nervenzusammenbruches. Immer wieder schrieb sie Fontane von ihrem Leid: »Ich kann für jetzt diesem Bericht weiter nichts hinzufügen, als daß ich *schmerzlich* die Trennung von Dir empfinde u. gerade da am wehmüthigsten bin, wo ich gewöhnt bin mit Dir zusammen mich glücklich zu fühlen.«[72]

Sobald die Kinder schliefen und das Tagwerk vollbracht war, überkam sie grenzenlose Sehnsucht nach ihm: »Ich wollte Dir schon vorgestern schreiben, mein Brief wäre aber eben so trauerklötig geworden wie meine letzten Zeilen, da unterließ ich es lieber wie ich denn überhaupt Abends Dir nicht schreiben kann, weil da in der Regel mein Muth u. Standhaftigkeit hin ist u. ich oft mit Thränen einschlafe (...).«[73]

Fontane konnte die sorgenvollen Briefe nicht ertragen. In seinen Ohren klangen sie wie Anschuldigungen, wie eine Kritik an seinem Lebensentwurf, und er wehrte sich bisweilen deutlich dagegen. In einem seiner Briefe aus London ging er so weit, sich sämtliche trübsinnigen Gedanken Emilies zu verbitten, zumindest in Schreiben, die ihn montags erreichen würden: »Wenn es doch mal so sein muß, laß es uns so einrichten, daß die Briefe Donnerstags hier eintreffen das klingt schon wie alle Donnerwetter. Aber Montag ist gerade der ungeeignetste Tag; nicht bloß daß es traurig ist, die Woche mit so niederdrückender Botschaft anzufangen, nein, es kommt auch noch hinzu, daß es Sonntags weder Briefe noch Zeitungen giebt und daß man sich deshalb am Montag Morgen mit doppeltem Eifer und doppelt guter Erwartung auf die Dinge stürzt. Also richt' es danach ein; keine Trauerbriefe am Montag, dazu sind andere Tage gut genug.«[74]

Neben Haushalt und Kindern hatte Emilie sich von Anfang an um kleinere und größere Besorgungen für Fontane zu kümmern, musste ihn bei seiner Arbeit eigenverantwortlich unterstützen. Er unterhielt während seines gesamten Lebens nie ein Büro oder Sekretariat, das ihn in seiner selbstständigen Tätigkeit als Publizist gegenüber der Familie abgefedert hätte. Weder Schreibkraft noch Lektorat standen ihm zur Verfügung noch Buchhaltung oder Agentur. Was er selbst nicht zu leisten vermochte, sei es, weil er nicht genug Zeit hatte, oder sei es, weil er nicht in Berlin war, tat Emilie für ihn.

So trug er ihr im Juni 1852 auf, Ryno Quehl (1821–1864), den Leiter der Pressestelle und Chefredakteur der *Preußischen (Adler)Zeitung*, in Berlin aufzusuchen und ihn über die weitere Verweildauer ihres Gatten in London auszufragen. Kein leichter Job, denn Emilie erwartete ihr zweites Kind und es war recht warm draußen. Hochschwanger schleppte sie sich treppauf in Quehls Büro, durfte bei ihm vorsprechen und handelte tatsächlich eine Gehaltserhöhung auf vierzig Taler aus, ferner das Privileg, regelmäßig ein Freiexemplar der Zeitung zu erhalten. Der Chefredakteur war von der jungen Autorengattin derart angetan, dass er sie sogar einlud, ihn und seine Frau privat bei sich zu Hause besuchen zu kommen. Fontane war begeistert, überschwänglich bedankt er sich in seinem Antwortbrief für diese guten Nachrichten: »Deine Visite bei Quehl ist Deines Ruhmes in derlei Dingen würdig: klar verständig, klug und bescheiden.«[75]

Emilie war als junge Frau sehr stolz, dass sie ihrem Mann helfen konnte, sie tat es wirklich gerne und blieb seinem Streben auch später loyal zugewandt. So förderte sie seine sozialen Netzwerke an der Spree und hielt Freundschaften und Verbindungen aufrecht, die Fontane beruflich nutzten. Zum »Tunnel«, dem Fontane seit 1843 angehörte, hatten sich 1852 die Gruppierungen »Rütli« und »Ellora« hinzugesellt. Die ausschließlich männlichen Teilnehmer des »Rütli« versammelten sich im Winterhalbjahr jeweils samstags um siebzehn Uhr und debattierten über ihre neuesten Texte. Der Verein »Ellora« stand generell auch Frauen offen, insbesondere den Ehefrauen der Mitglieder. Neben Friedrich Eggers (1819–1872) waren darin Männer wie der Kunsthistoriker Wilhelm Lübke (1826–1893), der Architekt Richard Lucae (1829–1877), der Dichter Otto Roquette (1824–1896) und die Juristen Zöllner, sowie der schon erwähnte Wilhelm von Merckel vertreten, der gleichermaßen Mitglied im »Tunnel« war.

Emilie spielte in diesem Zusammenhang eine entscheidende Rolle. Sie hielt Kontakt zu den »Ellora«-Mitgliedern, sorgte für die Organisation der Termine, den reibungslosen Ablauf der Treffen und stickte den Männern sogar eine Vereinsfahne. Bald schon wurde sie feierlich zur »Ellora-Mutter« erhoben und in Briefen unter den Mitgliedern auch wiederholt als solche gewürdigt.

In der Zeit, in der Fontane in England war, blieb sie mit seinen Freunden in Verbindung und berichtete ihrem Mann regelmäßig über deren Wohlergehen. So hörte er regelmäßig von seinen Kollegen, obwohl er nicht vor Ort in Berlin sein konnte. Ohne zu wissen, wie wertvoll und hilfreich ihre Kontaktpflege im unbestimmten Umfeld der freien Schriftstellerei war, mehrte sie damit unaufhörlich die Bekanntheit ihres Mannes und die Anerkennung, die man ihm zollte. Weil Fontane zu seinen Lebzeiten nicht so erfolgreich war wie andere Schriftstellerkollegen, fiel Emilies Einsatz den Zeitgenossen nicht sonderlich auf. Vielleicht lag es auch daran, dass man diese Art von Verbindlichkeit damals von Frauen selbstverständlich erwartete.

Das Familiäre ließ sich hier nicht einfach vom Geschäftlichen trennen. Doch das irritierte das Ehepaar Fontane nicht. Sie führten ihre kleine Wirtschaft konstant gemeinsam und vollkommen transparent. Ohne es als solches zu bezeichnen, entwickelten sie zusammen ein mehr oder weniger funktionierendes Unternehmen, das der Erstellung und Verbreitung von Fontanes Texten gewidmet war. Emilie arbeitete diesem Unterfangen fraglos dauerhaft und verbindlich zu. So war es selbstverständlich, dass sie von Anfang an bis ins Detail über die Einnahmen und Ausgaben Fontanes Bescheid wusste. Ab einem bestimmten Zeitpunkt führte sie gewissenhaft ein Haushaltsbuch. Es war hoch und schmal, hatte vorgedruckte Linien und Spalten, ferner außen einen Aufkleber, auf dem der Zeitraum vermerkt war, in dem das Wirtschaftsbuch genutzt worden war. Einzelne Exemplare befinden sich heute noch im Potsdamer Fontane-Archiv. Mit säuberlicher Handschrift trug Emilie die vielen Zahlen und Angaben ein, schrieb statt »Übertrag« jedes Mal »Transport« und wählte in den Londoner Jahren sogar die jeweils englische Übersetzung. Dann tauchen Ausdrücke wie »butterman«, »milkman«, »butcher«, »grocer« oder »baker« auf, oder auch »Betsie money«, das Geld für die Haushaltshilfe.

Auch der Ehebriefwechsel zeugt von dieser engen Zusammenarbeit und bildet die anfallenden Kosten ab. Meist waren es nur geringe Beträge, von denen die Rede war, doch jede Einnahme oder Ausgabe wurde respektvoll verhandelt. Es war einfach nicht viel Geld da. Voller Anerkennung schrieb Erler in seiner Emilie-Biographie: »Erstaunlich, mit welch couragierter Sachlichkeit beide Partner ihre existentiellen Probleme erörtern (…).«[76]

Rund ein Jahr nach Geburt ihres zweiten Sohnes Theodor übersiedelte Emilie Ende Juli 1857 mit den Kindern nach London. Die Familie bezog ein kleines Haus in Camden Town, Fontane verfasste seine Artikel und Berichte, Emilie kümmerte sich um die Kinder. Nicht nur, dass sie anstandslos die Herausforderung angenommen hatte, in der Fremde zu leben, sie hatte in Berlin sogar schon begonnen, Englisch zu lernen. Das war, bedenkt man, unter welch einfachen Bedingungen sie aufgewachsen war, ein echte Sensation und verhalf ihr zu nicht geringem Selbstbewusstsein. Zur Übung formulierte sie mit der Unterstützung ihrer Lehrerin ganze Briefe an Fontane in der fremden Sprache. In London setzte sie ihre Studien fort und sorgte dafür, dass auch George fließend Englisch lernte. Er ging dort zur Schule und beherrschte die fremde Sprache bald ausgezeichnet. Zeit ihres Lebens waren die Fontanes bemüht, ihre Kinder beim Erwerb von Fremdsprachen zu unterstützen.

Darin bestärkte sie insbesondere die Bekanntschaft zu eingangs erwähnter Familie Merington. Richard Whiskin (1807–1874) und Margaret Merington (1802–1877) waren wohlhabende Engländer, wohnhaft im eleganten Kensington, sie hatten fünf Kinder, und er leitete stellvertretend das Diskontbüro der Bank of England. Beide interessierten sich sehr für Fremdsprachen, Richard Whiskin sprach sogar ein wenig Deutsch. Die Affinität zu anderen Sprachen rührte insbesondere aus Margarets Elternhaus. Sie war die Tochter von James Hamilton (1769–1831), einem bekannten Pädagogen, der eine eigene Methode zum Spracherwerb entwickelt hatte. Dabei galt es weniger, Grammatik und Vokabeln zu pauken, als die fremdsprachlichen Texte vorzulesen und gleich darauf zu übersetzen. Margaret hatte schon als junge Frau die Methode ihres Vaters übernommen und sich selbst zu einer engagierten Lehrerin entwickelt. Ihre Kinder, insbesondere die älteste Tochter Martha Merington, folgten ihrem Beispiel und übten sich dergestalt in der Vermittlung fremder Sprachen.

Emilie ließ sich ebenfalls von dieser Methode begeistern. Mit ihrer Hilfe verbesserte sie ihr eigenes Englisch, und auch ihre Kinder profitierten davon. Als es Anfang 1859 nach Berlin zurückging, ließ Emilie ihren Ältesten, der inzwischen sieben Jahre alt war, noch einige Monate in der Obhut der Meringtons zurück, damit er sein zweites Schuljahr in London abschließen konnte. Es fiel ihr schwer, sich von ihrem geliebten George zu trennen, doch die Perfektion der Fremdsprache ging ihr über alles.

Nach anderthalb gemeinsamen Jahren in London waren

die Fontanes zu einer echten Familie zusammengewachsen. Emilie hatte auf der Basis ihrer gefestigten Position als Ehefrau und Mutter ein neues Selbstverständnis erworben, das ihr Sicherheit verlieh und sie in ihren Briefen plötzlich fast ein wenig rechthaberisch erscheinen lässt. Sie hatte nun, was die häuslichen Angelegenheiten anging, das Heft in der Hand, bestimmte über die Erziehung und Ausbildung der Kinder, die Form der gemeinsamen Lebensführung und hatte so beispielsweise auch eine sehr klare Meinung zur Wahl des neuen Wohnumfelds. Aus Neuhof, wo sie übergangsweise mit Sohn Theodor bei Freundin Johanna untergekommen war, schrieb sie ihrem Mann nach Berlin: »Johannistisch und Umgegend ist mir schrecklich, ich würde sehr, sehr ungern dahin ziehen; dann ist die Wohnung, wenn wir unseren Alkoven mitrechnen, ja kleiner wie unsere jetzige. Nein lieber Kerl, dann doch lieber 3 Treppen hoch und muß es sein, 280 Reichstaler zahlen, aber nicht in einer Gegend wo das Gebrüll des seligen Pöbels meine Nerven ruinirt (…).«[77]

Hier sprach nicht mehr die sehnsuchtsvolle junge Frau aus einfachen Verhältnissen, wie noch vor der Londoner Zeit, sondern die rechtmäßige Partnerin, die zu wissen glaubte, was für ihre Familie das Richtige war. Sie hatte Verantwortung für zwei heranwachsende Söhne übernommen, war mit ihnen eigenständig für eine gewisse Zeit ins Ausland gezogen und hatte ihnen und ihrem Ehemann dort in der Fremde ein friedliches, familiäres Umfeld geschaffen, Freunde gewonnen und den Haushalt organisiert. Sie hatte nun eine klare Bestimmung, mit der sie sich nicht immer hundertprozentig sicher, aber der sie sich durchaus gewachsen fühlte.

Auch Fontane hatte sich verändert. Er war anhänglicher geworden, sentimental geradezu. Zurück in Deutschland und auf Arbeitssuche, schrieb er Emilie, die einige Wochen länger in London blieb, um den Haushalt aufzulösen: »Man kommt doch nun in's alte Register, wird zärtlich, sehnsüchtig und beschäftigt sich mit Frau und Kindern. Vielleicht ist es auch nicht so schlimm, vielleicht steckt einem blos Unwohlsein und allerhand nervöse Verstimmung in den Gliedern und weil niemand da ist, der einem eine Wärmflasche in's Bett packt, sweet spirit of nitre eingiebt und Backpflaumen kocht, so bekrittelt man die uncomfortable Gegenwart und wird zärtlich.«[78] Aus dem anderthalbjährigen Zusammenleben mit seiner Frau und den beiden Söhnen hatte er eine neue Selbstwahrnehmung entwickelt: »Das eigentliche Glück liegt nur in der Familie und es bleibt nur tief zu beklagen, daß dies Glück eigentlich doch recht selten ist. Aber die Familie ist doch wenigstens der Acker, auf dem das Glück, wenn es überhaupt gedeiht, am schönsten gedeiht.«[79]

Kaum hatten sich Fontanes in Berlin wieder eingerichtet, wurde Emilie erneut schwanger. Nach immerhin fünf Geburten war sie dessen eigentlich ganz und gar überdrüssig geworden. »Ich hatte gehofft, mein Pensum in dieser Beziehung abgearbeitet zu haben«, schrieb sie der Herzensmama.[80] Allein eine Hoffnung vermochte sie zu trösten. Vielleicht würde ihr diesmal die seit Jahren herbeigesehnte Tochter geboren. Und in der Tat: Am 21. März 1860 brachte sie ein gesundes Mädchen zur Welt. Getauft wurde es auf den Namen Martha, bald nur noch Mete genannt. Insbesondere Fontane war überglücklich. Von der ersten Schwangerschaft Emilies an hatte er sich eine Tochter gewünscht.

Während Martha das Säuglingsalter gut überstand und sich zu einem unerschrockenen, bewegungsfreudigen Kind entwickelte, das ihren Brüdern fröhlich die Stirn bot, sorgte sich der Vater anhaltend um sie. Bald nannte er sie ein »Angstkind«,[81] einen Menschen, über den man in einem kleinen Winkel seines Herzens immer ein wenig beunruhigt ist.

Vier Jahre später kündigte sich zum siebten und schließlich letzten Mal Nachwuchs an: Am 5. Februar 1864 wurde Friedrich (1864–1941) geboren. Während der Junge von den Eltern vergleichsweise gering geschätzt wurde, entwickelte er sich zu einem klugen, jungen Mann, der sich später für Erhalt und Verbreitung der Werke seines Vaters engagierte. Emilie war inzwischen neununddreißig Jahre alt. Auch diese letzte Geburt fiel ihr extrem schwer. Körperlich geschwächt von Husten und einer Grippe, überstand sie kaum die Entbindung und erholte sich lange nicht. In einem Brief an seine Mutter berichtet Fontane von Lähmungserscheinungen, das halbe Rückrat sei wie abgestorben.[82] Zum Glück hatte Emilie von vorneherein beschlossen, auch bei diesem Kind eine Amme zu nehmen. Friedrich, meist Friedel oder Fuz genannt, trank und schlief zuverlässig, und Emilie konnte sich ganz auf die eigene Genesung konzentrieren.

Erstmals half Fontane bei der Geburt. Er war nicht nur persönlich anwesend, sondern kümmerte sich offenbar auch tatkräftig um seine Frau, doch Emilie scheint sich dafür geschämt zu haben: »Theo hat zum ersten Mal bei seinem 7ten Kinde mir Beistand leisten müssen«, schrieb sie der Herzensmama am 16. Februar 1864.[83] Es war damals nicht üblich, dass der eigene Ehemann in diesem Moment zugegen war.

Wie schon geschildert, führte die Rückkehr nach Berlin dazu, dass das Unternehmen Fontane in wirtschaftlich ruhigere Bahnen glitt. Am 1. Juni 1860 hatte Fontane eine Stelle als Redakteur bei der *Kreuzzeitung* angenommen. Ein besonderer Vorzug der Festanstellung war, dass sie auf die Vormittagsstunden begrenzt war. Fontane konnte sich also nebenbei schriftstellerisch betätigen. Frei nach seinem eigenen Vorbild nutzte er den Erfolg seiner schottischen Reiseerzählungen, um sich ähnlich das Berliner Umfeld zu erwandern. Seine Schilderungen mündeten in das mehrbändige Werk *Wanderungen durch die Mark Brandenburg*.

Besonders glücklich an diesem Vorhaben war, dass es bald weitere Auflagen nach sich zog. Schon im Juni 1862 bat Verleger Wilhelm Hertz (1822–1901) Fontane um eine Neubearbeitung des ersten Bandes. Diese Nachricht wirkte wie ein Fanal für die kleine Familie. Die notwendigen Korrekturen und Ergänzungen nahm Fontane gerne in Kauf. Überglücklich schrieb er an Emilie: »Kommt es wirklich im nächsten Jahr, zu einer für unsre Verhältnisse so bedeutenden Extra-Einnahme, so hoff' ich, daß wir alle unsre Schulden abtragen können: Scherz, Tunnel, Lepel – es ist ja wohl nicht mehr als 350 Reichsthaler. Und vielleicht bleibt noch etwas übrig zu einem Schein oder Papier; es würde mich sehr glücklich machen, denn die kleinen Nöthe haben doch etwas höchst bedrückendes und haben uns während der ersten Jahre unserer Ehe unendlichen Schaden gethan.«[84]

Emilie war erleichtert. Ihr gemeinsames Leben schien sich nun doch zu einer einigermaßen bürgerlichen Existenz zu entwickeln. Gleichzeitig stiegen ihre Bedenken, wenn Fontane mit dem Gedanken spielte, die Festanstellung wieder aufzugeben. Die Familie war inzwischen auf sechs Personen gewachsen, auch die weitere Ausbildung der Kinder kostete ihren Preis. Emilie ahnte, wie groß die Anforderungen waren, die dadurch auf die Familie zukamen. Schließlich hatte sie hinreichend Einsicht in die Geschäfte ihres Mannes und wusste, wie wenig er mit seiner Arbeit verdiente.

Offen, wie sie von Natur aus war, äußerte sie in den nun folgenden Jahren wiederholt ihre Sorgen, doch Fontane wollte davon nichts hören. Er wehrte ihre Gefühle in seinen Briefen als »Unken-Prophetie«[85] ab und verlangte von ihr hundertprozentige Unterstützung. Sie habe sich in seine Entscheidungen nicht einzumischen. Das waren mit Sicherheit Momente, die nachträglich den Eindruck vermittelten, Emilie habe ihren Mann daran hindern wollen, weiterhin sein Glück als Schriftsteller zu machen. Schließlich kam es zum offenen Streit. Während Mutter und Tochter 1870 in London bei den Meringtons waren, teilte Fontane Emilie postalisch mit, er habe bei der *Kreuzzeitung* gekündigt. Seine Frau war außer sich: »Du scheinst ebenso wenig zu fühlen wie beschämend es für mich daß Du einen so entscheidenden Schritt für unser Leben gethan hast, ohne Dir die Mühe zu nehmen, mit mir darüber zu berathschlagen, wie Du es durchaus nicht einsehen willst, daß es mindestens gesagt, nicht feinfühlend ist, daß Du mich verurtheilst, nach 20 jähriger guter u. oft doch auch recht mühseliger Ekonomie, um jeden Thaler zu bitten (…), aber dieses neue Erlebniß läßt mich wieder recht schmerzlich fühlen, daß Du liebst allein zu entscheiden u. doch müssen wir zusammen handeln.«[86] Schlimmer noch als die neuerliche wirtschaftliche Unsicherheit, in die Fontane die Familie durch diese Entscheidung stürzte, war für seine Frau die Tatsache, dass sie ohne Absprache mit ihr gefällt worden war.

Die heftige Auseinandersetzung muss vor dem Hintergrund gesehen werden, dass Emilie keinerlei Recht auf die Einnahmen ihres Gatten hatte. Die Regelung der Besitzverhältnisse oblag zu jener Zeit allein dem Ehemann. Selbst eine eventuelle Mitgift ging bei der Hochzeit in das Eigentum des Mannes über. Emilie half also, so gut sie konnte, das Familienvermögen zu erwirtschaften, sparte, wo immer nur möglich, um es zu erhalten, gleichzeitig gehörte es ihr aber nicht. Da sie aus einfachen Verhältnissen stammte, hatte sie auch keinerlei finanzielle Sicherheiten, auf die sie gegebenenfalls hätte zurückgreifen können.

Emilies Kritik an Fontane rührte aus einer tiefen Verzweiflung, einem Gefühl der Machtlosigkeit. Es war die nackte Angst vor dem Nichts, die sie in solchen Fällen ergriff. Nicht umsonst schrieb sie in einem ihrer Briefe im Mai 1870: »Leider muß ich Dir geliebtes Herz das eine bekennen, daß ich trotz Ringen u. Beten, mich mehr in unsere Lage *ergebe* als *hoffe* u. es ist doch ehrlicher ich bekenne Dir das als heuchele Zutrauen wo ich es nicht habe; ich muss dabei wiederholen, daß ich weder Dir mißtraue noch zu wenig Vertrauen auf Gott habe, nur meine Erfahrungen lehren mich, es ist besser auf nicht zu viel zu hoffen.«[87]

Diese Erfahrungen hatte Emilie schon in der Kindheit gewonnen: Es ist besser, auf nicht zu viel zu hoffen. Abgelehnt von der eigenen Mutter, hin und her geschoben zwischen unzuverlässigen Kindermädchen und lieblosen Stiefmüttern, waren Sicherheit und Geborgenheit Fremdwörter für sie. Wenn der Vater abends nicht nach Hause kam, dann blieb Emilie die Nacht über alleine. Wenn kein Geld da war, herrschte Elend. Und wenn sie morgens in die Schule kam, spürte sie, wie die anderen Kinder von ihr abrückten. Jetzt schien ihr der Abstieg der Familie Fontane unaufhaltsam, und sie konnte nichts dagegen tun.

Dank seines verbindlichen Wesens konnte Fontane seiner Frau eine gewisse emotionale Zugehörigkeit bieten. Auch waren ihr sein Freiheitsdrang, sein Bedürfnis nach Unabhängigkeit, derer jeder Künstler so dringend bedarf, nicht grundsätzlich fremd. Aber wenn er eigenmächtig den einzigen Geldhahn zudrehte, der ihm ein regelmäßiges Einkommen bescherte, war Emilie verloren.

Wiederholt vermittelte Fontane ihr, sie sehe nur die negativen Seiten des Lebens, sei pessimistisch und deprimiert. In der Tat empfand Emilie zunehmend Erschöpfung und Müdigkeit, litt in den Wintermonaten unter der Dunkelheit und der Kälte und sehnte sich nach Ruhe. Schuldbewusst, wie sie als Frau war, nahm sie Fontanes Kritik als berechtigte Ablehnung ihrer Person wahr. Mit der Zeit musste sie annehmen, dass sie tatsächlich depressiv sei.

Oft suchte sie jetzt Trost bei Freundin Johanna und zog sich nach Gut Neuhof zurück. Das Anwesen vermittelte ihr Stabilität und eine Grundlage, das zu leben, was für sie der Normalität entsprach, das zu sein, was sie wirklich sein wollte: eine verantwortungsbewusste Mutter und gleichzeitig ein Mitglied des Bürgertums. Eine gebildete Frau, die großzügig wohnte, hinreichend Personal hatte und abends im Salon anspruchsvolle Gespräche führte. Und wenn man frische Luft brauchte, ging es hinaus in den Park oder man machte gemeinsame Ausfahrten.

Fontane schrieb ihr beruhigende Briefe, ermutigte sie, sich auszuruhen und zu erholen, aber darum ging es letztlich gar nicht. Er verstand nicht ihre weibliche Perspektive: Emilie war pragmatisch und unprätentiös, sie konnte gut rechnen und hatte die Ein- und Ausnahmen ihres Haushalts klar vor Augen. Daher wusste sie, dass das Geld knapp war. Sie war nicht depressiv, sondern realistisch. Ihre Lage war aussichtslos, das hatte sie inzwischen begriffen. Sie hatte vier Kinder und war mit einem Mann verheiratet, der nicht hinreichend verdiente. Der große Ruhm war ausgeblieben, daran würde sich nichts mehr ändern. Seine Publikationen brachten der Familie nicht genug ein. Und doch würde er versuchen, weiterhin schriftstellerisch tätig zu sein. Das musste sie aushalten. Erschöpft war sie nicht durch winterliche Dunkelheit, sondern die Erkenntnis, dass ihre Lage ausweglos war.

Hätte Fontane ihr Einspruch gewährt, hätte er hin und

wieder zugegeben, dass sie recht hatte, wäre sie vielleicht weniger deprimiert gewesen, hätte sie sich nicht derart ausgeliefert gefühlt. Erst ganz allmählich begriff er, was in ihr vorging. Sieben Jahre vor seinem Tod, er war inzwischen einundsiebzig Jahre alt, schrieb er ihr: »Personen, von solcher Ausrüstung wie die meine war, kein Vermögen, kein Wissen, keine Stellung, keine starken Nerven das Leben zu zwingen, – solche Menschen sind überhaupt keine richtigen Menschen und wenn sie mit ihrem Talent und ihrem eingewickelten 50 Pfennigstück ihres Weges ziehn wollen (und das muss man ihnen schliesslich gestatten) so sollen sie sich wenigstens nicht verheiraten. Sie ziehen dadurch Unschuldige in ihr eigenes fragwürdiges Dasein hinein und ich kann alle Deine Verwandten (…) nicht genug bewundern, dass sie mich von Anfang an mit Vertrauen, Herzlichkeit und beinah Liebe behandelt haben. Ich wäre gegen mich selber viel flauer gewesen, denn ein Apotheker, der anstatt von einer Apotheke, von der Dichtkunst leben will, ist so ziemlich das Tollste, was es giebt.«[88] Interessanterweise folgte auf diese Einsicht die Zeit, in der Fontane seine eindrucksvollsten Frauenporträts schuf.

Aus heutiger Sicht stellt sich die Frage, warum Emilie nicht arbeiten ging. Warum suchte sie sich nicht eine berufliche Tätigkeit, die der Familie ein zusätzliches Einkommen gesichert hätte? Oder anders gefragt: Wie groß war die Not bei Fontanes wirklich? Vor ihrer Heirat hatte Emilie solch eine Option durchaus ins Auge gefasst: »Gott sei Dank kann ich manches leisten u. werde suchen, eine Stellung zu erhalten, wo ich die Hausfrau in der Wirtschaft unterstütze, u. kleine Kinder werde ich wohl auch unterrichten können«,[89] schrieb sie damals ihrer Herzensmama.

Doch nach der Hochzeit war das nicht mehr möglich. Emilie musste sich als Frau positionieren, die durch ihre

Heirat gesellschaftlich aufgestiegen war. Ihr Mann war Teil der bürgerlichen Gesellschaft. Er war keine Arme-Leute-Dichter, keine Arbeiterpoet, der zwischen zwei Schichten in der Fabrik Gedichte verfasste, sondern stammte aus einer alten Hugenottenfamilie, war Mitglied der Französischen Kolonie und Sohn bekannter Leute. Unter solchen Bedingungen war Erwerbstätigkeit für eine Ehefrau ausgeschlossen. Es ziemte sich nicht einmal, dass sie ihren Haushalt allein führte. Eher hätte sie weiße Handschuhe übergezogen, damit man ihre von der Arbeit geröteten Hände nicht sehen konnte.[90]

Im Gegenteil: Fontanes beschäftigten selbst Personal. Die Ammen, die für Emilie arbeiteten, wurden bereits erwähnt. Hinzu kam jeweils ein Hausmädchen in Folge, das ihr zur Hand ging. Eines begleitete die Familie sogar nach London. Und wenn Emilie allein verreiste, besorgte die Wirtschaftskraft Fontane den Haushalt, ging für ihn einkaufen, kochte und sah nach den Kindern. Männer waren für diese Bereiche nicht zuständig.

Das machte letztlich auch den Druck aus, unter dem das Ehepaar dauerhaft stand. Fontane ging es in seinem Poetendasein nicht darum, hin und wieder einen Text zu publizieren, nein, sein Ziel war es, mit seiner Familie ein bürgerliches oder gar großbürgerliches Leben zu führen, in dem es an nichts mangelte. Entsprechend hoch waren die Erwartungen, entsprechend ehrgeizig ihr Unterfangen und ebenso entmutigend die Enttäuschung. Sämtliche Briefe, Notizen, Tagebucheinträge über mangelnde Einnahmen und geringen Wohlstand müssen vor dem Hintergrund gesehen werden, dass Fontane dieses bürgerliche Niveau nicht halten konnte. Zugleich sah er sich auf einer Stufe mit seinem Freund Witte, Eigentümer der pharmazeutischen Werke in Rostock, verkehrte intensiv mit Lepel, Offizier aus altem vorpommerschem Adel, korrespondierte mit Mathilde von Rohr, Stiftsdame aus ebenso adligem Haus, fand Unterstützung bei Henriette von Merckel, Tochter eines hohen Regierungsbeamten. Die Mitgliedschaften in »Tunnel«, »Rütli« und »Ellora« waren nicht allein deshalb von Bedeutung, weil Fontane dort Anerkennung als Schriftsteller erlangte, sondern weil er sich auch in angesehener Gesellschaft befand. In diesem gesellschaftlichen Kontext wollte er bestehen.

Kein Wunder, dass auch Fontane im Alter zunehmend Sorgen und Ängste entwickelte. Es fehlte ihm an Anerkennung und geistiger Unterstützung, und er verlor die Zuversicht, bis zu seinem Lebensende doch noch ein aus seiner Sicht ernstzunehmender Autor zu werden. Das lag nicht zuletzt an seiner unzureichenden gesellschaftlichen Stellung, die er seinem wirtschaftlichen Unvermögen glaubte zuschreiben zu müssen. »Ueberall kommt mir die Stimmung in Bezug auf meine Person verschleiert vor (…). Hundertmal frag ich mich, ob ich wohl Schuld sei, aber ich kann keine Schuld finden; ich bin artig, freundlich, gesprächig und wenn aus meinem Sprechen mitunter ein Ton der Besserwisserei herausklingen mag – *gewollt* ist es gewiß nicht – so muß man das hinnehmen (…). Man würde mir die Stellung, die ich verlange, auch einräumen, wenn ich in einer ansehnlichen Lebensstellung wäre. So klingt das ›arme Luder‹ immer mit.«[91]

Jetzt war es Emilie, die ihm gut zuredete und der es gelang, ihn zumindest zeitweise wieder aufzurichten. Auch davon zeugt der Ehebriefwechsel: »Und daran möchte ich gleich anknüpfen um über Deine Bedenken zu Deinen Freunden etc. zu reden. Daß die Genannten Dich Alle lieben u. verehren, davon bin ich wie von meinem Leben überzeugt u. ich glaube auch angeben zu können, wodurch dann u. wann Deine Zweifel entstehen. (…) Nur *Du* bringst das

Gefühl Deiner ›Stellungslosigkeit‹ mit, die Anderen, mit Stellung etc., beneiden Dich darum u. meist auch darum, daß Du reden kannst, wie Dir der Schnabel gewachsen ist. In *Einem* glaube ich, bist Du manchmal auch Deinen wärmsten Verehrern u. rinnen unbequem, in Deiner Wahrhaftigkeit u. Gründlichkeit!«[92]

Hier bewährte sich, dass die beiden nicht nur in wirtschaftlichen, sondern auch seelischen Fragen immer ein Verhältnis auf Augenhöhe geführt hatten. Fontane konnte unbekümmert über seine Nöte sprechen und fand bei Emilie Trost und Zuversicht. Gut war ferner, dass es bei allen Streitigkeiten nie zu ernsthaften Zerwürfnissen gekommen war. Dem Briefwechsel ist unleugbar zu entnehmen, dass sie stets einen respektvollen und liebenswürdigen Ton miteinander gepflegt haben. So blieb genug Raum, um die jeweiligen Gründe für den Ärger beim Gegenüber auszuloten und einen Umgang damit zu finden.

Genau dieser Austausch mit Emilie wurde Fontane mit den Jahren unersetzlich. Er war immer ein Mann gewesen, der das Gespräch mit anderen suchte, eine Person, die sich anhaltend und gerne mit ihren Mitmenschen unterhielt. Seine Kollegen machten sich darüber lustig, dass er so viel redete, nannten ihn »Nöhl«,[93] jedoch nicht so seine weiblichen Gesprächspartnerinnen. Im Ehebriefwechsel ist positiv von »papeln« die Rede, ein Ausdruck, den insbesondere Emilie für sprechen, reden, bisweilen auch ratschen oder tratschen benutzte. Gerade den verbalen Austausch beherrschte sie mit Bravour, das Finden des Gedankens beim Reden. Damit kam sie Fontanes Bedürfnis nach Aussprache entgegen.

Vielleicht war Fontane dahingehend kein typischer Mann. Er brauchte den verbalen Austausch mit einem einfühlsamen, geduldigen Gegenüber, um seine Texte und

Gedanken weiterzuentwickeln. In die Literaturgeschichte ging er entsprechend als Causeur ein, als Plauderer. Auch Tochter Martha war ihm dabei eine unersetzliche Partnerin. Entsprechend taufte man sie seine Causeuse. Dank dieser Gesprächskultur in seiner nächsten, familiären Umgebung erhielt Fontane kontinuierlich Einsicht in die weibliche Seele. Er lernte zu verstehen, wie Emilie empfand, und wurde allmählich für die Sicht der Frauen sensibilisiert. Nicht umsonst schrieb er seiner Frau in hohem Alter: »(…) wie schlecht hast *Du* es gehabt. Von *mir* red' ich nicht; Poetenverrücktheit und Poetendünkel helfen einem über alles weg. Aber die armen Frauen! Hunger, Noth und Sorge, kleine Kinder, keine Aussichten (oder höchstens auf neue) und von der Welt mit einem Blick des Mitleids oder auch wohl mangelnder Achtung gestreift.«[94]

In den späteren Briefen zwischen den Eheleuten spürt man wieder ihre vorbehaltlose Liebe zueinander, ihre aufrichtigen Sorgen umeinander. Inzwischen hat sich Fontane in »Papaken« verwandelt, und Emilie adressierte ihn mit »Mein Alter«. Diese Formulierung nutzte sie auch gegenüber Freundinnen, wenn sie von ihrem Mann sprach. Er selbst nennt sie »Geliebte« oder »geliebte Ehefrau«. Sie unterzeichnete bisweilen selbst mit »Deine Alte«. In diesen Zeiten wird deutlich, wie unumstößlich Emilie zu Fontane gehalten hat.

Ein letztes Mal gerieten die beiden heftig in Streit miteinander. Wieder lag es daran, dass Fontane eine Festanstellung von heute auf morgen an den Nagel hängte. Im Sommer 1876 kündigte er seine Stelle als Erster Sekretär der Akademie der Künste in Berlin. Diesmal verzieh Emilie ihm die eigensinnige Haltung. In einem Brief an ihre Freundin Clara Stockhausen (1842–1908) hielt sie im Rückblick ein leidenschaftliches Plädoyer für seine Entscheidung: »Zufällig habe ich vor einigen Tagen den vollen Aufschluß bekommen, *wie* man ihn vom Ministerium aus behandelt hat u. ich muß Ihnen bekennen, ich stand beschämt vor meinem geliebten Alten. *Wie* hat er all das Mißgeschick, all die Ungerechtigkeit ertragen! Einen fleißigen, armen Mann, reißt man aus seiner Thätigkeit, schildert ihm die Stellung ganz anders als sie in Wahrheit ist; er sagt in seiner Noblesse zu, *zwei* Monate ohne Gehalt dem Staat zu dienen, muß trotzdem sogleich seine sichre Theater-Stellung aufgeben u. nachdem er, gezwungen ist, durch die unerhörte Behandlungsweise des Hr. Hitzig die Stellung aufzugeben, muß er, von dem Vierteljahrs-Gehalt welches ihm bereits ausgezahlt war, – 2 Monate *zurück*zahlen (…). Ich finde man hat ihn behandelt wie einen Schuster. Und dabei schrieb er sein Buch, krank, gebrochen, mit einer Schuldenlast, die er, so lange wir verheirathet, *nie* gekannt.«[95]

Nachdem die Kinder selbstständig geworden und aus dem Haus gegangen waren, half Emilie ihrem Mann regelmäßig bei der Vollendung seiner Publikationen. Unermüdlich war sie für ihn im Einsatz, las seine Manuskripte Korrektur und übertrug sie ins Reine. Fontane habe erkannt, so Erler, dass sie die Fähigkeit hatte, seine »von Korrekturen und Einschiebseln starrenden Manuskripte« in lesbare Schriften zu verwandeln, aber ihre Hilfsbereitschaft reichte eigentlich viel weiter. Erler schreibt: »Was er nicht sagt, ist, daß Emilie häufig unter enormem Zeitdruck zu arbeiten hat, weil der vereinbarte Abgabetermin beim Verlag oder der Redaktion bedrohlich nahe gerückt ist. Er verschweigt auch, daß er ihre Ausdauer und ihre Geduld oft auf eine harte Probe stellt, denn bei seiner Gewohnheit, penibel bis zum Schluß zu feilen und zu verbessern, verwandelt er die Abschrift meist in ein neues Korrekturschlachtfeld, und Emilie hat die ganze Prozedur zu wiederholen.«[96]

Emilie wurde nun Fontanes erste Mitwisserin, Begleiterin oder gar Co-Editorin, die Gesprächspartnerin, mit der er seine Ansichten unumwunden teilte und deren Kommentare sein Denken weiterführten und vervollständigten. Im brieflichen Wechselspiel von Rede und Gegenrede wurde Emilie in ihrem Urteil zunehmend mutiger, erriet immer besser, worauf Fontane bei seinem Schreiben eigentlich hinauswollte, und vervollständigte es mit Anmerkungen und Überlegungen. »Instehend mein ›Gequatsch‹ wie es mir, nach dem Abschreiben in die Feder kam; ich wollte es Dir erst nicht schicken, aber warum nicht? kleine Pferde machen auch … u. Du siehst doch mein warmes u. ängstliches Interesse an Deiner großen Arbeit.«[97]

Emilie muss eine denkbar gute Lektorin gewesen sein. Da sie bescheiden war, hielt sie sich mit Kreativität zurück und wirkte vielmehr konstruktiv in Hinsicht auf die Zielsetzung ihres Mannes. Nicht zu unterschätzen ist die Tatsache, dass Fontanes erste Leserin also eine Frau war! Gerade im Austausch mit ihr konnte er überprüfen, ob die weiblichen Figuren in seinen Texten korrekt dargestellt waren.

Oft fragt man sich, warum Fontane erst im hohen Alter die Romane geschrieben hat, mit denen er berühmt wurde und für die er heute noch weithin bekannt ist. Man hätte ihm diese Erfolge früher gewünscht. Aber die zentralen Figuren in seinen bekanntesten Romanen waren nun einmal weiblicher Natur. Sie machen die Qualität seines Prosawerkes aus. Und fest steht, dass er mit zwanzig Jahren, als seine erste Erzählung *Geschwisterliebe* erschien, längst nicht genug über die Frauen wusste. Clara, die weibliche Hauptfigur der Erzählung, wird klischeehaft und einseitig dargestellt: »›Gott, vergib mir‹, flehte Clara, ›daß ich die Seele des Unglücklichen bis in den Tod betrübte! Das Los des Weibes ist entsagen, dulden und ertragen, doch sollte es darum auch seine Bestimmung sein, den Geliebten um des Bruders willen zu opfern?‹«[98]

Was für ein Unterschied zu den Darstellungen von Mathilde Möhring, den Schwestern Poggenpuhl nebst ihrer Mutter, Stine, Lene, die Witwe Pittelkow, Jenny Treibel oder, nicht zuletzt, Effi Briest! Hier wartet Fontane mit vielschichtigen Persönlichkeiten auf, sorgfältig ausgeführten Biographien und Verhaltensweisen, differenzierten Denkmustern und lebendigen Dialogen. Die Nähe zu einzelnen Frauen aus seiner direkten Umgebung, die offene, unerschrockene und später auch kenntnisreiche Art, in der er mit ihnen verkehrte, am Ende auch das dauerhafte »papeln« mit Emilie vermittelten Fontane das Wissen und die Inspiration zu derlei trefflichen Beschreibungen.

Nie ließ der Austausch zwischen den Eheleuten nach. Bis zuletzt schrieben sich die beiden regelmäßig, sobald einer von ihnen nicht zu Hause war. Ihre Briefe scheinen eine eigenständige, zusätzliche Form der Kommunikation geworden zu sein, von der sie nie lassen wollten. Dabei hatten sie gemeinsam noch immense Krisen zu überstehen, schwere Krankheiten bis hin zu Georges Tod. Am 24. September 1887, im Alter von sechsunddreißig Jahren, starb ihr über alles geliebter ältester Sohn an den Folgen einer Blinddarmentzündung. Es grenzt an eine Wunder, das sich die beiden von diesem Schmerz wieder erholten.

Ähnlich verzweifelte Emilie schier an Fontanes Schwächezustand, der ihn, ausgelöst durch eine Wintergrippe im März 1892, monatelang vom Schreibtisch fernhielt. Noch einmal ergriffen sie sämtliche Existenzängste, alle Sorgen, mit denen sie zeit ihres Lebens zu kämpfen gehabt hatte. Wovon würde sie leben, wer würde sie sein, wenn Fontane nicht mehr war? Schon plante sie umzuziehen, die Berliner Wohnung gegen ein günstigeres Quartier auf dem Land zu tauschen. »Einiges möchten wir vorläufig in Berlin lassen, entweder auf einem Speicher oder befreundetem Boden; Pa's Schreibtisch wird mir am meisten zu schaffen machen«,[99] schrieb sie erschöpft an Sohn Theodor. Im Spätsommer trat bei Fontane endlich wieder Besserung ein.

Zufällig oder nicht richtete Fontane auch an seinem letzten Lebenstag, dem 20. September 1898, einen Brief an Emilie. Sie hielt sich bei Johanna in Dresden-Blasewitz auf, er mit Tochter Martha in Berlin. »Dies sind nun also die letzten Zeilen; übermorgen Mittag dürfen wir Dich erwarten«, schrieb er ihr.[100] Abends unterhielt er sich mit Martha, las in einer Zeitschrift, ging dann gegen neun Uhr ins Nachbarzimmer, wo sein Bett stand, um sich kurz auszuruhen – und verstarb.

Nach seinem Tod zog die Witwe zu ihrem jüngsten Sohn Friedrich und widmete sich dem Nachlass ihres Mannes. Viel Arbeit wartete auf sie. Tapfer redigierte, bearbeitete, edierte sie weiter bis zu ihrem Ende. Rund drei Jahre überlebte sie den geliebten Mann. Sie starb am 18. Februar 1902. Die Siebenundsiebzigjährige hatte sich eine Lungenentzündung zugezogen, weil sie aus Sparsamkeit auf dem Heimweg vom Theater auf eine wärmende Mietdroschke verzichtet hatte und stattdessen mit der Straßenbahn gefahren war.

Mehr als ein halbes Jahrhundert hatte Emilie an Fontanes Seite ausgeharrt. Ihre Ehe mit ihm war nicht immer harmonisch verlaufen, aber nie hat sie an ihr gezweifelt. Fremd war ihr jegliche Form von Eifersucht, weder zeigte sie Argwohn, als er in ihrer Verlobungszeit zwei junge Diakonissinnen unterrichtete, noch misstraute sie ihm später, als er allein in England lebte oder auf Reisen war. Das ermöglichte Fontane, Freundschaften mit weiteren Frauen zu schließen und seine Kenntnisse zu vertiefen. Das Bild einer nörgelnden Gattin bleibt unhaltbar.

Die Elevin
Diakonissin Emmy Danckwerts (1812–1865)

Mit dem Porträt Emmy Danckwerts' öffnet sich der Reigen von Frauen, mit denen Fontane in enger Verbindung stand, ohne dass sie mit ihm verwandt gewesen wären. Er lernte die Diakonissin 1848 im Berliner Krankenhaus Bethanien kennen, wo er sie gemeinsam mit einer zweiten Schwester anderthalb Jahre lang zur Pharmazeutin ausbildete. Schon seine erste Begegnung mit den beiden – Fontane war zu diesem Zeitpunkt achtundzwanzig Jahre alt, die Frauen etwas über dreißig – war von Respekt und Freundlichkeit geprägt: »Hier fanden wir zwei Damen, die eine – ältere – in einen schwarzen Wollstoff, die andere, noch sehr jung, in blau und weiß gestreifte Leinwand gekleidet, beide in zierlichen weißen Häubchen. Die ältere, von einem gewissen Selbstbewußtsein getragen, begnügte sich mit einem kurzen Knix, während die jüngere, verlegen lächelnd, eine kleine Kopfverbeugung machte.«[101]

Ein früheres Foto von Danckwerts zeigt in der Tat eine selbstgewisse junge Frau. Sie trägt das dunkle Haar streng gescheitelt und sieht den Betrachter ruhig an. Als Danckwerts geboren wurde, gab es noch gar keine Diakonissen.

Sie stammte aus einer protestantischen Pastorenfamilie in Plate in der Lüneburger Heide und wuchs mit der Bildung und selbstverständlichen Ordnung auf, die in einer frommen Familie Usus war. Regelmäßiges Bibelstudium und sonntägliche Gottesdienste gehörten zur frühkindlichen Prägung. Hinzu kam gewohnheitsgemäße Anteilnahme an den seelischen Belangen der Gemeindemitglieder, mit denen ein Pastorenhaushalt naturgemäß zu tun hatte. Sowohl zwei Onkel aus der Familie ihres Vaters als auch der eigene Bruder waren ebenfalls Geistliche.

Mit neunzehn Jahren verwaiste Danckwerts jäh, sie war weder verlobt noch verheiratet, hatte keine Ausbildung und kein Vermögen, war damit also wie alle ehelosen Frauen jener Zeit ohne Bestimmung und Zugehörigkeit. Obwohl gut erzogen und aus geregelten Verhältnissen, darüber hinaus überzeugt, dass es Menschen in Not gibt, die der Hilfe bedürfen, und bereit, solche Hilfe selbstverständlich zu leisten, fand sich für die Pfarrerstochter im nächsten Umfeld keinerlei Aufgabe. Übergangsweise kam sie bei Verwandten unter und half im Haushalt sowie bei der Kinderbetreuung, doch bald wurde sie auch dort überflüssig. Man möchte nicht wissen, wie vielen Frauen es zu jener Zeit ähnlich ergangen ist.

Danckwerts jedoch hatte Glück. Sie hörte von Pastor Theodor Fliedner (1800–1864) und seinem sozialen Engagement im rheinischen Kaiserswerth bei Düsseldorf. Fliedner, selbst Pastorensohn aus einer vielköpfigen Geschwisterschar und ab dreizehn ohne Vater aufgewachsen, war im hessischen Eppstein geboren und hatte mit Hilfe von Stipendien in Gießen und Göttingen evangelische Theologie studiert. Eingesetzt als Geistlicher in Kaiserswerth bei Düsseldorf, wurde er jäh mit der Not seiner protestantischen Gemeindemitglieder konfrontiert, die hier in der katholischen Diaspora keine Arbeit gefunden hatten und in bitterer Armut lebten. Schockiert von dem Elend und gleichzeitig wie elektrisiert von der dringenden Notwendigkeit, diesen Menschen zu helfen, gründete er einen Armen- und Bildungsfonds, ging in den Nachbargemeinden auf Sponsorensuche und kam auch in Kontakt zu Mitgliedern der Erweckungsbewegung in den Niederlanden und sogar England. Ob Pietisten, Baptisten, Methodisten, Adventisten, Quäker oder Mennoniten, um nur einige Vertreter dieser Bewegung zu nennen – alle waren sie gewissermaßen von dem Gefühl durchdrungen, angesichts übergroßer Not mit ihrer Hilfsbereitschaft alleine dazustehen. An dieser Situation wollten sie grundsätzlich etwas verändern. Gleichzeitig hatten viele von ihnen ein Erlebnis der Erweckung gehabt, das ihnen die Sicherheit verlieh, ausgewählt worden zu sein, die nötige Hilfe zu leisten.

Unterstützung fand Fliedner bei Pfarrerstochter Friederike Münster (1800–1842), deren Mutter ähnlich früh verstorben war. Schon als junges Mädchen hatte sie die Aufgabe übernommen, ihre sechs Geschwister zu versorgen und dem Vater den Haushalt zu führen. Fliedner heiratete die Gleichaltrige, und sie bekamen miteinander elf Kinder.

In England begegnete Fliedner Elisabeth Fry (1780–1845), die sich für verbesserte Lebensbedingungen von Inhaftierten engagiert hatte. Inspiriert von der Quäkertochter, der es aufgrund ihres unermüdlichen Einsatzes gelang, das britische Gefängniswesen nachdrücklich zu reformieren, widmete sich Fliedner, zurück in Kaiserswerth, zunächst der Gefangenenseelsorge. Die erste Heimstadt, die er 1833 ins Leben rief, diente der Aufnahme und Resozialisierung von ehemaligen weiblichen Gefängnisinsassen. Besondere Aufmerksamkeit widmete er dabei den Häftlingskindern und ihrer Ausbildung. 1835 kam eine Strickschule hinzu, 1836 eine Kleinkinderschule.

Fliedners legten, ganz nach Frys Vorbild, Wert darauf, dass die Inhaftierten, besonders wenn es Frauen waren, im Krankheitsfall nicht etwa von Wärtern, sondern geschulten Pflegekräften versorgt wurden. Ganz organisch entstand aus ihrem Engagement damit ab 13. Oktober 1836 die »Bildungsanstalt für evangelische Pflegerinnen«, dicht gefolgt vom Bau eines Krankenhauses. Damit war die Idee geboren, Frauen zu professionellen Krankenschwestern und Sozialarbeiterinnen, also zu Diakonissen auszubilden. Leiterin dieses ersten Mutterhauses war mit Friederike Fliedner von Anfang an eine weibliche Führungskraft. Bei der Gründung weiterer Mutterhäuser wurde das zur festen Regel.

Genau nach einer solchen Einrichtung und Aufgabe hatte Emmy Danckwerts gesucht. Sie fuhr nach Kaiserswerth, erzählte Fliedners von ihrer Intention und wurde aufgenommen. Die verwaiste Pfarrerstochter gehörte damit zu den ersten Auszubildenden des Hauses.

Um die Diakonissen nach außen hin kenntlich zu machen und ihre Einsätze zu schützen, stattete Fliedner sie eigens mit einer Tracht aus. Wie von Fontane beschrieben, trugen sie dunkelblaue, graue oder schwarze Kleider mit Schürze und eine weiße Haube. Ferner stellte der Geistliche gemeinsam mit seiner Frau Richtlinien auf, die das Zusammenleben im Mutterhaus ordnen sollten. Die Bewohnerinnen mussten sich zu einem Leben in schwesterlicher Gemeinschaft und Ehelosigkeit verpflichten, zu einem einfachen Lebensstil und Gehorsam gegenüber den Geboten der Kirche.

Die Mutterhäuser, daran war Fliedners unbedingt gelegen, waren keine Klöster. Diakonissen sollten nicht abgeschieden von der Außenwelt, streng nach eigenen Ritualen und ins Gebet vertieft leben, sondern das Haus jeden Tag verlassen und sich in der Umgebung aktiv einbringen können. Sollten sie den Richtlinien nicht mehr folgen wollen, konnten sie das Mutterhaus jederzeit wieder verlassen. Aufgrund dieser Rahmenbedingungen waren die Diakonissen bei der Ausübung ihrer Ämter enorm beweglich und unabhängig. Die Gemeinschaft war kein Zwang, sondern bot lediglich Schutz und Zugehörigkeit. Im Gegenzug für ihre Selbstverpflichtung und ihren hohen Arbeitseinsatz war das Mutterhaus den Schwestern Heimstatt und Bezugsstätte, Krankenstation und, nicht zuletzt, Altersversorgung.

Fliedners hatten mit ihrer Idee eine geniale Lösung gefunden. Sie hatten die drängende Not auf der einen und die starke Hilfsbereitschaft von Frauen auf der anderen Seite erkannt. Die Kraft, die diese Frauen mitbrachten, musste nicht mehr in irgendwelchen Haushalten verkümmern. Sie wurde aufgegriffen, zur Profession gemacht und für Menschen eingesetzt, die der Hilfe wirklich bedurften.

Mit dieser Professionalisierung ging eine qualitative Verbesserung der Pflege einher. Die Einrichtungen der Diakonissen – Krankenhäuser oder Pflegestationen andernorts – erfreuten sich mit der Zeit eines ausgezeichneten Rufes. Fliedners Engagement führte dazu, dass sich die Krankenpflege zu einem gesellschaftlich geachteten und anerkannten Berufsweg für Frauen entwickelte.

Die Ausbildung gab den Frauen ferner Selbstbewusstsein und ein überzeugendes Auftreten. Dank ihrer Unterbringung in Mutterhäusern blieben sie dabei bescheiden, freundlich und zugewandt. Damit gewannen sie leicht das Vertrauen der Patienten und Hilfsbedürftigen, für die sie Verantwortung übernehmen wollten. Fontane erkannte die Charaktereigenschaften dieser Frauen auf den ersten Blick. In seinen Erinnerungen an Danckwerts schrieb er: »Es war eine ganz ausgezeichnete Dame: klug, treu, zuverlässig, ein Typus jener wundervollen Mischung von Charakterfestigkeit und Herzensgüte. Durchdrungen von der Pflicht der Unterordnung, war sie zugleich ganz frei.«[102]

Die zweite Diakonissin, die Fontane in Pharmazie ausbildete, war Aurelie von Platen (1824–1904). Auch sie beschrieb er als zielstrebige Person: »Die jüngere Dame, Fräulein Aurelie von Platen, war das Widerspiel der älteren und nur darin ihr gleich, daß sie einen völlig andern Frauentypus in gleicher Vollkommenheit vertrat. Sie war, wenn nicht sehr hübsch, so doch sehr anmutig, ganz weiblich und glich in ihrem schlichten rotblondem Haar und den großen Kinderaugen einem aus dem Rahmen herausgetretenen Präraffaelitenbilde. Was Schwester Emmy durch Geist und Energie zwang, erreichte Schwester Aurelie durch stillere Gaben. Auch in diesen stilleren Gaben, wie in aller Liebe, lag etwas Zwingendes und so ist es denn gekommen, daß beide Damen auf der Diakonissinnenleiter hoch empor gestiegen sind.«[103]

Fliedners Konzept wirkte weit über Kaiserswerth hinaus. Dank seiner geistigen Unabhängigkeit und dem Vertrauen, das er in Frauen setzte, eröffnete er einzelnen Schwesterngruppen die Möglichkeit, nach erfolgter Ausbildung das Mutterhaus zu verlassen und neue Einheiten an anderen Orten in Deutschland zu gründen, eben dort, wo Hilfe gerade vonnöten war. Diese Anleitung und Ermutigung der Frauen zum selbstständigen Handeln und Engagement war revolutionär und zeigte durchschlagenden Erfolg. Fliedners Idee ging geradezu um die ganze Welt. In den vierziger Jahren begleitete er einige Gruppen bis nach England, Nordamerika und schließlich nach Israel. Bald wurden auch hier funktionierende Lehr- und Hilfseinrichtungen gegründet. Weitere Mutterhäuser folgten in aller Welt.

Fliedner stieß mit seinem Konzept nicht überall auf Wohlwollen. Dass Frauen eine Einrichtung leiteten, professionelle Krankenpflege leisteten und sich allein und schutzlos sogar in Gefängnisse begaben, um dort seelsorgerisch tätig zu sein, hielten viele moralisch nicht für vertretbar. Aber Fliedner ließ sich nicht beirren. Er berief sich auf die Bibel und erinnerte an das Gleichnis vom barmherzigen Samariter, in dem sich ein Priester spontan eines Mannes annimmt, der von Wegelagerern überfallen und ausgeraubt wurde. Im Judäa jener Zeit hätte man das Verhalten des Priesters ungewöhnlich gefunden. Durch das Gleichnis fand eine Umbewertung statt. Ähnlich, so Fliedner, sollten auch die Frauen die Möglichkeit bekommen, selbstverständlich und ohne fremde Bestimmung anderen ihre Hilfe zuteilwerden zu lassen.

Die Intention der Diakonissen war nicht politischer, sondern sozialer Natur. Sie überzeugte auf Anhieb und entfaltete starke Wirkung. Oft griffen protestantische Herrscherhäuser Fliedners Idee auf, allen voran ihre Regentinnen. Sie kam ihren persönlichen Bemühungen um soziales Engagement entgegen. Einer der Ersten, der nach den Diakonissen rief, war Friedrich Wilhelm IV. von Preußen. Er gründete 1845 in Berlin das Krankenhaus Bethanien, benannt nach dem Ort in Judäa, in dem der barmherzige Samariter sich für den Verletzten eingesetzt hatte.

Der mächtige Bau aus gelben Ziegeln hat alle Kriege unbeschadet überstanden und steht heute noch weithin sichtbar und umgeben von hohen, alten Bäumen in Berlin-Kreuzberg, direkt dort, wo einst die Berliner Mauer verlief.

1847 wurde die Einrichtung feierlich eröffnet. Auf erprobte Art diente sie sowohl der Ausbildung von Schwestern als auch der Pflege und Behandlung gewöhnlicher Kranker. Später kamen noch ein Seminargebäude für

Kindergärtnerinnen und Hortnerinnen hinzu. Zu dem Ensemble gehört ferner ein altehrwürdiger Kirchbau. Später engagierte sich Auguste Victoria von Preußen (1858–1921), Ehefrau Wilhelms II., für das Haus. Sie setzte sich gezielt für Diakonissen ein und bestärkte sie nachdrücklich in ihrem Engagement.

Die Leitung des Berliner Bethaniens wurde Gräfin Marianne von Rantzau (1811–1855) anvertraut. Sie stand der Schwesterngemeinschaft vor und wachte über die Einrichtung, musste das Konzept aber auch gegenüber seinen Kritikern verteidigen. Wie schwierig sich das bisweilen gestaltete, konnte selbst Fontane feststellen: »Hier ihres Amtes zu walten, war damals eine sehr schwierige Aufgabe, die viel Takt erheischte. Denn die Berliner Bevölkerung wollte von dem ganzen auf protestantischer und wie mancher fürchtete auch katholischer Kirchlichkeit ausgebauten Krankenhause nicht viel wissen. Der Gräfin lag es also, neben andrem, ob, die ziemlich widerwillige öffentliche Meinung mit Bethanien zu versöhnen. Sie vermied dementsprechend alle Friktionen und wenn es mir auch gewiß ist, daß spätere Oberinnen ihr nicht nur an kirchlicher Dezidiertheit, sondern namentlich auch an Rührigkeit und Rüstigkeit – sie war von Anfang an sehr krank; starb auch früh – überlegen gewesen sind, so möcht' ich doch behaupten dürfen, daß sie die zu solchen Stellen wünschenswerten Eigenschaften in ganz besonders hohem Maße besessen habe.«[104]

Rechte Hand der Oberin war Pastor Schultz, ein, wie schon erwähnt, guter Bekannter von Fontanes Familie.[105] Der Autor beschrieb ihn als hart, herrschsüchtig und ehrgeizig, andererseits als tapfer und kämpferisch – ein wahrer Streiter für eine gute Sache: »Er war nicht mein Geschmack, aber ein Gegenstand meiner Hochachtung.«[106] Schultz war derjenige, der Fontane den Auftrag verschaffte, die zwei Diakonissen auszubilden. Mit Freuden nahm er ihn an. Er garantierte ihm anderthalb Jahre lang finanzielle Sicherheit, freie Wohnung und Verpflegung.

Die Apotheke, in der Emmy Danckwerts und Aurelie von Platen später wirkten, kann man heute noch besichtigen. Sie befindet sich original eingerichtet im Erdgeschoss des Krankenhauses Bethanien. Dicht reihen sich sorgfältig lateinisch beschriftete Gläser, Flaschen und geschwungene Gefäße in hohen Wandregalen. Zu lesen sind Hinweise auf Borwasser, Spiritus und weitere Medikamentenzusätze. Auf einem Schränkchen stehen die Vorrichtungen zum Destillieren bereit, an der Wand hängen entsprechende Glaskolben. Auf einem weiteren Schrank ist ein Foto von Fontane platziert. Drei historische Aufnahmen an der Wand zeigen die Diakonissen bei der Arbeit. Sie stehen in säuberlichen Hauben und weißen Brustschürzen in genau dieser Offizin hinter der Theke, wiegen spitz zulaufende Häufchen von Pulver ab und machen sich Notizen.

Die Lehrveranstaltungen Fontanes fanden direkt in den Wohnräumen der Diakonissen im Bethanien statt. Mit Interesse beobachtete er, wie sie eingerichtet waren: »Das Zimmer, worin diese Vorträge stattfanden, war das neben der Apotheke gelegene Wohnzimmer Emmy Danckwerts und bezeigte durch seine ganze Einrichtung, daß seine Bewohnerin eine exzeptionelle Stellung einnahm. In verschiedenen Truhen und Wandschränken war nicht bloß der Inhalt einer Speisekammer, sondern auch eine ganze Wirtschaftseinrichtung untergebracht und mit Hilfe des einen und des andern übte die Diakonissin hier eine großartige Hospitalität. Ich war ihr Lehrer, aber vor allem auch ihr Gast. Während ich sprach und sie zuhörte, machte sie zugleich die Wirtin und ich wurde, wie wenn ich ihr Besuch im Pfarrhaus auf der Lüneburger Heide gewesen wäre, mit Kaffee,

Butter und Honig bewirtet, oder an heißen Tagen auch mit Erdbeeren, Selterwasser und Wein. Sie bestritt das alles aus ihren privaten Mitteln, nur um sich und mir die Freude dieser Gastlichkeit zu gönnen. Und dann unterbrachen wir Lektionsplan und Stundenvorschrift und plauderten eine halbe Stunde lang über Dinge, die mit Chemie herzlich wenig zu schaffen hatten und ließen dabei unsre Umgebung bez. unsere Vorgesetzten Revue passieren, erst die Ärzte, dann den Inspektor – über dessen Frömmigkeit wir gemeinschaftlich lachten – und verstiegen uns auch wohl zur Oberin, ja bis zu ›Konrad von Marburg‹. Alles natürlich sehr vorsichtig. Meine Partnerin war außerordentlich fein geschult und jeder wird an sich selber die Erfahrung gemacht haben, daß der feine Ton andrer auch seiner eignen Sprechweise zugute kommt.«[107]

Der Text zeigt, wie nahe Fontane seinen beiden Lehrschwestern in jener Zeit kam und wie unbefangen sein Umgang mit ihnen war. Es ist offensichtlich, dass er ihnen die Sicherheit geben konnte, ganz und gar vertrauenswürdig zu sein. So erzählten sie ihm offen aus ihrem Leben und tauschten ihre Erfahrungen mit ihm aus.

Niedergeschrieben hat der Schriftsteller seine Beobachtungen erst fünfzig Jahre später. An seinen präzisen Erinnerungen ist zu ersehen, wie stark sich ihm die Begegnungen eingeprägt haben. Mit Freuden dachte er daran zurück: »Mein Leben mit den zwei Diakonissinnen war ein Idyll, wie's nicht schöner gedacht werden konnte: Friede, Freundlichkeit, Freudigkeit.«[108]

Nachdem Danckwerts ihren Abschluss in Pharmazie erlangt hatte, übernahm sie die Leitung der Krankenhausapotheke, wurde aber zu ihrer Freude bald zur sogenannten Probemeisterin berufen. Damit übernahm sie Verantwortung für die Ausbildung der Schwestern, die erst einmal nur auf Probe in die Gemeinschaft eingetreten waren. Gleichzeitig war es das drittwichtigste Amt im Haus.

1855 wurde Danckwerts ins schlesische Erdmannsdorf entsandt und baute dort selbstständig ein Krankenhaus auf. Höhepunkt ihrer Laufbahn war schließlich die Berufung zur ersten Leiterin des Henriettenstifts nach Hannover. 1859 von Marie von Hannover (1818–1907) gegründet, startete dieses Diakonissenmutter- und Krankenhaus 1860 mit zunächst nur drei Schwestern, musste seine Kapazität aber nach einem Jahr verdoppeln, weil derart viele Kranke zu versorgen waren. 1863 wurde in unmittelbarer Nachbarschaft ein zusätzliches Haus mit hundert weiteren Betten eröffnet.

Marie von Hannover, letzte Königin des Landes, war für ihre Zeit und ihren Stand eine recht fortschrittliche Frau. Einerseits bekennende Pietistin, was ihr das stete Misstrauen ihres Schwiegervaters einbrachte, lebte sie mit ihrer Familie bürgerlich zurückgezogen, stillte ihre Kinder selbst und nutzte mit ihrem Mann dieselbe Kutsche. Den Bau des Diakonissenhauses finanzierte sie mehrheitlich aus ihrer Privatschatulle. Das Stiftungskapital bestand zum Großteil aus dem Erbe von ihrer Großmutter Henriette von Nassau-Weilburg (1780–1857), das Marie mit in die Ehe gebracht hatte. Nach ihr wurde das Krankenhaus auch benannt.

Unter der Leitung Danckwerts' weitete das Henriettenstift sein Engagement über die Tore der Stadt hinaus aus. Die Schwestern gründeten Diakoniestationen in den Vororten und Dörfern rund um Hannover, in denen sie die Kranken vor Ort und dezentral versorgen konnten. So hatten Wöchnerinnen und ihre Neugeborenen sowie Alte und Pflegebedürftige die Möglichkeit, in ihrer persönlichen Häuslichkeit zu verbleiben, und wurden dort, wenn es notwendig war, ambulant versorgt. Für ihr Wohlbefinden und die Gesundung war das von größtem Vorteil. Durch die hohe Flexibilität der Diakonissen, die Fliedner von Anfang an in sein Konzept mit eingeflochten hatte, konnten sie in Hannover und Umgebung ihre Pflege ebenso energiesparend wie am Ende auch wirtschaftlich realisieren.

Ein Glück, dass Danckwerts in früher Jugend den Weg zu Fliedners nach Kaiserswerth gefunden hatte. Fontane schwärmte bis an sein Lebensende von ihr: »Unter den vielen klugen und charaktervollen Damen, die ich das Glück gehabt habe in meinem Leben kennen zu lernen, steht sie mit in erster Reihe. Während ich den Lehrer spielen sollte, habe ich viel im Umgange mit ihr gelernt. Sie war hervorragend.«[109] Zu dem Zeitpunkt, als Fontanes Text publiziert wurde, war die couragierte Frau längst verstorben. Eine Art Fortsetzung fand diese Begegnung später in seiner Freundschaft zu Mathilde von Rohr. Von der liebenswürdigen Stiftsdame wird noch ausführlich die Rede sein.

Was Fliedner und seine Schwesternhäuser angeht, so erzielte das Konzept durchschlagende und nachhaltige Wirkung. Viele seiner Einrichtungen existieren bis heute. Sie wurden modernisiert oder durch Neubauten ergänzt und erfreuen sich regen Zulaufs und unverminderter Notwendigkeit. In Kaiserswerth eröffnete er zahlreiche weitere Häuser unterschiedlichster Bestimmung. Heute mutet das Gelände fast wie ein kleine Stadt an. 1852 entstand sogar eine Einrichtung zur Aufnahme weiblicher Gemütskranker, ein weiteres Novum für seine Zeit.

Das Gartenhaus Fliedners wird hoch geehrt und als Geburtszelle der Diakonie bezeichnet. Ausgebildet wurde in Kaiserswerth unter anderem die englische Pflegerin und Gesundheitsreformerin Florence Nightingale (1820–1910). Das Krankenhaus, in dem sie lernte, wurde 1970 nach ihr benannt.

Danckwerts' Porträt beweist, mit welcher Achtung Fontane Frauen zu begegnen wusste. Sein Umgang mit ihnen war von Liebenswürdigkeit und Anhänglichkeit geprägt, jegliche Form von Anzüglichkeit verbat sich ihm von selbst. Ähnliches ist in seinem Verhältnis zu Henriette von Merckel zu beobachten.

Die Familienseelsorgerin
Nachbarin Henriette von Merckel (1811–1889)

Schön war sie nicht. Henriette von Merckel, geborene von Mühler, hatte dichte, dunkle Brauen, ein kurzes Kinn und um den Mund einen groben Zug. Auf dem einzigen überlieferten Bild trägt sie ein bodenlanges, langärmeliges Kleid ganz in Schwarz. Auch ihren Kopf mit den dunklen Haaren schmückt eine schwarze Haube, in einer schmale Binde auslaufend, die den Hals eng umschließt. Ihr Blick wirkt verlegen, als käme sie sich ein wenig überflüssig vor. Die weißen Hände ruhen geschlossen auf dem weit ausgestellten Rock, die Schultern hängen ergeben herab. Kein Mensch würde angesichts dieses Bildes glauben, welche Liebenswürdigkeit und Dynamik diese Frau aufbringen konnte, wenn es galt, ihren Freunden zu helfen.

Fontane lernte Henriette über ihren Ehemann Wilhelm von Merckel kennen, der ebenso wie der Schriftsteller Mitglied in den literarischen Vereinen »Tunnel« und »Rütli« war, und bald entwickelte sich eine enge Freundschaft zwischen den beiden Familien. Besonders in der Zeit, in der das Ehepaar Fontane in London lebte, stand Henriette, selbst kinderlos, den beiden zur Seite. In selbstverständlicher

Hilfsbereitschaft half sie bei Wohnungssuche, Umzügen, Kindererziehung und -betreuung sowie genereller Alltagsbewältigung. Jahrzehntelang hielt sie der Familie die Treue, unzählige Briefe zeugen von dem engen Kontakt. Selbst Fontane-Forscher Erler äußerte sich in seinem Vorwort zu dem Briefwechsel zwischen den beiden Familien erstaunt über »die wohl ungewöhnlichste Bindung«, die der Schriftsteller »in seinem beziehungsreichen Leben eingegangen sei«.[110]

Henriette wurde 1811 als ältestes von fünf Kindern – sie hatte drei Brüder und eine Schwester – in Schlesien geboren. Sie stammte aus königstreuem Haus, ihr Vater Heinrich Gottlob von Mühler (1780–1857) war Jurist und schlesischer Beamter, ihre Brüder waren ebenfalls im preußischen Staatsdienst tätig. Ihr Bruder Heinrich (1813–1874), ebenso Mitglied im »Tunnel«, erlangte 1862 das Amt des preußischen Kultusministers. Die Familie wurde 1833 in den Adelsstand erhoben.

Mit fünfundzwanzig Jahren heiratete die junge Frau Wilhelm von Merckel, Sohn eines wohlhabenden Kaufmanns aus Friedland, ebenfalls in Schlesien. Georg Wilhelm Merckel (1772–1832), ihr Schwiegervater, hatte sein Vermögen im Leinwandhandel erworben. Sohn Wilhelm absolvierte die Schule im Breslauer Magdalenum und studierte ab 1824 in Heidelberg Jura.

Henriettes Mann war nicht sonderlich groß von Statur, selbst bezeichnete er sich als kleinwüchsig oder sogar verwachsen, konnte keinen Militärdienst absolvieren, machte aber umso steter Karriere in der preußischen Ministerialbürokratie. 1839 wurde er als Assessor an das Berliner Kammergericht berufen und 1850 zum Rat befördert. Von April bis Dezember desselben Jahres leitete er übergangsweise das »Literarische Cabinet«. 1837 war auch seine Familie geadelt worden.

Neben seiner Tätigkeit als treuer Staatsdiener legte Merckel überraschende künstlerische Neigungen an den Tag. Er las viel, zitierte Schiller, formulierte wortspielreich und humorvoll, verfasste Gedichte, Satiren und Lustspiele. Auch mit Stift und Pinsel betätigte er sich gerne. Er fertigte zahlreiche Zeichnungen an, von denen insbesondere eine die Kriegswirren überlebte: Sie zeigt Fontanes Ältesten George im Alter von etwa sechs Jahren auf dem Weg in die Schule.

Dank seiner literarischen Neigungen hatte sich Merckel um eine Mitgliedschaft im »Tunnel« beworben, wurde am 17. Januar 1841 dort feierlich aufgenommen und erhielt den Namen »Immermann«. Er war auch derjenige, der seinem Dichterkollegen Fontane, unter »Tunnel«-Kollegen »Lafontaine« genannt, 1850 die Festanstellung im »Literarischen Cabinet« des preußischen Innenministeriums verschaffte, die ihm die wirtschaftliche Sicherheit gab, sich mit Emilie dauerhaft zu verbinden. Ein dergestalt soziales Engagement war charakteristisch für Merckel. Er bewies damit eine Begabung, die er auch im Umgang mit anderen Menschen aus seiner Umgebung unter Beweis stellte. Er war ein aufmerksamer und mitfühlender Mensch, half grundsätzlich gerne und wirkte auch in den anderen literarischen Zirkeln, in denen er verkehrte, integrativ und unterstützend. In seinen Erinnerungen *Von Zwanzig bis Dreißig* beschrieb ihn Fontane mit den Worten: »Ich sah mich von Anfang an weniger durch Wort und Tat als durch sein Auge, das freundlich auf mir ruhte, beachtet und beinah ausgezeichnet. Es hing das wohl damit zusammen, daß er, über alles andere hinaus, in erster Reihe von Grund aus *human* war und in seinem tief eingewurzelten Sinne für das Menschliche, sich mit relativen Nebensächlichkeiten wie Standesunterschiede, Wissens- und Bildungsgrade garnicht beschäftigte.«[111]

Merckels Ehefrau Henriette bestärkte ihren Mann in diesem Engagement und unterstützte ihn, wo immer sie nur konnte. Während er sich für seine Schriftstellerkollegen verantwortlich fühlte, nahm sie sich mit derselben Selbstverständlichkeit ihrer Ehefrauen an und wirkte dahingehend verbindlich und integrierend. Dabei drängte sie sich nicht auf, machte sich nicht wichtig, sondern wirkte aus der zweiten Reihe und blieb immer bescheiden im Hintergrund.

Persönlich bezeichnete sich Henriette als phlegmatisch, doch in Wahrheit hatte sie viele unterschiedliche Interessen. Sie spielte Schach und las viel, vor allem auch regelmäßig die Zeitungen und Bulletins. Insbesondere der Musik galt ihre Liebe. Wo immer sie verkehrte, legte sie ein stark soziales Engagement an den Tag. Versiert in Klavierspiel und Gesang, war sie rühriges Mitglied im renommierten Stern'schen Gesangverein, gegründet 1847 vom jüdischen Musiker und Komponisten Julius Stern (1820–1883).

Interessant an der Freundschaft zwischen Fontane und Merckel ist, dass sie in einer Zeit begann, in der Fontane politisch weit von Wilhelm von Merckels Ansichten entfernt war. Nach der Märzrevolution hatte der Jurist 1848 ein Gedicht verfasst, in dem er sich entschieden auf die Seite der Regierung stellte. Die beiden Schlusszeilen »Gegen Demokraten / helfen nur – Soldaten« wurden zum Schlachtruf der Konterrevolutionäre und schmückten Ende November 1848 gar den Titel einer anonym veröffentlichten Broschüre, in der die Treue der Preußischen Armee zu ihrem König gepriesen wurde. Fontane hingegen stand im Zuge der Märzunruhen auf der Seite der Barrikadenkämpfer. Überliefert ist die Episode, er habe mit anderen Aufständischen das Königstädter Theater gestürmt und sich dort eine Waffe besorgt. Für diese Geschichte gibt es jedoch nur eine

Quelle, den Dichter selbst, der sie in seinen Memoiren beschrieb. Demnach sei es auch nur ein verrostetes Theatergewehr gewesen, das ihm zur Verfügung gestanden habe, und er habe sich in berechtigter Sorge vor den scharf geladenen Geschützen seiner Widersacher schon vor dem ersten Schuss eilig in seine Wohnung zurückgezogen.

Fontanes eigentliche Aufgabe während der Revolutionszeit war es schließlich, Emmy Danckwerts und ihre Mitschwester im Diakonissenkrankenhaus Bethanien zu unterrichten. Außerdem war da noch seine Verlobte Emilie, die einigermaßen verzweifelt von einem Verwandten zu nächsten zog und darauf wartete, dass er endlich einer rechtschaffenen Tätigkeit nachgehe und sein Heiratsversprechen einlöse. Eine nachhaltige Kehrtwendung zum Revolutionär hätte all das entschieden in Frage gestellt.

Letztlich hatte Fontane an ganz anderen Fronten zu kämpfen. Seine Leidenschaft galt der Literatur, er wollte schreiben, formulieren, dichten, Verse schmieden und das in herausragender Qualität. Außerdem musste er Geld verdienen. Entsprechend relativierten sich die Divergenzen zwischen ihm und den Vertretern der politischen Richtung, die Merckels vertraten, bald wieder. Auch bei seiner Tätigkeit als Korrespondent für Preußen in London musste Fontane eine regierungstreue Haltung einnehmen. Die Briefe, die zwischen ihm und Merckel hin- und hergingen, handelten folglich eher von den »Tunnel«-, »Rütli«- und »Ellora«-Treffen als von politischen Fragen. Sie bieten einen höchst vergnüglichen Einblick in das Verhältnis, das die Literatenfreunde untereinander und miteinander pflegten. Sowohl Merckels als auch Fontanes Briefe sprühen von Witz und Ironie. Sie stecken voller Zitate und Querverweise, voller Anspielungen auf einzelne »Tunnel«- oder »Rütli«-Mitstreiter und ihre Texte. Die Versammlungen müssen durchweg in einer Atmosphäre von feinem Humor und gegenseitiger, grundsätzlicher Akzeptanz abgehalten worden sein.

Im Schatten der Begegnung mit Merckel entwickelte sich peu à peu auch die große Freundschaft zu dessen Frau Henriette. Anfangs widmete sich die rührige Frau bevorzugt Emilie, die bei Fontanes erstem London-Aufenthalt ab Februar 1852 mit Kleinkind George in Berlin geblieben war und vor Sehnsucht nach ihrem Mann fast umkam. Offen, wie Emilie war, teilte sie ihre Nöte freimütig mit Henriette und ließ sie, obwohl dreizehn Jahre jünger, ganz und gar an ihrem Leben teilnehmen. Die Ältere erwiderte ihre Freundlichkeit mit verbindlicher Zuwendung. Sie lud die junge Frau zu sich ein, teilte mit ihr die Freuden an Fontanes Zeitungsbeiträgen oder ließ ihr durch ihren Hausdiener Friedrich Rotwein zukommen. In ihren Briefen adressierte sie Emilie mit »meine liebe Fontane«.[112]

Nachdem Henriette erfahren hatte, dass ihre Freundin dem Ehemann nach London folgen würde, reagierte sie auffallend gefühlvoll. Sie schrieb Emilie: »Als ich durch ihr liebes Briefchen die für uns so traurige Gewißheit erhielt, daß wir sie beiderseits verlieren würden, weilte ich noch in Thomaswaldau. Ich saß auf dem reizendsten Platze in dem schönen Garten auf der ersten Terrasse, aber in mir verlosch der Sonnenschein; ich faltete den Brief zusammen und schwieg. Das Schicksal hat mich zu neuer Resignation ersehen, aber es ist diesmal eine eigentümliche Art; während ich den Verlust der von mir geschiedenen Verwandten und Freunde auf das schmerzlichste empfinde, muß ich dem Geschick um Ihretwegen dankbar sein (...).«[113]

Die räumliche Trennung tat der Freundschaft jedoch keinen Abbruch. Um sie zu bekräftigen, räumte Henriette fernmündlich rasch jegliche Standesunterschiede aus dem Weg: »Nun noch eine Bitte, mit der es mir wirklich ernst ist, nennen Sie mich, wie Sie wollen, nur nicht gnädige Frau, das hat für mich jetzt ordentlich etwas Beunruhigendes. Ich bin Ihre Freundin geworden, und was man ist, kann man auch genannt werden.«[114] Fortan hieß es in den Briefen also nicht mehr »Liebe Fontane«, sondern »Meine liebe…« oder »Meine teuerste Freundin«. Im Alter schloss Henriette ihre Schreiben gar mit »Ihre wahre Freundin«.

Fontane blieb gegenüber Henriette zeit seines Lebens bei der Anrede »Gnädige Frau«, oft noch gesteigert durch ein »Hochzuverehrende gnädige Frau«. Ähnlich hielt er sich auch gegenüber Freund Wilhelm dauerhaft ans förmliche »Sie«. Dieser Distanz kann man entnehmen, welche Rolle die Standesunterschiede zwischen ihnen spielten und wie überaus ernst Fontane sie dann doch nahm.

Als Emilie im Mai 1856 nach vier Monaten aus London nach Berlin zurückkehrte, war Henriette wieder selbstverständlich zur Stelle. Sie kümmerte sich um die inzwischen schwangere Freundin, half ihr, eine Wohnung zu finden und unterstützte sie bei der Einrichtung. Die neue Bleibe war hübsch und gemütlich, befand sich zentral in der Bellevuestraße 16, direkt beim Potsdamer Platz, und überdies nicht weit vom Merckel'schen Zuhause entfernt. So war es ab sofort echte Nachbarschaftshilfe, die Henriette leisten konnte.

Das war auch bitter nötig, denn am 3. November kam Sohn Theodor zur Welt, und erneut glänzte Fontane, wie schon bei der Geburt von Rudolf vier Jahre zuvor, durch Abwesenheit. Die Sorge, es könne nach dem frühen Tod der Söhne Rudolf, Peter Paul und Ulrich Gleiches wieder geschehen, teilte Fontane jedoch im fernen England. Angstvoll bat er Henriette nach der Geburt, das Amt der Patin zu übernehmen und das Kind rasch taufen zu lassen: »Verzeihn Sie, wenn, ›gekeilt in die drangvoll fürchterliche Enge‹ von etwa 50 Minuten, in denen noch beinah ein halbes Dutzend Briefe geschrieben werden soll, ich meine, auch in der größten Eil immer noch herzliche und tiefgefühlte Bitte, ›bei unsrem Kinde als Taufpate fungieren zu wollen‹, in der allerunzeremoniellsten Form von der Welt an Sie gelangen lasse.«[115]

Henriette nahm die Bitte an, nur wenige Tage nach der Geburt fand die Taufe statt, und da Emilie noch zu erschöpft war, um das Haus zu verlassen, musste sich die Patin allein um den Säugling kümmern. Mitten im Winter und bei eisiger Kälte brachte die vornehme Dame somit ein Kind in die Kirche, das nicht einmal zu ihrer eigenen Familie gehörte. In Abwesenheit jeglicher Verwandten wurde der Knabe über das Becken gehalten, seine Stirn mit geweihtem Wasser benetzt, und er erhielt feierlich seinen Namen. Das Ereignis muss bei Henriette tiefen Eindruck hinterlassen haben. Noch Jahre später erinnert sie sich: »Ich hielt das Kind über die Taufe, an einem bitterkalten Sonntagsmorgen, in einer eiskalten Kirche. Weder Vater noch Mutter konnten zugegen sein; jener war noch in London, diese lag noch als Wöchnerin.«[116]

Immerhin wurde der Täufling, bald nur noch Theo genannt, ihr absoluter Liebling. Kein Brief an die Familie Fontane, in dem sie den Kleinen nicht grüßen ließ, kein Weihnachten oder Geburtstag, zu dem sie ihn nicht beschenkte. Später hielt sich Theodor wiederholt tageweise bei Merckels in Berlin auf, auch seine Schulzeit und Ausbildung verfolgte Henriette mit wachem Blick: »Er macht seine Schularbeiten nicht, weil es sein muß, sondern weil er nicht anders kann.«[117] Sie bescheinigte dem Jungen eine lebhafte Vorstellungsgabe und starke Empfänglichkeit für äußere Eindrücke. »Als er vor 2 Jahren an der Lungenentzündung nach eben erst überstandener Gefahr, sehr schwach noch, im Bette lag, unterhielt er sich mit einem Büchelchen, einer

Art Schreibtafel, wo er sich verschiedene Bilder aus seiner Phantasie aufzeichnete und drüber nachsann, ob er sich, wenn er gesund wäre, ein Schiff zum Spielen wünschen sollte oder Soldaten.«[118] Vielleicht konnte Henriette der intensive Umgang mit Theodor und auch den anderen Fontane-Kindern vom Mangel an eigenen Nachkommen ein wenig ablenken. Es fällt auf, mit welcher Hingabe sie ihre Entwicklung mitverfolgte. Über George schrieb sie: »Seine Kindlichkeit macht ihn mir vor allem lieb. Er macht darin eine rühmliche Ausnahme von der jetzigen Jugend, die meist über ihre Jahre in Gedanken, Worten und Wünschen hinaus wollen.«[119]

Was das jähe Taufereignis nach der Geburt ihres Patenkindes anbetraf, so verschwieg sie die widrigen Umstände gegenüber Fontane höflich. Am 2. Dezember 1856 berichtete sie nach London: »Ihr kleiner Theodor Heinrich ist nun seit drei Tagen ein junger Christ, und ich habe mich heute überzeugt, daß es ihm sehr wohl bekommt; Ihre liebe Frau hatte ihn auf ihren Armen liegend und sah ihn ganz beglückt an; dabei sah sie ganz frisch u. blühend aus, so daß ich nicht wußte, ob ich mich mehr über sie oder das kleine Patchen freuen solle.«[120]

Kaum waren Geburt und Wochenbett überstanden, drohte schon die nächste Krise. Wieder war Henriette zur Stelle und berichtete zuverlässig nach London: »Ich hätte Ihnen gern etwas Erheiterndes berichtet, da ich aus Ihrem heutigen Schreiben ersehe, daß Sie recht angegriffen sind, und kann es nicht. (…) Ihre liebe Frau ist wieder krank geworden. (…) kurz – es stellten sich in der Nacht darauf Krampfzustände ein, die sie wohl schon öfter in ihrem Leben gehabt hat, die aber, da der Unterleib noch vom Wochenbett angegriffen war, eine Entzündung herbeiführten. Ich war sogleich zur Stelle; der Arzt ebenfalls. Er verordnete Blutigel, die auch ihre Schuldigkeit getan haben. Als er des Abends wiederkam, war er zufrieden. Es wurde mit warmen Breiumschlägen unausgesetzt fortgefahren; die Nacht ging für den schlimm verflossenen Tag merkwürdig gut vorüber; ich schlief bei ihr im Zimmer u. habe es daher genau beobachtet.«[121]

Fontane bedankte sich überschwänglich, sowohl für den Bericht als auch den Beistand der Nachbarin: »Zum Schluss noch ein paar Worte für Sie. Wie soll ich Ihnen für all ihre Liebe und Güte danken! Sie sind ja auch nicht von Brunhilden-Geschlecht und wissen, was Husten und Schnupfen und dicke Backe besagen will. Und doch solche Winter-Campagne! Denn das ist eine Campagne, auf einem fußligen Sofa liegen und achthaben auf die Wünsche, vielleicht auf die Atemzüge einer kranken Frau. Nicht mal ein Wachsen meiner Dankbarkeit kann ich in Aussicht stellen, denn sie ist lange auf der Höhe dessen, was mein Herz zu leisten vermag.«[122]

Die Merckels mussten nach diesen Ereignissen allmählich den Eindruck gewonnen haben, Fontanes seien eine durchweg hilfsbedürftige Familie und die beiden hätten ihr Leben nicht wirklich im Griff. Doch sie ließen sie nicht im Stich. Ob aus christlichem Pflichtbewusstsein, Mitgefühl oder echter Freundschaft – Henriette und Wilhelm von Merckel haben es nie an Anerkennung und Fürsorge gegenüber dieser Familie mangeln lassen. Das meinte Fontane wohl, wenn er Wilhelm von Merckel in seiner nachträglichen Betrachtung als rundweg »human« bezeichnete.

So blieb es auch nicht bei der regelmäßigen Berichterstattung über Emilie im Krankenbett. Auch um das unmittelbare Umfeld der Wöchnerin kümmerte sich Henriette von Merckel, nahm sich Georges Wohl an, kommentierte die Anwesenheit von Emilies treu sorgender Schwiegermutter und kümmerte sich darum, dass trotz Abwesenheit des Vaters 1856 ein gewohntes Weihnachten mit ordentlichem Geschenke-Berg stattfinden konnte. Zu Fontanes Freude berichtete sie ihm von der Begeisterung seines Sohnes: »George ist über seinen kleinen Aufbau sehr glücklich, auch mit den Soldaten weiß er sich schon Rat, nur vom Feind kann er sich noch keinen Begriff machen. Er kann es sich nicht vorstellen, auf wen seine Soldaten mit gefälltem Bajonett losgehen!«[123]

Im Gegenzug muss man aber auch sagen, dass Fontane Henriette von Merckels Hilfsbereitschaft auf das Aufmerksamste und Liebenswürdigste honorierte. Kein anderer hat je so schöne Worte des Dankes gefunden wie dieser Mann: »Wohl ist mein Dankesgefühl gegen Sie immer ein lebhaftes gewesen, aber London ist gerade der Ort, um solche Empfindung fast bis zur Sentimentalität zu steigern. Was meine Frau und ich bei Ihnen immer gefunden haben: Freundlichkeit, Teilnahme, Nachsicht, mit einem Wort – Liebe, das fehlt hier ganz, und man starrt in die Gesichter hier wie in die trüben Fenster verschloßner, unbewohnter Häuser. Da fehlt mir denn die Heimat nur allzu oft und mit der Heimat auch das trauliche Zimmer mit den grünen Plüschstühlen, mit dem Teeservice, den bebutterten Oblaten und ›Onkel Friedrich‹. Der andren Personen geschweig ich und versichre Ihnen nur noch, daß ich Ihrer aller in herzlichster Freundschaft gedenke.«[124]

Nach der Bescherung schrieb Fontane Henriette gerührt: »Für einen Weihnachtsbaum haben *Sie* also gesorgt! Ich dacht es mir beinah; der Himmel läßt einen nie im Stich, und wenn Vater und Mutter fehlen, sind andre liebe Hände da, die dasselbe tun und mehr und sich ihren Platz im Himmel verdienen. Es liegt eine hohe Beruhigung darin, daß es so ist; es gibt einem einen schönen Glauben an das Gute im

Menschen und sagt einem, daß man seine Gebeine jederzeit zur Ruhe legen kann, ohne fürchten zu müssen, nun sei das Elend für Frau und Kinder da.«[125] Er schließt mit den schönen Worten: »Ihnen brauch ich keine Weihnachtsfreude weiter zu wünschen; wer andre so erfreuen kann wie Sie, der hat die höchste Freude. (…) Tausend Dank und Grüße Ihnen und Ihrem lieben Immermann (…).«[126]

Die Freundschaft zu Emilie und der stete Briefwechsel mit London eröffnete Henriette die Möglichkeit, weiter an »Tunnel« oder »Rütli« teilzuhaben, selbst wenn sie zu den Sitzungen keinen Zugang hatte. Nachdem Emilie mit den Söhnen am 27. Juli 1857 endgültig nach England übersiedelt war, schrieb sie ihr gelegentlich: »Ihren lieben Mann bitte ich noch, daß er auch fernerhin seine Briefe an Immermann u. Frau zugleich richten möge, ich gewinne dadurch ein Recht auf sie!«[127]

Später berichtet sie der Freundin leidvoll: »Mein Mann teilt mir wohl das Wichtigste mit, aber durch Dich, meine liebe Emilie, konnte ich in das Schaffen u. Werden unsers Dichterskreises gleichsam hineinsehen, und das vermisse ich sehr.«[128]

Auch während der Londoner Zeit der Familie war Henriette jederzeit zur Stelle. Das Vertrauen zu ihr war inzwischen derart gewachsen, dass Fontane sie um vielerlei kleinere und größere Hilfeleistungen bat, deren Erfüllung man eigentlich nur von seinen nächsten Verwandten erwarten konnte. Sie erledigte für ihn verschiedentlich Postsachen und entsprach sogar Wünschen nach derart merkwürdigen Produkten wie russische Erbsen und Kinderstiefel, Mohrrüben-Bonbons oder saure Gurken. Selbst das original Merckel'sche Rezept für Schokoladenauflauf wechselte über den Kanal. Über die Bestellungen hinaus bedachte sie die Familie regelmäßig mit kleinen Geschenken.

In finanziellen Angelegenheiten bewiesen Merckels ebenfalls absolute Zuverlässigkeit, eine Eigenschaft, die einer Familie wie den Fontanes, bei denen das Geld immer knapp war, ein Gefühl von Sicherheit vermitteln musste. Henriette arrangierte in ihrem Auftrag die Auflösung des Berliner Haushalts und besorgte den Verkauf einzelner Teile des Inventars. Anfallende Geldbeträge, sei es, dass etwas für Fontanes vorgestreckt werden musste oder eingenommen worden war, rechnete sie sorgfältig ab und notierte in ihren Briefen präzise Soll und Haben. Der Betrag von achtunddreißig Talern beispielsweise, den Fontane gebeten hatte seinem Vater zukommen zu lassen, wurden ordnungsgemäß zugestellt und sogar noch um zwei Taler aufgestockt.

Was in der Londoner Zeit zählte, war auch Diskretion in politischen Fragen. Merckels stammten aus regierungsnahen Familien, Merckel war beruflich mit dem preußischen Ämterwesen verwoben, und sie waren beide mit den Umgangsformen, die es unter solchen Bedingungen einzuhalten galt, grundsätzlich vertraut. Fontane konnte also in den zahlreichen Gesprächen, die sie miteinander führten, sowie in den vielen Briefen seine Sorgen offen äußern und sich gleichzeitig zu hundert Prozent sicher sein, dass seine Fragen vertraulich behandelt wurden.

Das war insofern von Bedeutung, als dass Fontane in London schließlich im Dienst der preußischen Regierung handelte. Einerseits gefiel ihm seine Aufgabe als Außen- und Vorposten, andererseits war sie von großen Unsicherheiten und entsprechenden Anstrengungen begleitet und brachte ihn überdies schriftstellerisch nicht weiter. Mit der Zeit hätte er gerne davon wieder Abstand genommen, doch aus Berlin kamen keine klaren Instruktionen. Um beurteilen zu können, wie es mit ihm beruflich weitergehen würde, brauchte er einen Informanten vor Ort.

Preußen steckte zu dieser Zeit in der Krise: Friedrich Wilhelm IV. hatte ab Juli 1857 nacheinander mehrere Schlaganfälle erlitten und musste sich von den Regierungsgeschäften zurückziehen. Da er keine Nachkommen hatte, wurde sein Bruder Prinz Wilhelm nach Berlin berufen und vorübergehend als Stellvertreter eingesetzt, aber die Situation blieb undurchschaubar. Solange der Herrscher eines Landes lebt, aber nicht voll einsetzbar ist, kann eine Monarchie nicht reibungslos funktionieren. Erschwerend kam hinzu, dass die politischen Ansichten der beiden Brüder divergierten. So konnte niemand genau sagen, wie es nach dem Thronwechsel weitergehen würde. Wer wusste schon, ob eine Position, wie sie Fontane in London innehatte, künftig überhaupt noch von Belang sein würde. Ein Jahr lang befand sich das Land politisch im Schwebezustand.

Erst nachdem Elisabeth Ludovika von Preußen (1801–1873) ihren Mann davon überzeugt hatte, seinem Bruder eine Regentschaftsurkunde auszustellen, konnte Prinz Wilhelm ungehindert agieren. Der kranke König unterschrieb das Dokument am 7. Oktober 1858 und begab sich anschließend gleich auf Reisen nach Italien. Nun endlich hatte der Prinz freie Hand.

Für Fontane fand der Englandaufenthalt damit tatsächlich ein Ende. Er nutzte den Sommer 1858 noch für eine Schottlandreise mit Freund Lepel und verließ Anfang des darauffolgenden Jahres die Stadt. Am 17. Januar 1859 erreichte er wohlgemut Berlin. Emilie folgte ihm nach Auflösung der Wohnung mit Theodor im Februar. George kam im September nach.

In Berlin begab sich Fontane auf Arbeitssuche und kehrte außerdem vertrauensvoll in die ausgebreiteten Arme seiner »Tunnel«- und »Rütli«-Kollegen zurück. Auch Merckels standen bereit, ihn und seine Familie herzlich willkommen zu heißen.

Lange dauerte die glückliche Verbindung zu Wilhelm von Merckel nicht mehr fort. Am 27. Dezember 1861 starb der treue Freund unerwartet früh im Alter von achtundfünfzig Jahren. Er war eben zeit seines Lebens kein gesunder Mensch gewesen. Traurig beschrieb Fontane Freund Heyse die näheren Umstände seines Todes: »Am 21. Dezember war Rütli bei Bormann; M. erschien munter wie immer, erzählte nur, daß er im Laufe des Nachmittags eine Art Krampfanfall – die wir als eine *Kolik* nahmen – gehabt habe, und verließ uns munter und guter Dinge. Sonntag, d. 22., wiederholte sich der Anfall und es wurde zu seinem Arzt (v. Arnim) geschickt. Dieser fand, wie ich später erfahren habe, die Sache gleich sehr bedenklich, da Krampfanfälle bei verwachsenen Leuten immer die Vorboten nahen Todes sein sollen. Am Weihnachtsheiligabend war er bereits sehr matt und deutete seiner Frau an, daß es wohl bald vorbei sein werde. Er war dabei weich und wehmütig gestimmt, denn er liebte das Leben sehr. Am ersten Feiertag ging's besser und blieb so bis zum Nachmittag des zweiten. (…) Das Leben wehrte sich aber noch, und nachdem er in mühsam geführtem Gespräch (wegen der partiellen Lähmung) sein Haus bestellt und alles geordnet hatte, verschied er ruhig am Morgen des dritten Feiertags.«[129]

Die Freundschaft zu Henriette hielt über den Tod ihres Mannes unverändert an. Fontane bezeichnete sie im Nachhinein geradezu als ein Vermächtnis: »Sie hatte die Liebe, die der so lange vor ihr Heimgegangene für mich und die Meinen gehabt hatte, wie ein Vermächtnis übernommen und wenn meine Frau und ich, zu Beginn unserer Ehe, *sein* ›Ehepaar‹ gewesen waren, so waren unsere Kinder die Kinder seiner ihn überlebenden Gattin. Sie haben denn auch zeitweilig ihr Leben mehr im Hause ›Tante Merckels‹ als im eignen elterlichen Hause verbracht, und die Rückerinnerung daran erfüllt sie bis diesen Tag mit dankbarer Freude.«[130]

Die Briefe, die mit der Witwe gewechselt wurden, zeugen von Vertrautheit und gewachsener Nähe. Nicht nur die Verbindung zu Freund Merckel, die Fontane dadurch gewissermaßen aufrechterhalten konnte, war ihm ein Anliegen, er schätzte auch weiter die angestammte Verschwiegenheit der Familienfreundin.

Wie diskret Henriette sein konnte, hatte er schon während seines zweiten Londonaufenthalts feststellen können. Als Anfang November 1855 Emilies Geburtstag nahte, hatte Fontane bei der Berliner Nachbarin vorsichtig angefragt, ob es ihr wohl möglich sei, für seine Frau einen Wintermantel zu besorgen: »Am 14. d. M. ist meiner Frau Geburtstag, und ich möchte ihr wohl – in zweckmäßiger Benutzung der augenblicklichen Glücksumstände – einen seidenen Mantel zum Geschenk machen. Ich weiß niemand in Berlin, den ich bitten könnte, den betreffenden Einkauf zu machen, und so klopf ich, ohne langes Zögern, an Ihre Tür. Ich habe 20 Rtr. festgesetzt; ist das aber zuwenig, so bitt ich mir einen kleinen Credit zu eröffnen – ich werde mit der Nachzahlung nicht säumen.«[131] Naturgemäß gelang es Henriette, den Wunsch zur vollen Zufriedenheit aller Beteiligten zu erfüllen. Am 27. November schrieb sie nach London: »Der Zufall wollte es zudem, dass ich genau von Frl. Baeyer erfahren konnte, welche Art Mantel sie sich wünschte, und so hoffe ich meine Komission zu Ihrer Zufriedenheit erledigt zu haben, selbst indem ich gegen Ihre Bestimmung gehandelt, da er nicht von Seide, sondern von wollenem Stoff ist. Dies haben Sie nun mit Ihrer Frau auszumachen, denn Sie müssen wissen, daß ich ihr in Betreff der Zweckmäßigkeit des Mantels im Stillen beistimme.«[132]

Während Emilies schwerer Erkrankung im fünften Wochenbett bewies Henriette noch mehr Entgegenkommen. Sie bot Fontane an, in der Kommunikation zwischen ihm und seiner Frau zu vermitteln, was schonender für die Kranke sei, als wenn er ihr direkt schriebe: »Da ich durch Ihre liebe Frau weiß, daß Sie leicht grübeln, so bitte ich Sie, mir als Ihre aufrichtige Freundin volles Vertrauen zu schenken. Die Wahrheit ist diesmal unerfreulich genug; besser, man nimmt das Geschick wie es nun einmal ist – es könnte ja noch viel schlimmer sein! (…) Schreiben Sie ihrer lieben Frau aber ja; sie weiß, daß es eine Entzündung gewesen ist; alles, was sie aber irgendwie aufregen könnte und worüber Sie doch ihre Ansicht zu wissen wünschen, das schreiben Sie mir allein. Ich kann doch vielleicht Ihnen darüber Aufschluss geben, ohne daß es Emilien Schaden bringen kann, da ich sie ausfragen kann, ohne daß sie weiß, die Fragen kommen von Ihnen.«[133]

Henriette versuchte hier, beiden Seiten gerecht zu werden, wohlwissend oder zumindest ahnend, dass auch Fontane im fernen England nicht wirklich glücklich war: »Teilen Sie mir aber auch zugleich mit, wie es mit ihrem Befinden steht; Sie taten mir schon vorher aufrichtig leid, ich glaube, Sie haben Heimweh. Gott, es ist ja so natürlich, wenn man Vaterland, Frau und Kinder in der Ferne hat! Darum sprechen Sie nur ungescheut gegen mich aus, was Ihnen Bedürfnis ist; glauben Sie, ich weiß es zu würdigen.«[134]

Emilie und Fontane waren bei allen Zwistigkeiten ein eng miteinander verwobenes Paar. Sie liebten sich, bangten umeinander und waren gleichzeitig jeder für sich derart sensible Persönlichkeiten, dass es nicht einfach war, ihre Reaktionen vorab einzuschätzen und passend darauf zu reagieren. Es war kompliziert, in diese Nähe vorzudringen und trotzdem respektvoll Abstand zu halten. Doch Henriette war ähnlich empfindsam, brachte das nötige Einfühlungsvermögen auf und wusste sich gleichzeitig korrekt und höflich zu verhalten. Das waren die Eigenschaften, die ihr wohl letztlich das ewige Vertrauen dieser Familie einbrachten.

Fontane ging auf ihren Vorschlag gerne ein und nutzte das Angebot auch, als Emilie längst nach London übersiedelt war, selbst später noch, als sie alle gemeinsam wieder in Berlin lebten: »Wie Sie aus diesem Bleistiftsgekritzel gleich abnehmen werden, schreib ich diese Zeile heimlich und flüchtig. Ich wünsche nämlich den Brief meiner Frau – dessen erste Hälfte ich verstohlenerweise gelesen habe – durch einige Worte zu begleiten (…) Meine gute Frau versteht eine Kunst nicht recht – das Maßhalten. In Trauer und Freude, in Bedrücktheit und Hoffnung geht sie leicht zu weit.«[135]

Der Schriftsteller konnte sich auf Henriette verlassen. So schrieb er ihr während der Ferienzeit im Juli 1867 offenherzig: »Meine Frau ist nun heute 5 Wochen fort; in etwa anderthalb Wochen erwarte ich sie zurück. 6½ Wochen ist für eine Trennung zu lange, wenigstens für *mich*. Es ist schade, daß wir solche Erholungen nicht zusammen genießen können; aber dies ist gradezu unmöglich. Sie kennen diesen Klagepunkt in unsrer Ehe; übrigens gebe ich jetzt so viel zu, daß ich dabei fast ebenso viel Schuld trage wie meine Frau. Die *Haupt*schuld mögen wohl die Verhältnisse tragen; wir sind beide bei Bescheidenheit in vielen Dingen, doch auch anspruchsvoll in andern, möchten weder vor der Welt noch vor uns selbst kümmerlich, talerabhängig erscheinen, und doch ist diese Abhängigkeit da und macht sich auf der Reise alle 5 Minuten geltend. Daher dann Verstimmung, die schließlich einer dem anderen vorwirft.«[136]

Die Bekenntnisfreude des Autors, die in solchen Schreiben zum Ausdruck kam, bescheinigte auch Erler in seinem

Vorwort zu dem Briefwechsel: »Es sind jene menschlichen Züge, die sein Wesen faßbar machen (…).«[137] In aller Offenheit plauderte der Schriftsteller selbst über Verlegenheiten, in die er sich selber gebracht habe. So schrieb er Henriette freimütig nach einem gemeinsam verbrachten Abend in Berlin: »Meine Frau hat mir gestern abend noch eine Strafpredigt gehalten und meine allerneusten Verstöße gegen Gentlemanschaft etc. aufgezählt. Ich hätte noch ruhig auf dem Stuhl gesessen, als Sie zum Aufbruch schon bereit gewesen wären, und hätte dabei ›in der mir eigentümlichen, unangenehmen Weise gestritten‹. Ich fürchte fast, daß meine Frau recht hat, hoffe aber, daß Sie in Ihrer Milde nicht allzu streng mit mir ins Gericht gehn und längt wissen werden, weshalb mir solche Verstöße immer wieder passieren. Jeder kleine Disput engagiert mich vollständig, nimmt selbst von meinen Sinnen Besitz und läßt mich kaum sehn, ob mein Gegner noch steht oder sitzt.«[138]

Nicht zuletzt konnte Henriette dem Schriftsteller dank ihrer verwandtschaftlichen Beziehungen in Regierungskreise hinein bisweilen nützen. Am Rande eines Systems, in dem Standeszugehörigkeit alles gilt, zählen eben auch nichtstandesgemäße Verbindungen. So war es Henriettes Neffe Gustav von Goßler (1838–1902), Sohn ihrer Schwester Sophie (1816–1877) und ab 1881 zehn Jahre lang preußischer Kultusminister, der an Fontanes siebzigstem Geburtstag die offizielle Rede hielt. Hier hatte Henriette im Hintergrund sicher die Strippen gezogen.

Faszinierend an Fontanes Freundschaft zu der Witwe war, dass sie immerhin eine Frau und im Ursprung eine Fremde war, zudem acht Jahre älter als er. Nicht zuletzt stammte sie aus adligem Haus. Er verkehrte jedoch mit ihr, als sei sie eine Cousine oder Tante oder zumindest eine sehr enge Freundin, führte mit ihr eine Beziehung, wie sie damals zwischen Männern und Frauen nicht üblich war. Man spürt hier in aller Deutlichkeit, wie sicher sich Fontane im Umgang mit ihr fühlte und wie viel Nähe er erwirken konnte, ohne Sorge haben zu müssen, ihr emotional zu nahe zu treten.

Oft besprach er mit Henriette Themen, über die er mit Emilie gerade nicht reden konnte. Auch aus solcherart persönlichen Freundschaften mit Frauen bezog er das Wissen, das sich in den Schicksalen seiner weiblichen Romanfiguren spiegelt. Wegen seiner Unbefangenheit im direkten Umgang konnte er entscheidende Details über ihr komplexes Empfinden erfahren.

Nach Wilhelm von Merckels Tod setzte sich Fontane dafür ein, dass einzelne seiner Prosawerke in dem Sammelband *Kleine Studien. Novellen und Skizzen* im Verlag Adolf Enslins (1826–1882) herausgegeben wurden. Auch während dieser Zeit korrespondierte er intensiv mit Henriette. In seinem Vorwort zu der Publikation hob er persönlich die »schöne Menschlichkeit« Merckels hervor und beschwor sein »einfach ruhiges, in sich abgeschlossenes Menschenleben, das sich selbst und andere zu beglücken verstand«.[139]

Henriette von Merckel freute sich außerordentlich über das Buch. Gleichzeitig teilte sie ihre Wehmut über den Tod ihres Mannes mit Emilie. Aus Thomaswaldau in Schlesien, ihrem geliebten Sommeraufenthalt bei Verwandten, schrieb sie ihr: »Wenn ich meinen lieben Mann hier vor mir auf demselben Sofa in demselben Zimmer sitzen sah, da wußte ich, daß auch hier eine Art Heimat für mich sei, u. ich wünschte, daß die Zeit seiner Erholung u. Freiheit recht lange dauern möchte. Jetzt bedarf er dessen nicht mehr!«[140]

So blieb Henriette von Merckel, die gute Freundin der Familie, ein gern gesehener Gast. Achtundzwanzig Jahre überlebte sie ihren Mann. Gelegentlich verbrachten Fontanes mit ihr sogar gemeinsam Urlaub in Thüringen. Stets war liebevoll-vertraut von ihr die Rede. Ähnlich zeugen ihre 1865 begonnenen »Erinnerungen an die Familie Fontane« von dauerhafter Freundschaft. Anfang 1888, zehn Jahre vor ihrem Tod, beendete sie ihre Aufzeichnungen: »Ich schließe diese Erinnerungen siebzehn Jahre später; ich bin inzwischen sechsundsiebenzig Jahre geworden und bin nur noch im Stande, einen kurzen Nachtrag zu verzeichnen. Vater und Mutter Fontane leben noch, *er* in stetem Bemühen, die Seinigen durch seinen Fleiß als Schriftsteller zu erhalten. Im Alter ist dies ein mühseliges Geschäft!«[141]

Die eng Vertraute
Stiftsdame Mathilde von Rohr (1810–1889)

Dunkelrot leuchten die zahlreichen Backsteinbauten von Kloster Dobbertin durch das grüne Laub der Bäume. Dahinter glitzert eine weite Wasserfläche in der Nachmittagssonne, stellenweise überzogen von mehligem Glanz. Mitten in Mecklenburg, östlich von Schwerin und nur eine gute Autostunde von der Ostsee entfernt, befindet sich die größte und am besten erhaltene Klosteranlage des Landes. Gleich einer Halbinsel ragt sie in den Dobbertiner See hinaus.

Hier lebte Mathilde von Rohr, eine weitere ungewöhnlich enge Freundin und Korrespondentin von Fontane. Sie war, ähnlich wie Henriette von Merckel, deutlich älter als er und wurde ebenfalls Taufpatin eines seiner Kinder, nämlich von seinem jüngsten Sohn Friedrich. Oft ließ er die Stiftsdame in den Briefen Fontanes grüßen. Dann hieß die ehrwürdige Dame ganz familiär nur noch »Pate Rohr«.

Besucht man das Kloster heute, fällt auf, wie bescheiden die Anlage im Kern einmal war. In der Tat kamen die imposanten Doppelturmanlage an der Kirche, die schmucke Fassade des Domina-Hauses oder insbesondere auch der prächtige Barockbau, in dem der Klosterhauptmann lebte, erst wesentlich später hinzu. Gegründet Anfang des dreizehnten Jahrhunderts, bestand Kloster Dobbertin ursprünglich nur aus einer kleinen Kirche aus Feldstein sowie der Klausur, einem überschaubaren Geviert mit Hof und Kreuzgang, in dem vierundzwanzig Nonnen beisammenlebten und den Ordensregeln des heiligen Benedikt folgten. Durch eine Tür im ersten Stock konnten die Schwestern aus ihren Klosterzellen direkt in den oberen Chor der Kirche gelangen und fanden sich dort zuverlässig zu den täglich acht Gebetszeiten ein. Hinzu kamen, über Woche und Jahr verteilt, regelmäßige Chorgebete und Konventsmessen. Die Zeiten dazwischen nutzten die Klosterschwestern für ihre Einsätze in Landwirtschaft und Garten, soziale Werke oder die Arbeit an aufwendigen Handarbeiten. Zu der Gemeinschaft gehörten ferner zehn weibliche Konversen.

Ähnlich wie die ganze Anlage wirkt auch die Kirche von außen mächtiger als von innen. Das Mittelschiff ist schmal wie eine Kapelle, und wenn man es durch den Hintereingang betritt, gelangt man zuerst in die sogenannte Unterkirche, einen Bereich, der von einem romanischen Gewölbe bestimmt wird und dem Besucher das Gefühl vermittelt, er habe nach oben hin nicht viel Raum. Hat er diesen Bereich durchschritten, geht der Blick wie in jeder gotischen Kirche unwillkürlich in die Höhe und zeigt in schier unendliche Weite. Doch wieder wird der Eindruck gebremst von zwei schwarzen, eisernen Radleuchtern, die derart tief und schwer ins Mittelschiff herabhängen, dass man meint, man könne sich den Kopf daran stoßen. Stiftsdame Jeannette von Bülow (1825–1900) schrieb schon im neunzehnten Jahrhundert: »Die Kronleuchter waren Untiere an Hässlichkeit und so schwer, dass das ganze Kirchengewölbe dabei einstürzen würde. Es sollten in jedem Stück die 12 goldnen Tore vom künftigen Jerusalem dargestellt werden, aber diese Tore waren nicht golden, sondern ganz schwarz, und da sie so schwer waren, wurde 1 Drittel davon abgenommen, und es sind nur 8 Tore, so daß alle Besucher, die es sehen, lachen und sagen: wir haben nur 8 Tore.«[142]

Bevor protestantische Stiftsdamen wie von Bülow und von Rohr in das katholische Dobbertin einziehen konnten, musste das Kloster erst reformiert werden. Das war nicht ohne Konflikte vonstattengegangen. Die ersten Abgesandten Herzog Johann Albrechts I. (1525–1576) wurden 1552 von Priorin Hippolita Gans zu Puttlitz zwar höflich empfangen, doch sie beklagte sich hörbar über den zuständigen protestantischen Geistlichen. Er versage der Klostergemeinschaft wiederholt den Gottesdienst und sei ein »ungeschickter Mensch, der keinen Grund der christlichen Lehre anzuzeigen wusste und im Examen allzeit übel bestand, fast alt und unfleissig, den die Jungfrauen gar nicht haben wollten«.[143] Die Visitatoren hörten nicht auf die Priorin und versuchten auch nicht, ihre Sorgen zu beheben, sondern schritten ungefragt zur Tat. Sie drangen in den Chor ein und entwendeten »die ergerlichen bilder, die zum theil geputzt und geziert stunden«.[144]

Das ließen die Schwestern nicht über sich ergehen. Sie vertrieben die Eindringlinge, verschanzten sich in ihrem Kloster, und die nächste Visitation fand schon nur noch durch das Gitterfenster des Sprechhauses statt. Fünf Tage harrte die Delegation aus, dann platzte dem Landreiter der Kragen. Er stieg in den Kirchturm zur Glocke hinauf und entwendete den Klöppel.

Jetzt standen die Visitatoren erst recht schlecht da. Sie hatten Hausfriedensbruch begangen, und das in einem landesweit anerkannten Frauenkloster. Die Schwestern wehrten sich und nannten sie »offentliche kirchenbrecher, da sie ohne Berechtigung die Glocken hätten abnehmen lassen«.[145]

Am 17. September 1557 verschafften sich die Männer schließlich gewaltsam Zugang zum Kloster, ließen die Tür zum oberen Chor zumauern und unten eine Verbindung zwischen Kirche und Kreuzgang in die Klosterwand brechen. Rasend vor Wut fielen die Schwestern über die Eindringlinge her. Sie schrien und heulten, bewarfen sie mit den Bet- und Gesangbücher, die ihnen abgenommen worden waren, und jagten sie mit Steinen, Wassergüssen und Schlägen davon. In der Nacht luden sie die Gewänder und Messgeräte aus der Kirche heimlich auf ein Boot und ließen es auf den See hinausschaffen, doch das Gefährt kenterte und der Holzvogt ertrank. Nur mit Mühe konnten der Klosterhauptmann und sein Küchenmeister einen Teil der wertvollen Geräte am nächsten Morgen bergen.

Jahrzehntelang hielten die Klosterschwestern an ihrem Widerstand fest. Wiederholt schickte der Herzog ihnen neue Visitatoren auf den Hals, doch sie ließen sich nicht beeindrucken. Erst 1573 konnte auf dem Landtag beschlossen und erreicht werden, dass Dobbertin in ein protestantisches Damenstift umgewandelt wurde. Dass dies gelang, lag wohl unter anderem daran, dass die älteren und unbeugsamsten Schwestern mittlerweile das Zeitliche gesegnet hatten. Hinzu kam der günstige Umstand, dass die frommen Frauen zum großen Teil aus alten Familien stammten, die inzwischen selbst nacheinander konvertiert waren.

Die Verwaltung des Stifts kam in weltliche Hände. Als Mathilde von Rohr Mitte des neunzehnten Jahrhunderts in Dobbertin einrückte, war es zum reichsten und bedeutendsten Haus Mecklenburgs herangewachsen. Mit seinem umfangreichen Besitz an Land, Wald und Gewässer, Schulen, Höfen, Ziegeleien, Glashütten, Teeröfen, Schäfereien und Dorfkrügen stellte es ein florierendes Wirtschaftsunternehmen dar. Die Verwaltung oblag dem jeweils für sechs Jahre vom Landtag gewählten Klosterhauptmann. Ihm waren als Finanzbeamter ein Küchenmeister unterstellt sowie ein Syndicus, der als Richter im Klosteramtsgericht arbeitete. Zahlreiche Handwerker, Landarbeiter, Kutscher und Stallburschen, aber auch Lehrer, Geistliche, Krankenpflegerinnen leisteten in der Wirtschaft des Stifts ihre Dienste. Kontrolliert wurde die Tätigkeit des Hauptmanns durch zwei zusätzlich gewählte Provisoren, die allerdings nicht auf dem Gelände wohnten.

Über das Wohl und Wehe der Damen im Stift wachte eine auf Lebenszeit gewählte Dame, die sogenannte Domina. Zu Mathilde von Rohrs Zeiten war das die damals bereits neunzigjährige Hedwig von Quitzow (1779–1875), eine gebürtige Preußin. Sie mochte Mathilde und sah in ihr eine hoffnungsvolle Nachfolgerin für ihr Amt.

Stiftsfräulein durfte werden, wer adliger Herkunft war, protestantisch und jungfräulich sowie eine Erklärung vorlegen konnte, dass seine Familie aus Mecklenburg stammte. Entscheidend war jedoch letztlich etwas anderes: die sogenannte Einschreibung. Die meisten Damen waren auf diese Weise schon als Kleinkind, quasi kurz nach ihrer Geburt, von ihrer Familie im Stift angemeldet und zu dem »Leben in Gottesfurcht«, wie es in den Statuten hieß, bestimmt worden. Mathilde von Rohr war vergleichsweise spät dran gewesen, denn der Vater hatte sie erst mit acht Jahren eintragen lassen. Sie war damit auf Lebenszeit wirtschaftlich abgesichert, doch gleichzeitig auch gehalten, ehelos zu bleiben. Hätte sie geheiratet, wäre ihr Recht auf den Platz im Stift erloschen.

Bis zum Einzug in Dobbertin, dem »Einrücken«, lebten die Stiftsdamen noch viele Jahre in ihrer gewohnten familiären Umgebung. So verbrachte Mathilde ihre Kindheit und Jugend gemeinsam mit den sieben Geschwistern auf dem Rohr'schen Stammsitz in Trieplatz im Ruppiner Land nördlich von Berlin. 1832 verstarb der Vater überraschend frühzeitig, das Gut wurde verpachtet und die Mutter zog mit den Kindern nach Berlin.

Mathilde war zu diesem Zeitpunkt zweiundzwanzig Jahre alt, eine alleinstehende Frau ohne Ausbildung und auch nicht von sonderlich auffallender Präsenz. Als 1853 schließlich ihre Mutter verstarb, sah die inzwischen Dreiundvierzigjährige ihre Existenz weder sozial noch wirtschaftlich bedroht. Als zukünftige Stiftsdame hatte ihr Leben eine klare Bestimmung, die ihr eine angesehene und vor allem unabhängige Stellung in der Gesellschaft sicherte. Dazu trug nicht zuletzt die finanzielle Unterstützung bei, die ihr schon jetzt aus Dobbertin zustand, die sogenannte »Hebung«, eine festgesetzte Summe für den Unterhalt, die den Konventualinnen jährlich und lebenslang ausgezahlt werden musste.

Mathilde nutzte die Zeit, um sich sozial zu engagieren. Sie wohnte in der Behrenstraße 72, unweit vom Brandenburger Tor, übernahm Verantwortung in den Kleinkinderschulen und Kindergärten, die in der Nähe ihrer Bleibe gelegen waren, und brachte sich dort in den Vorständen mit ein.

Fontane lernte sie über Lepel kennen, den »Tunnel«-Bruder und Vorgesetzten aus der Militärzeit des Schriftstellers. Jener war mit Mathilde von Rohr befreundet und wusste, dass sie neben ihrem sozialen Engagement ein starkes Interesse für Literatur hegte. Das hatte sie dazu veranlasst, einen kleinen Zirkel ins Leben zu rufen, eine Art Salon, in dem, wie sich Fontane in seinen Erinnerungen ausdrückte, »das Dichterelement in den Vordergrund trat«.[146]

Eines Tages, es muss schon nach dem Tod von Mathildes Mutter gewesen sein, wurde er dort eingeführt: »Es war ein stilles Haus, das einem Major von Haeseler gehörte, die altberlinische Klingel, deren verbogener Draht nicht recht durch die Öse wollte, wurde von Lepel stark aber doch auch wieder diskret und wohl anständig gezogen, und eine für den Abend engagierte Aufwärterin, die sich durch ein kleines vertrauliches Lächeln auszeichnete, öffnete.«[147]

Fontane fürchtete sich ein wenig vor der ersten Begegnung mit Mathilde von Rohr, denn es hieß, sie sei eine Art Queen Elizabeth, also gewisslich vornehm und streng. Doch schon bald durfte er feststellen, dass sich diese Beschreibung offenbar auf Äußerlichkeiten bezog. Ihm gegenüber erwies sie sich als ein Mensch von ausgesuchter Freundlichkeit. In seinen Erinnerungen schrieb er: »Wie der berühmte Böckh nicht stolz auf seine klassische Philologie, sondern auf sein Englisch war, das er in einem fragwürdigen Jargon vorbrachte, so war Mathilde von Rohr stolz auf ihre ›Dichter‹ und das dichterische Interesse, das sie mit ihnen verband (…).«[148]

Bald schon manifestierte sich auch diese Frauen-Freundschaft Fontanes in einer intensiven Korrespondenz, die im Jahr 2000 von Erler ediert und herausgegeben wurde.[149] Leider deckt die Briefsammlung nur eine Seite ab, denn die Antworten der Stiftsdame müssen als verloren angesehen werden. Aufschlussreich ist sie allerdings, will man Fontanes generelle Haltung gegenüber Frauen studieren, denn man liest die Briefe vollständig isoliert von den dazugehörigen Äußerungen seiner Gesprächspartnerin.

Das erste Schreiben Fontanes an Mathilde von Rohr stammt aus dem Jahr 1859. Er hatte es an Silvester in Berlin verfasst, also einen Tag nach seinem Geburtstag, und es bestand nur aus drei Sätzen.[150] Die adlige Dame wurde darin mit »mein gnädigstes Fräulein« tituliert. Bei dieser formvollendeten und durchaus korrekten Anrede wird es in der dreißig Jahre während Freundschaft konstant bleiben. Auch die allerletzten Briefe von 1888 und 1889 beginnen mit »Gnädiges Fräulein«, und selbstredend blieb der Schriftsteller auch all die Jahre beim förmlichen »Sie«. Ähnlich wie in seinem Verhältnis zu Henriette von Merckel bewies er damit, dass er den korrekten Umgang mit Adligen beherrschte und die Standesunterschiede respektierte, ja, dass es ihn geradezu reizte, sie zu bewältigen. Je unmöglicher es eigentlich für ihn war, in gewissen Kreisen zu bestehen, desto mehr setzte er darauf. Mit jedem noch so kleinen gesellschaftlichen Erfolg wuchs seine innere Sicherheit. Gleichzeitig wusste er derlei Errungenschaften auch gesund zu relativieren.[151]

Anlass für Fontanes ersten Brief an Mathilde von Rohr war eine Zusendung der Stiftsdame gewesen, für die sich Fontane überschwänglich bedankte. Ähnlich wird er ihr noch unzählige Male danken, dieses Gefühl der Dankbarkeit die Beziehung nachhaltig bestimmen. Dazu gab es auch allen Grund, denn die Stiftsdame unterstützte ihn unendlich. Sie schenkte ihm in zahllosen Begegnungen Respekt und Anerkennung, akzeptierte ihn als Mensch und Schriftsteller voll und ganz, sprach ihm stets Mut zu und war ihm eine geistig anregende Gesprächspartnerin.

Auch konnte sie Fontane, der zu Beginn ihrer Freundschaft noch wenig bekannt war, dank ihrer Zugehörigkeit zu Adel und gehobener Gesellschaft so manche Türen öffnen. Sie verfasste Empfehlungsschreiben für ihn und versorgte ihn mit Erzählstoffen und Familiengeschichten. Ohne die Kontakte, die sie ihm vermittelte, sowie ihre Hinweise und Hintergrundinformationen wären zahlreiche Kapitel aus den *Wanderungen durch die Mark Brandenburg* nicht zustande gekommen. Viele Schreiben Fontanes an die Stiftsdame enthalten Fragen nach Einzelheiten, die ihm zum Zeitpunkt der Niederschrift seiner Reisebeschreibungen nicht mehr ganz präsent waren. Manchmal ersuchte er Mathilde von Rohr um ganze Schriftstücke, Aufzeichnungen oder Briefe als Beleg oder Grundlage für eine der Episoden, die er literarisch verarbeiten wollte. So schreibt er ihr am 9. Februar 1883: »Unter meinen Aufzeichnungen find ich unter der Überschrift ›Fräulein v. Rohr‹ zwei Notizen: 1. Briefe des Herzogs von Weimar an Frau von Crayn und 2. Briefe von Julie von Voß an Gräfin Dönhoff. Ist Aussicht vorhanden, etwas davon zu bekommen?«[152] Ein Schreiben weiter heißt es: »Wer war eigentlich Erbe von Gräfin Schwerin? Ich denke mir zunächst Frau v. Romberg, und von dieser wird wohl alles an den Sohn, Baron Romberg, übergegangen sein. Daß dieser sich sehr um *diese* Papiere gekümmert habe, ist freilich nicht wahrscheinlich; auch ist wohl nachträglich, weder bei ihm, noch bei ihr, ein Interesse dafür vorauszusetzen. Ein Wort von ihnen wird aber *doch* wirken; Sie müssen beiden nur in die Seele zu reden wissen.«[153]

Auch zu Fontanes Prosawerk lieferte Mathilde von Rohr passende Anekdoten und Erläuterungen. Bei seiner Erzählung *Schach von Wuthenow* ist davon auszugehen, dass die Stiftsdame seine maßgebliche Quelle war.[154] Fontane-Biograph Helmut Nürnberger bemerkte dazu: »Fontane kannte die Geschichte des Fräuleins von Crayen spätestens seit 1862, und zwar nach Mitteilungen Mathilde von Rohrs; vielleicht ist er dem Urbild seiner Victoire von Carayon (Schach von Wuthenow) sogar persönlich begegnet.«[155] Sollte es tatsächlich zu dieser Begegnung gekommen sein, ist anzunehmen, dass sie auf Vermittlung der Stiftsdame gelang.

Man kann und muss davon ausgehen, dass Mathilde von Rohr Fontane eigens zugearbeitet hat, zahlreiche Details extra für ihn recherchiert oder auch im Nachhinein noch einmal für ihn überprüft hat. Wie groß die Bedeutung solcher Einsätze für die Arbeit eines Schriftstellers sind, braucht hier nicht unterstrichen zu werden. Fontane wusste darum und bekannte sich in seinen Erinnerungen offen dazu: »Und so verwöhnte sie mich in allen Stücken, hatte nur Liebe und Güte für mich und war mir auch, um eine Hauptsache nicht zu vergessen, bei meinen Arbeiten von allergrößtem Nutzen.«[156]

Der Schriftsteller war sich sicher längst bewusst, was er mit seinem Geschick im Umgang mit Frauen alles in Erfahrung bringen konnte. Es liegt nahe, dass er sein Können bei Mathilde von Rohr, und nicht nur bei ihr, bewusst einsetzte, um Informationen zu erhalten, die er für seine Arbeit dringend brauchte.

Gleichzeitig legte Fontane großen Wert darauf, die Stiftsdame und sich vor dem Verdacht zu schützen, er habe es zu einer Nähe kommen lassen, die dem zeitgemäßen Diktat von Anstand widersprach. In fast jedem Brief erwähnte er seine Frau, meist schloss er eigens mit Grüßen von Emilie. Die beiden Damen korrespondierten miteinander und sahen sich auch hin und wieder: »Meine Frau dankt für Ihre freundlichen Worte und empfiehlt sich Ihnen aufs angelegentlichste (…).«[157] Was nach über zweihundert Briefen fast schon wie eine Floskel klang, hatte im wesentlichen die Funktion, zu signalisieren, dass Emilie um die Freundschaft wusste und sie selbstverständlich billigte.

Nichtsdestotrotz korrespondierte Fontane mit Mathilde von Rohr, ähnlich wie mit Henriette von Merckel, freimütig über Themen, über die er mit seiner Frau weder sprechen noch Einigkeit erzielen konnte, beispielsweise den Streit wegen seiner Kündigung bei der *Kreuzzeitung* (April 1870) oder auch die Diskussion mit Emilie im Anschluss an seine überraschende Aufgabe des Postens als Ständiger Sekretär der Akademie der Künste (August 1876). Mathilde von Rohr wurde über alles genau informiert.

In seinen Briefen machte Fontane seinem Ärger über Emilie ungeniert Luft: »Meine Frau, die große Meriten hat und in vielen Stücken vorzüglich zu mir paßt, hat nicht die Gabe des stillen Tragens, des Trostes, der Hoffnung. In dem Moment, wo ich ertrinkend nach Hilfe schreie und wo ein freundlich ausgestreckter Finger mich über Wasser halten würde, hat sie eine Neigung, ihre Hand nicht rettend unterzuschieben, sondern sie wie einen Stein auf meine Schulter zu legen. Bescheiden in ihren Ansprüchen, ist sie in ruhigen Tagen eine angenehme, geist- und verständnisvolle Gefährtin, aber ebensowenig wie sie die Stürme in der Luft ertragen kann, ebensowenig erträgt sie die Stürme des Lebens. Sie wäre eine vorzügliche Predigers- oder Beamten-Frau, in einer gut und sicher dotierten Stelle, geworden; auf eine Schriftsteller-Existenz, die, wie ich einräume, sich immer am Abgrund hinbewegt, ist sie nicht eingerichtet.«[158] Auch sonst bewies Fontane in seinen Briefen haltlose Offenheit. Insbesondere über den Lebenswandel des gemeinsamen Freundes von Lepel, dessen Scheidung und Neuverheiratung sowie die Mühsal im Umgang mit seiner zweiten Frau berichtet er der Stiftsdame ausführlich und sparte auch nicht an kritischen Kommentaren. Ihrer Diskretion konnte er gewiss sein.

Gut zehn Jahre nachdem Fontane und Mathilde von Rohr sich kennengelernt hatten, ereilte die Stiftsdame der Ruf aus Dobbertin. Im Frühsommer 1869 zog sie in das einstige Kloster und erhielt eine der schönsten Wohnungen des Konvents. Sie lag im Südflügel des Kreuzgangs, dort, wo sich im Mittelalter das Refektorium der katholischen Schwestern befunden hatte, erstreckte sich über zwei Etagen und umfasste sieben Zimmer, eine Küche und eine Kammer. Aus dem ehemaligen Speisesaal war ein eleganter Wohn- und Empfangsbereich geworden. Fontane war begeistert: »Kein poetischerer Aufenthalt denkbar! Das Zimmer, darin wir das Frühstück und abends den Tee zu nehmen pflegten, hatte ganz den Klostercharakter, denn aus seiner Mitte stieg ein schlanker, oben palmenfächriger Pfeiler auf; halb verdeckt davon aber stand ein Schaukelstuhl, von dem aus ich, wenn ich mich im Pfeilerschatten hin und her wiegte, mal links, mal rechts das Kohlenfeuer sah, das in dem altmodischen Kamin still verglühte. Denn ein Feuer war immer da und auch nötig, trotzdem wir mitten im Sommer waren. Um die Fenster rankte sich Blattwerk mit großen gelben Tulpenblumen dazwischen, die bis aufs Dach hinaufwuchsen und dies auf seiner Unterhälfte fast überdeckten.«[159]

Der genannte Pfeiler ist heute noch im ehemaligen Refektorium zu entdecken. Es ist eine von drei Säulen aus gotländischem Kalkstein, die sich alle zur Decke hin wie Palmblätter aufzufächern scheinen, so spitz laufen die gotischen Bögen aus. Dunkelrot leuchten ihre Kanten. Ähnlich farbintensiv sind der Boden und die sorgfältig frei gelegten Backsteinwände in dem Raum gehalten und heben sich kontrastreich vom hellen Weiß der Decke ab.

Auch einen Tulpenbaum gibt es wieder im Kloster Dobbertin, doch längst wächst er nicht mehr an der Außenmauer empor, sondern steht frei auf dem angrenzenden Platz. Er wurde zum Andenken an den Schriftsteller gepflanzt. In einem Brunnen gleich daneben plätschert leise das Wasser.

Bevor Mathilde von Rohr nach Dobbertin kam, hatte man begonnen, etwa ab 1837, separate Wohnhäuser für die Stiftsdamen zu bauen. Die Räume im einstigen Klausurbereich reichten für die Konventualinnen nicht mehr aus, die Zahl der Bewohnerinnen war mittlerweile von vierundzwanzig auf zweiunddreißig gewachsen. Außerdem war das Leben der Stiftsdamen keinesfalls auf eine einzelne Klosterzelle beschränkt, im Gegenteil: Ähnlich wie Mathilde von Rohr standen jeder von ihnen eine Vielzahl von Räumen zur Verfügung, wobei sich jeweils zwei Damen ein Wohnhaus teilten.

In den letzten Jahren aufwendig renoviert, existieren die pittoresken ehemaligen Wohnhäuser für Stiftsdamen heute noch und beherbergen das Diakoniewerk. In einigem Abstand voneinander gruppiert sich das Ensemble um das Konventsgeviert und zieht sich anmutig am See entlang.

Jede Konventualin hatte ihren eigenen Eingang und verfügte neben der Küche über einen Vorratskeller, ein Treppenhaus, einen eigenen Abort sowie mehrere Stuben und Kammern. Auch ein Vorgarten gehörte zu ihrem Refugium. Oft kam Besuch von den Verwandten, ganze Heerscharen von Geschwistern, Tanten und Onkeln, Nichten und Neffen müssen in der wärmeren Jahreszeit regelmäßig über das vornehme Stift eingefallen sein. Auf alten Schwarzweißfotos kann man sehen, wie sie bei ihrer Gastgeberin auf der Bank vor dem Haus sitzen. Die Mädchen trugen knöchellange Röcke und hochgeschlossene, weiße Blusen, die Männer Anzug oder Uniform, die Stiftsdamen hingegen traten in der vorgeschriebenen Tracht auf, ganz in Schwarz mit weißen Häubchen. Angetan von den vielen Gästen und der Fürsorge, die auch sie im Stift erhielten, schrieb Fontane: »Könnte man zusammenrechnen, wieviel Gebrechliche, wieviel kranke junge Frauen und bleichsüchtige junge Mädchen in vielmonatlichem Sommeraufenthalt hier wieder genesen sind, so würde das eine Zahl von Tausenden ergeben.«[160] Neben den jährlichen Hebungen erhielten die Konventualinnen, hatten sie sich erst einmal dauerhaft im Stift etabliert, umfassende Deputate an Fisch, Brot, Kuchen sowie reichhaltige Fleisch- und Wildlieferungen und, nicht zuletzt, Brennholz zum Heizen. Alljährlich bedankte sich Fontane in seinen Briefen für die Sendungen von Spargel oder Rehziemer, die wieder einmal aus Dobbertin in seinem Haushalt angelangt waren, denn selbstredend konnten die Damen die vielen Lebensmittel allein gar nicht alle verzehren und beschenkten damit ihre ärmeren Verwandten oder auch nahestehende Freunde: »Der Spargel war sehr schön, was ich speziell in diesem Jahre, wo ich, rasch hintereinander fort, Brandenburger, Berliner und Eberswalder gegessen habe, kühnlich behaupten darf. Er war fleischiger, voller und hatte mehr den echten Spargelgeschmack«[161], schrieb Fontane im Juni 1879.

Jede der Frauen besaß ferner eine eigene Kuh, die allmorgendlich für frische Milch und nachmittags bisweilen auch für Sahne sorgte. Auch die Haltung von Schweinen und Hühnern auf dem Gelände diente der kulinarischen Versorgung der Damen.

All diese Vorzüge hatten das Ziel, die Stiftsdamen ihrer Position als selbstständige Persönlichkeit zu versichern und sie ihnen dauerhaft zu erhalten. Dabei ging es nicht nur um finanzielle Unabhängigkeit, sondern auch um ein Selbstverständnis, das den Damen Raum gab, selbst aus der Abgeschiedenheit heraus sinnstiftend für die Gesellschaft zu wirken. Denn selbstredend hatten sie nicht nur Rechte, sondern auch Pflichten. Regelmäßig trafen sie sich zu Gottesdiensten und Gebeten auf der für sie reservierten Empore in der Klosterkirche. Manchmal spielte eine der Konventualinnen selbst die Orgel. Darüber hinaus halfen sie im Schuldienst und der Krankenpflege in Dobbertin, oder sie betreuten die Bewohner des Armenhauses.

Auch war das Dasein der Stiftsdamen keineswegs auf das Klostergelände beschränkt. Im Stall standen Pferde und zwei Kutschen, ein Vierspänner und ein Zweispänner. Jede Konventualin durfte im Jahr darin Fahrten von begrenzter Anzahl zwar, aber jeweils bis zu vier Tagen unternehmen. Oft nutzten sie die Gelegenheit, um sich mit ihren Besuchern in die nächste Umgebung kutschieren zu lassen. Manch eine verreiste für mehrere Tage in die Ferne.

Nachdem Mathilde von Rohr eingerückt war, wurde sie feierlich von Hedwig von Quitzow willkommen geheißen. Traditionsgemäß reichte ihr die Domina den Ordensstern und legte ihr persönlich den Stiftsorden am blauen Band »Pour la vertu« (frz.: Für die Tugend) um, den die Stiftsdamen zu feierlichen Anlässen trugen. Bald schon ging Mathilde der betagten Dame zur Hand, half ihr bei ihren Korrespondenzen und bekam Einblick in die Verantwortlichkeiten, die man in ihrer Position zu meistern hatte. Nicht zuletzt wurde sie in den Kreis der Konventualinnen aufgenommen, mit denen sich die Domina regelmäßig austauschte und umgab.

Der Umzug nach Dobbertin tat der Freundschaft zwischen Fontane und Mathilde von Rohr keinen Abbruch. In den folgenden zwanzig Jahren wandte er sich in privaten und schriftstellerischen Fragen weiterhin an sie. Seine Briefe waren umfangreiche Konvolute von je drei bis vier Bogen, umfassten also zwölf oder sechzehn Seiten, auf denen er vertrauensvoll mit ihr plauderte. Hinzu kamen Besuche und Aufenthalte im Kloster, die er nutzte, um an seinen Texten zu arbeiten. So fuhr er im Juli 1870 nach Dobbertin, um dort seinen Roman *Vor dem Sturm* (1878) fortzusetzen. Ein Jahr später zog er sich ganze zwei Wochen, diesmal in Begleitung von Emilie, dorthin zurück und arbeitete an seinen Publikationen zum Deutsch-Französischen Krieg, insbesondere am ersten Band von *Aus den Tagen der Occupation. Eine Osterreise durch Nordfrankreich und Elsaß-Lothringen 1871.*

In den Briefen, die auf die Aufenthalte im Stift folgten, ließ Fontane nun wiederholt die Domina und den Kreis von Stiftsdamen grüßen, die Mathilde von Rohr umgaben: »Gehorsamste Empfehlungen an die Frau Domina, Frl. v. Pritzbuer, Frl. v. Bülow und die ›inferiore bürgerliche Welt‹.«[162] Offensichtlich hatte er während seiner Besuche nicht nur still im Kämmerlein gesessen und geschrieben, sondern auch am Leben im Stift teilgenommen. In seinen Briefen bezog er sich darauf, begrüßte die größeren und kleineren Freuden des Stiftsalltags oder bemitleidete Mathilde von Rohr, wenn unter den Frauen Streit oder Missgunst aufgetreten war. Er zeigte sich fasziniert von dem Phänomen Damenstift, entdeckte seine soziokulturellen, letztlich auch historischen Besonderheiten. In seinen gelegentlich angefertigten Notizen zu Dobbertin hielt er fest: »Es sind protestantische Klöster geblieben, sie halten mit Bewußtsein statt der Bezeichnung ›Stift‹ die Bezeichnung ›Kloster‹ aufrecht und sind für den Besucher, der Gelegenheit nimmt, näher in ihr Wesen einzudringen, deshalb so interessant, weil sie ihm, bei der absoluten Stabilität der Verhältnisse, das Leben eines Klosters aus der Mitte des 16. Jahrhunderts vollständig anschaulich machen.«[163]

Gleichzeitig fielen ihm auch die Schwachpunkte der Einrichtung auf. Mit gewisser Selbstironie notierte er: »Wohlleben, Abwesenheit der kleinen Tagessorge, geistige Freiheit. Zu erstaunen bleibt immer, daß dabei *nicht mehr herauskommt.* In dieser Betrachtung liegt der einzige Trost; man müsste sonst vor Neid verkommen.«[164]

Selten wird man einen Schriftsteller finden, der im neunzehnten Jahrhundert derart uneingeschränkten Zugang zu einem gewiss abgeschirmten und vornehmlich Frauen vorbehaltenen Lebensbereich hatte und diesen auch unbekümmert suchte. Begeistert schrieb er nach seinem zweiten

Aufenthalt an Césaire Mathieu (1796–1875), Kardinal-Erz-bischof von Besançon, in einem Brief vom 5. Oktober 1871: »Hier gibt es noch eine Domina, eine Priorin, Praepositi und einen Klosterhauptmann: die adligen Damen selbst führen den Namen ›Konventualinnen‹, und das Ganze behauptet noch eine völlig selbständige Stellung und kennt keine andere Abhängigkeit als die von einer Art adligem Oberhause, das aber seinerseits an den alten Überlieferungen weder rüttelt noch rütteln darf.«[165] Mathieu hatte Fontane 1870 dabei geholfen, aus französischer Kriegsgefangenschaft freizukommen.

Die Eindrücke, die der Schriftsteller in Dobbertin gewonnen hatte, fanden vielerorts Eingang in seine Prosa. So prägen sie in der Novelle *Grete Minde* (1880) das Bild der Nonnen vom Kloster Arendsee.[166] Nachdem Gretes Geliebter Valtin verstorben ist, findet sie glücklich Zuflucht bei den frommen Frauen, obwohl sie ein uneheliches Kind von ihm hatte. Sie erlauben ihr, gegen den Willen des ortsansässigen Predigers, Valtin im Klostergrund zu bestatten.

Fontane ließ am Rande der Handlung sogar kurz einen ähnlichen Zwist aufleben, wie er aus der frühen Geschichte Dobbertins bekannt geworden ist. Zwischen den Spielleuten, mit denen Grete und Valtin bis zu diesem Tag durchs Land gezogen waren, und dem Wirt, in dessen Gasthaus die Truppe gelandet war, entspinnt sich folgender, kleiner Dialog: »›Funfzehn Nonnen! Habt ihr gehört? Aber woher denn Nonnen? Es gibt ja keine Nonnen mehr. Ich meine hierzuland. Unten im Reich, da hat's ihrer noch genug. Nicht wahr, Zenobia? Aber hier! Alles aufgehoben, was sie ›säkularisieren‹ nennen. (…)‹ – ›Ja, sie sind aufgehoben. Aber's gibt ihrer doch noch, hier und überall im Land. Und obwohlen unser alter Roggenstroh alle Sonntage gegen sie predigt, es hilft ihm nichts, sie bleiben doch. Und warum bleiben sie? Weil sie den adligen Anhang haben. Und oben in Cölln an der Spree, na, das weiß man, da sitzen auch die Junkerchen zu Rat und drücken ein Auge zu.‹«[167] Hier fand offensichtlich ein Glaubenskrieg im Kleinen statt. Der protestantische Geistliche versuchte, die Reformation durchzusetzen, doch die katholischen Nonnen ließen sich nicht von ihrer Überzeugung abbringen.

Bei der Beschreibung des Zimmers der Domina in Kloster Arendsee fühlt man sich an die Schilderungen Fontanes von Dobbertin erinnert: »Es war ein hohes, gotisches, auf einem einzigen Mittelpfeiler ruhendes Zimmer, drin es schwerhielt, sich auf den ersten Blick zurechtzufinden, denn nur wenig Sonne fiel ein, und alles Licht, das herrschte, schien von dem Feuer herzukommen, das in dem tiefen und völlig schmucklosen Kamine brannte.«[168] Die Charakterisierung der Domina von Kloster Arendsee erinnert an die neunzigjährige Hedwig von Quitzow: »Die Gestalt, die hier bis dahin zusammengekauert gesessen hatte, richtete sich jetzt auf, und Grete sah nun, daß es eine sehr alte Dame war, aber mit scharfen Augen, aus denen noch Geist und Leben blitzte.«[169]

Auch bei der Protagonistin Friederike aus Fontanes Roman *L'Adultera* ist davon auszugehen, dass ihre Figur auf seine Begegnungen mit einer der ehrwürdigen Dobbertiner Stiftsdamen zurückgeht. Im Text heißt es: »Wie fast alle reichen Häuser hatten auch die van der Straatens einen Anhang ganz-alter und halb-alter Damen, die zu Weihnachten beschenkt und im Laufe des Jahres zu Kaffees und Landpartien eingeladen wurden. Es waren ihrer sieben oder acht, unter denen jedoch zwei durch eine besonders intime Stellung hervorragten, und zwar das kleine verwachsene Fräulein Friederike von Sawatzki und das stattlich hochaufgeschossene Klavier- und Singefräulein Anastasia Schmidt.«[170] Später wird das verwachsene Fräulein gebeten, seinen vollen Namen zu nennen, Frau von Sawatzki kommt der Bitte nach und schließt mit dem Zusatz: »Stiftsanwärterin auf Kloster Himmelpfort in der Uckermark«.[171] Das Zisterzienserkloster Himmelpfort zwischen Stolpsee und Haussee in Brandenburg, von dem hier die Rede ist, wurde 1541 säkularisiert.

Ähnlich halfen dem Schriftsteller die Erfahrungen aus Dobbertin bei den Beschreibungen von Kloster Quedlinburg in dem Roman *Cécile*. Man spürt, dass er solch eine Institution von innen kannte.

Nicht zuletzt inspirierten ihn die Begegnungen mit dem Leben im Damenstift zur Figur der Adelheid von Stechlin, Domina im Klosterstift Wutz, in seinem Roman *Der Stechlin*: »Der hohe hagere Hals ließ die Domina noch größer und herrischer erscheinen, als sie war (...). Man sah ihr an, daß sie nur immer vorübergehend in einer höheren Gesellschaftssphäre gelebt hatte, sich trotzdem aber zeitlebens der angeborenen Zugehörigkeit zu eben diesen Kreisen bewußt gewesen war. Daß man sie zur Domina gemacht hatte, war nur zu billigen. Sie wußte zu rechnen und anzuordnen und war nicht bloß von sehr gutem, natürlichem Verstand, sondern unter Umständen auch voller Interesse für ganz bestimmte Personen und Dinge.«[172]

Schlussendlich gab Dobbertin dem Schriftsteller Anlass, sich intensiv mit Sidonia von Borcke (1548–1620) zu beschäftigen, der pommerschen Adligen, die im Mittelalter wegen Hexerei verurteilt und hingerichtet wurde. Der Mythos um die rätselhafte Frau, zeitweise Klosterschwester in Marienfließ, beschäftigte auch die englische Künstlergruppe der Präraffaeliten und inspirierte 1860 den Maler Edward Burne-Jones (1833–1898) zu einem Phantasiebild von einer Schönheit gleichen Namens im prächtigen Kleid mit leuchtend rotem Haar.

Dank Fontanes Neugier und den entstandenen Schilderungen ist die eigentümliche Welt der protestantischen Damenstifte aus den vergangenen Jahrhunderten bis heute lebendig geblieben. Er befreite sie aus ihrer Abgeschiedenheit und räumte ihnen selbstverständlich einen Platz in seinem Werk ein. Ohne die Freundschaft zu Mathilde von Rohr, ohne die Offenheit und Gastfreundlichkeit dieser ehrenwerten alten Dame wäre seine Faszination für diese ungewöhnliche und spezifisch weibliche Daseinsform möglicherweise nie geweckt worden. Auf diesem Weg ist auch die Welt der mittelalterlichen Frauenklöster in seinen Romanen lebendig geblieben.

Fontane dankte der Stiftsdame nicht nur mit verbindlicher Freundschaft und umfangreichen Briefschaften, sondern sandte ihr auch immer pünktlich zum Erscheinungstermin eine Erstausgabe seines gerade publizierten Werkes zu. Sie schenkte ihm gelegentlich einen neuen Spazierstock, den er mit Freude in Empfang nahm. Auch Martha, Fontanes Sorgentochter, durfte ein Zeitlang bei ihr im Kloster verweilen.

Im Alter waren es vermehrt traurige Gedanken, die der Schriftsteller mit der Stiftsdame teilte. Deutlich trat hier eine generelle Erschöpfung zutage, einerseits Folge der anhaltenden Arbeit ohne nennenswerten wirtschaftlichen Erfolg, andererseits Zeichen einer gewissen Altersmelancholie. Ein gutes halbes Jahr nach seiner Kündigung bei der Akademie der Künste schrieb er Mathilde von Rohr im März 1877: »So ist denn der Friede, Gott sei Dank, wieder da, aber nicht die Freude. Denn wir erleben nichts Freudiges mehr, nichts, das aufrichtete und eine hellen Schein ins Leben trüge. Die Kinder sind alle gut und machen uns

Ehre; wir sind dankbar dafür und erkennen darin eine Gnade; auch *das* könnte ja noch anders sein. Aber so eine rechte Freudenbotschaft will doch nicht mehr über unsre Schwelle. Es ist alles wie verhext. Und so gedeiht langsam, langsam unter Sorgen und Kümmernissen mein Roman. Ich bin nun mit der Hälfte fertig; nach einem halben Jahre wird er beendigt sein, ein wahres Schmerzenskind. Dann wird er gedruckt werden, und alles wird sein wie zuvor; ich habe kein Glück mit Büchern, und die ungeheure Summe fleißiger Arbeit (von was andrem red ich nicht) wird mir nicht angerechnet.«[173]

Auch zu seinem »Angstkind« Martha äußerte sich Fontane gegenüber der Stiftsdame überraschend offen. Während sie 1884 mit der Amerikanerin Mrs Dooley durch Italien reiste, schrieb er nach Dobbertin: »Was können wir ihr hier bieten? Die Chancen eines *armen* Mädchens sind hier äußerst gering, und der Umstand, daß sie sehr gescheit und zugleich auch durch ein Leben in reichen Häusern verwöhnt ist, *erschwert* es ihr nur, einen Mann zu finden. Was soll auch ein kleiner Landprediger oder Gymnasiallehrer, wenn er sich nicht weit über den Durchschnitt erhebt, mit ihr anfangen?«[174] Kaum eine andere Stelle, an der er derart ungeschönte Worte zu dem Dilemma findet, in dem er seine Tochter sah.

Ähnlich wie bei Fontanes Freundschaft zu Henriette von Merckel ist zu spüren, dass über die Jahre ein Vertrauensverhältnis zwischen ihm und Mathilde von Rohr gewachsen war, das ihm die Freiheit gab, auch Dinge, die ihn emotional belasteten, offen zu benennen. So gehörte sie zu den wenigen Menschen, gegenüber denen er den Tod seines ältesten Sohnes George erwähnte. »Und wiewohl ich gerne gelebt habe, jetzt, am Ende meiner Tage, bin ich doch tief davon durchdrungen, daß dies alles eine Welt der Mängel ist, viel,

viel mehr noch, als man in jungen und mittleren Jahren annahm, und daß es nicht schlimm ist, die Unruhe mit der Ruhe zu vertauschen. Sie glauben gar nicht, in wie hohem Maße die Überzeugung davon während dieser letzten Jahre in mir gewachsen ist. Und nicht eigentlich erst seit Georges Tod. Denn man kann den Tod eines geliebten Menschen tief und innig beklagen und doch in Hoffnung und selbst in Heiterkeit weiterleben. Aber dieser Hoffnung und Heiterkeit – was nicht ausschließt, daß man mal herzlich lacht – entbehre ich seit geraumer Zeit schon, und zwar deshalb, weil so wenig geschieht, dem man aus vollem Herzen zustimmen kann. Unsinn und Ungerechtigkeit und überall Selbstsucht und der Neid in allen Formen. (…) Es wird so viel von Fortschritt gesprochen, und die Bildung soll alles besorgen, es wird aber mit Hilfe dieser Bildung nur noch schlimmer, denn die Zahl derer wächst ins Millionenfache, die nun auch ›von Bildungs wegen‹ etwas bedeuten wollen. Und das Einsehn davon, daß es so ist und so bleiben wird, entwertet doch stark das Jammertal, von dem man in der Jugend ein Stück Paradies erwartet.«[175]

1887 erkrankte Mathilde von Rohr schwer. Sie war inzwischen weit über siebzig Jahre alt und litt schon seit einiger Zeit an Herzbeschwerden, doch Auslöser für die Erkrankung war eigentlich ein Konflikt gewesen, der im Stift schon lange gärte. Seine Ursprünge hatte er in den vorwiegend antipreußischen Gefühlen des mecklenburgischen Adels, der sich im Stift gegen sogenannte Preußinnen richtete, Frauen, die wie Hedwig von Quitzow oder Mathilde von Rohr zwar aus einer alten, mecklenburgischen Familie stammten, aber in Berlin geboren waren oder dort länger gelebt hatten, bevor sie nach Dobbertin gekommen waren. Dieser Konflikt bestimmte auch die Wahl des jeweiligen Klosterhauptmanns beziehungsweise der Domina.

Schon 1869 hatte mit Joachim von Bernstorff (1834–1901) ein Hauptmann welfisch-hannoverscher und damit zu jener Zeit antipreußischer Herkunft die Verwaltung des Klosters übernommen, und als Hedwig von Quitzow 1874 verstarb, wurde überraschend nicht Mathilde von Rohr ihre Nachfolgerin, sondern Hedwig von Schack, Mitglied einer alten Familie aus dem Umfeld des Schweriner Hofes.

Mathilde von Rohr hatte kurz nach ihrem Einrücken in Dobbertin deutlich gemacht, dass sie von durchaus wehrhaftem Charakter war. Als sie herausgefunden hatte, dass eine der stiftseigenen Kühe notgeschlachtet werden musste und die Eigentümerin das verdorbene Fleisch daraufhin ihren Mitkonventualinnen zum Verkauf anbot, berichtete sie davon umgehend der Domina. Frau von Quitzow machte die Sache offiziell, rief eilig den Konvent zusammen und bat ausdrücklich darum, derlei gemeinschaftsschädigendes Handeln in Zukunft zu unterlassen. Dies brachte Mathilde von Rohr großen Respekt seitens der Stiftsdamen ein.

Ähnlich setzte sich die »Preußin« schon bald nach ihrer Ankunft für eine gerechtere Verteilung des Rehbratens ein, der jeder Stiftsdame regelmäßig zustand. Offenbar hatten die Konventualinnen immer recht unterschiedlich große Stücke erhalten. Nach einem Meinungsaustausch mit den anderen Frauen gab ihr die Domina erneut recht. Allein mit Bernstorff kam es darüber zu einer heftigen Auseinandersetzung.

Mathilde von Rohr ließ sich nicht einschüchtern, sie blieb ihrer Haltung treu, doch leider befand sie sich wegen ihrer preußischen Herkunft von Anfang an auf der schwächeren Seite. Auch Bernstorffs Nachfolger im Amt des Klosterhauptmanns, Wilhelm von Oertzen (1828–1895), sympathisierte mit Mecklenburg und war ihr nicht wohlgesinnt. Anlässlich einer Auseinandersetzung über den eingangs erwähnten schwarzen, eisernen Radleuchter in der Kirche geriet er dermaßen in Wut, dass er Mathilde von Rohr im Sommer 1887 eigens in ihrer Wohnung aufsuchte und sie haltlos beschimpfte. Freundin Jeannette von Bülow schrieb dazu: »Aber im August eines Nachmittags, als Frl. von Rohr nach dem Essen in ihrem Lehnstuhl die Zeitung lieset, erscheint der Klosterhauptmann bei ihr, in einer grenzenlosen Wut, und macht sie herunter, wie eine Viehmagd. Sie mischte sich ein in Dinge, die sie nichts angingen, und als sie ganz erstaunt fragt, was er meint, sie wäre sich nichts bewußt, da schreit er: ›Und nun lügen Sie noch!‹, und so geht es weiter, in der gräßlichsten Weise.«[176]

Ob es diese Auseinandersetzung oder ihr hohes Alter war – Mathilde von Rohr überlebte den Streit nicht mehr lange. Sie erkrankte, gesundete nur mit Mühe, ergab sich noch einige Monate lang in Rekonvaleszenz und verstarb schließlich am 16. September 1889, bemerkenswerterweise genau in demselben Jahr wie Henriette von Merckel. Feierlich wurde die Stiftsdame in Dobbertin beerdigt. Das Grabmal mit dem massiven Steinkreuz steht heute noch auf dem Klosterfriedhof. Neben dem Namen, Geburtsort und den Lebensdaten der Dame schmückt ein Bibelzitat aus Jakob 5,11 den Stein: »Siehe wir preisen selig, die erduldet haben.«

Fontane war unendlich traurig. In seinem biographischen Essay über Mathilde von Rohr heißt es: »Neben ihrem lutherischen Wesen war sie vor allem spezifisch märkisch und gehörte zu denen, an denen man alle guten und auch einige schwachen Seiten des alten Märkertums wie an einem Musterbeispiel studieren konnte; sie war, um es am Schlusse noch einmal zu sagen, tüchtig, verständig, zuverlässig, ja, mehr denn das, treu wie Gold, und ihre schlichten, immer aus der Lebenserfahrung heraus gesprochenen

Sätze haben durch ein Menschenalter hin einen großen Einfluß auf mich geübt, (…).«[177] Kein Mensch konnte ihm diese außergewöhnliche, sehr persönliche Freundschaft je ersetzen.

Vaters Liebling
Tochter Martha Fontane (1860–1917)

In Fontanes Roman *Frau Jenny Treibel oder »Wo sich Herz zum Herzen find't«* tritt eine junge Professorentochter namens Corinna Schmidt auf, die in mittäglich zu Tisch versammelter, gehobener Gesellschaft zu Gast beim Blutlaugensalzfabrikant Kommerzenrat Treibel durch blitzgescheite Kommentare und humorvolle Anspielungen auffällt. Hin und her schwirren Frage und Antwort, unbeschwert platziert Corinna ihre kleinen Spitzen und die ganze Runde bricht in schallendes Gelächter aus.

Trotz der auffallenden Intelligenz der jungen Frau wird im weiteren Verlauf des Romans rasch deutlich, dass ihre Schlagfertigkeit ihr letztlich nichts nützen wird. Sie ist beliebt, alle sind von ihr beeindruckt, sie hat auch ihre Schulbildung abgeschlossen und ist belesen, aber ihre Begabung verhilft ihr weder zur beruflichen noch zur gesellschaftlichen Weiterentwicklung. Im Verlauf des Romans gelingt es ihr, den Fabrikantensohn Leopold Treibel für sich einzunehmen, aber eine Eheschließung wird verhindert. Der Zugang zur gehobenen Gesellschaft bleibt Corinna verwehrt.

Unmissverständlich machte Fontane im Verlauf der Geschichte klar, dass er Frauen wie Corinna entschieden mehr Raum zur Entfaltung gewünscht hätte, doch klar ist auch, dass es zur damaligen Zeit für sie nur eine Bestimmung gab: Sie sollten heiraten, Kinder bekommen und ihrem Ehemann treu ergeben sein. Raum für berufliche Entwicklung war nicht vorgesehen, von einem eigenem Verdienst gar nicht erst zu reden.

Inspiriert wurde Fontane bei diesen Betrachtungen durch seine Tochter Martha, denn auch sie war intelligent und aufgeweckt, hatte nach der Schule dank weiterführender Ausbildung die höheren Weihen einer Lehrerin erlangt, blieb gleichzeitig aber nichtliiert und heiratete erst in einem Alter, in dem sie keine Kinder mehr bekommen konnte. Hatte auch sie zu wenig Möglichkeiten gehabt, sich zu entfalten? Woher rührten die seelischen Zusammenbrüche, die sie ab dem sechzehnten Lebensjahr ereilten? Und warum wählte sie am Ende den Freitod?

Geboren am 21. März 1860, war Martha für ihre Familie zunächst ein einziger Glücksfall. Die Entbindung war leicht, die Freude, dass endlich ein Mädchen geboren worden war, groß, und Fontane liebte das Kind, wie schon erwähnt,[178] über alle Maßen. Seine Dichterkollegen aus der Literatenvereinigung »Ellora« schickten prompt ein Telegramm in Reimen: »Vivat die Kleene, Die neue Fontaine!«[179]

Martha wurde darüber hinaus zu einem Zeitpunkt geboren, als sich die wirtschaftliche Lage ihrer Eltern einigermaßen konsolidiert hatte. Sie lebten gemeinsam an einem Ort, nicht der eine in London, die andere in Berlin, hatten eine hübsche Wohnung in der Tempelhofer Straße 51, die beiden älteren Söhne waren gesund und entwickelten sich zufriedenstellend. Wenige Monate nach der Geburt erhielt Fontane eine Festanstellung bei der *Kreuzzeitung*. Insbesondere Emilie fand das überaus beruhigend.

Auch die ersten Lebensjahre der Tochter verliefen unauffällig und durchweg erfreulich. Zwar konnte die Mutter nicht stillen, was ein wenig Sorgen bereitete, denn Kinder, die mit der Flasche aufgezogen wurden, hatten geringere Überlebenschancen, doch Martha nahm nicht den geringsten Schaden daran. Sie wuchs gesund und unverdrossen auf, war bald von kräftiger Statur und raufte sich unbekümmert mit ihren Brüdern. Die Eltern bezeichneten sie als Wildfang. Freundin Henriette von Merckel schrieb in ihren Erinnerungen: »Das dritte Kind, Martha, ist ein wildes gutherziges Kind von 5 Jahren, welches der Wirbelwind zu nennen ist. Von den ersten Jahren an entwickelte sie eine große Gewandheit im Klettern, ihre Mutter nannte sie ein Seiltänzerkind. Was sie anfaßt, macht sie mit Geschick; sie gibt zu den besten Hoffnungen für den Haushalt Raum. Gegenwärtig ist sie flüchtig wie Quecksilber.«[180]

Im Sommer ging es für Mutter und Tochter aufs Land zu Johanna Treutler, und Emilie schrieb ihrem Mann: »Martchen war mit, und ängstigte wieder alle Welt durch ihre unerhörte Dreistigkeit im Klettern, wie sie bei ihrer Quecksilbernatur so dick sein kann, ist mir oft ein Wunder.«[181]

Mit fünfeinhalb Jahren wurde Martha eingeschult. Sie besuchte eine private Mädchenschule und lernte ausgezeichnet. Die Eltern ließen sich ihre Ausbildung etwas kosten: Das Schulgeld betrug, wie man Emilies präzise geführtem Wirtschaftsbuch entnehmen kann, 7 Taler 15 im Quartal. Martha wurde also gegenüber ihren Brüdern keinesfalls benachteiligt, obwohl Bildung für Mädchen und Frauen damals teurer war als für Jungen. Für ihre beiden Söhne, die zu dem Zeitpunkt schon das Gymnasium besuchten, mussten Fontanes zusammen nur 13 Taler 27 pro Quartal berappen. Im Hause Fontane hielt man auf eine solide Ausbildung, nicht angestrengt oder prätentiös, aber nachdrücklich unterstützend. Davon war der weibliche Part der Familie, was damals nicht selbstverständlich war, keineswegs ausgenommen.

Martha ging ausgesprochen gerne zur Schule. Regina Dieterle schreibt in ihrer Biographie über die Fontanetochter: »Sie wurde geliebt und war beliebt. Sie hatte ihren Platz in der Familie, pflegte ihre Freundschaften mit Mädchen, mochte ihre Lehrerinnen, tat, was von Mädchen erwartet wurde: mit Puppen spielen, mütterlich für den kleinen Bruder sorgen, ein Nadelkissen besticken. (...) Was in der Schule verlangt wurde, lernte sie ohne Probleme.«[182]

Ein Bild aus dieser Zeit zeigt das Mädchen 1866 als durchaus kräftig gebautes Kind mit dichten aschblonden Haaren, die sorgsam aus dem Gesicht gekämmt, in langen Korkenzieherlocken bis weit über die Schultern herabhängen. Sie lehnt an einem kreisrunden Stehtisch, hält ein Buch in der rechten Hand und schaut den Betrachter nachdenklich-konzentriert an, fast wie eine Erwachsene. Ihre Aufmachung wirkt elegant, das Kleid ist nahezu knöchellang, der Stoff schimmert matt und trägt ein Muster aus breiten Streifen und Karos. Trotz ihrer Ernsthaftigkeit wirkt das Mädchen glücklich und zufrieden.

Als Martha zehn Jahre alt war, beschlossen ihre Eltern, sie für ein Jahr zu Familie Merington nach London zu geben, eine durchaus überraschende Entscheidung, denn sie hingen sehr an ihr und befanden sich, insbesondere Fontane, ständig in stiller Sorge um das Mädchen. Was sie letztlich auf die Idee gebracht hatte, Martha in diesem frühen Alter, zumal ein Mädchen, für ein ganzes Jahr wegzugeben, ist nicht recht festzumachen. War es die schiere Not? »Ein Esser weniger«,[183] führt Erler in seiner Biographie über Emilie Fontane an, aber wäre das ein echter Grund gewesen?

Vier Kinder galt es inzwischen zu ernähren. George hatte sich entschlossen, zum Militär zu gehen, und brauchte Geld für Stiefel und Uniform, Theodor besuchte noch das Gymnasium, und auch Friedrich war inzwischen eingeschult. Nicht zuletzt fielen zusätzliche Kosten für die Überfahrt seiner Tochter nach England an. Doch Fontane bezog ein regelmäßiges Gehalt, das ihm 1000 Taler jährlich einbrachte, und nichts deutet darauf hin, dass die Ausgaben für die Familie in dieser Zeit eine unzumutbare Belastung waren.

Waren es am Ende persönliche Gründe? Wuchs den Eltern die Erziehung Marthas über den Kopf? Gewiss nicht. Sie blieb die heißgeliebte Tochter, der Liebling insbesondere ihres Vaters. Schon der Gedanke, sich von ihr zu trennen, bereitete Emilie Sorgen. Doch sie und ihr Mann waren der Überzeugung, dass Martha in London perfekt Englisch lernen würde. An Mathilde von Rohr schrieb Fontane Mitte April: »Was unsren Plan angeht, unsre Martha nach England zu schicken, so ist es ein wohlüberlegter und wohlgereifter Entschluß, gerade wie der, der uns bestimmte, unseren George Militär werden zu lassen. Natürlich können auch wohlüberlegte Entschlüsse kläglich zuschanden werden. Das Gelingen liegt bei Gott. Aber es ist einem ein Trost, nach seinem Teile getan zu haben, was einem als das Richtige erschien.«[184] Eine Gefahr für das seelische Gleichgewicht des Kindes sah er offenkundig nicht.

Um Martha den Abschied zu erleichtern, begleitete Emilie sie nach London zu den Meringtons und blieb die ersten sechs Wochen dort. Am 20. April 1870 bestiegen die beiden den Zug Richtung England. Fontane verabschiedete sich ausführlich von ihnen und man versprach, miteinander zu korrespondieren. Gleich einer der ersten Briefe von Emilie enthielt einen Nachsatz von Martha: »Lieber Vater ich grü-

ße Dich herzlich und werde Dir bald einmal schreiben grüße und küsse alle herzlich.«[185]

Die Fahrt ging über Hannover nach Köln bis Brüssel und
am nächsten Tag weiter nach Calais, wo Mutter und Tochter
die Fähre bestiegen und den Ärmelkanal überquerten. Der
Empfang bei Meringtons war herzlich, das Wiedersehen für
Emilie eine immense Freude. Schließlich war es schon viele Jahr her, dass sie die englischen Freunde gesehen hatte.
Martha ging in die Obhut Emilys über, einer der Töchter
des Hauses, die sie auch regelmäßig in Englisch unterrichtete, und erwies sich als gelehrig und fleißig. Die Familie
mochte das Kind und ließ sie selbstverständlich an ihrem
Leben teilhaben. Im Sommer ging es gemeinsam nach Ful-
bourn auf den Landsitz der Familie, Merington's Cottage.
Und Fontanes Hoffnungen für Martha erfüllten sich: Sie
lernte in dem Jahr fließend Englisch in Wort und Schrift.

Doch ihre Briefe zeugten von Sehnsucht nach den Brüdern und ihren Eltern. Später erinnerte sich Martha daran,
schon als Kind Angstträume gehabt zu haben. Bemerkenswert ist auch die kurze Krise, die Martha zu Beginn ihrer
Londoner Zeit durchlief. Grund dafür war die Auseinandersetzung zwischen ihren Eltern, ausgelöst durch Fontanes überraschende Kündigung bei der *Kreuzzeitung*. Martha
reagierte wie der Seismograph auf ein Erdbeben. Sie wurde
krank, musste sich übergeben und bekam Fieber.

Anfang Mai 1871 kehrte Martha nach Berlin zurück.
Die Wiedersehensfreude war riesig. Diesmal war es Tochter Margreth Merington, die das Fontane-Kind begleitete. Nahtlos fand Martha wieder Anschluss an Familie und
Schule. Auch der private Französischunterricht wurde wieder aufgenommen. Nicht zuletzt erhielt sie Klavierstunden.
Die Eltern versuchten sie zu fördern, wo nur möglich, denn
die schulische Ausbildung für Mädchen war in jener Zeit

höchst bescheiden. Das zeigte allein schon die kurze Zeit, zwanzig bis fünfundzwanzig Stunden pro Woche, die die jungen Frauen in der Einrichtung zubrachten.

In diesen Jahren bezogen Fontanes nach vielen Umzügen endlich die Wohnung in der Potsdamer Straße, in der sie ab jetzt dauerhaft leben würden. Ein Grundriss aus dem Nachlass zeigt, dass Martha im Gegensatz zu ihren Geschwistern ein Zimmer für sich alleine hatte. Ihrem jüngeren Bruder Friedrich stand nur eine Ecke im Gemeinschaftszimmer, dem sogenannten Berliner Zimmer, zur Verfügung.

Mit vierzehn Jahren wurde Martha konfirmiert. Zuständiger Pastor der französisch-reformierten Gemeinde war Théophile-Albert Cazalet, Nachfolger von Fournier, der schon ihre Eltern getraut hatte. Es folgten naturgemäß die ersten Tanzstunden, und Martha stürzte sich unbekümmert ins Vergnügen. Dank ihrer älteren Brüder, die sie unter ihre Fittiche nahmen, konnte sie unbeschwert ausgehen und fand mühelos Anschluss bei Gleichaltrigen ähnlicher Herkunft. Besonders Theodor, Fontanes zweiter Sohn, kümmerte sich aufmerksam um die jüngere Schwester. Er war inzwischen achtzehn Jahre alt, studierte Jura an der Berliner Universität und führte Martha wie selbstverständlich in seinen Freundeskreis ein.

Zunehmend bemühten sich die Eltern, Martha zu Hause in ihre Gespräche und Konversationsrunden mit Freunden und Bekannten ebenso wie mit Fontanes Schriftstellerkollegen, Schauspielern oder Musikern mit einzubeziehen. Insbesondere der Vater genoss es, mit ihr zu plaudern. Zu ihrer weiteren Ausbildung gehörte ferner, nicht zu unterschätzen, das regelmäßige Schreiben von Briefen, das nicht nur zwischen Fontane und Emilie, sondern auch den Eltern und ihren Kindern intensiv gepflegt wurde. War Martha in den Ferien unterwegs, sei es mit der Mutter, sei es allein bei Freunden der Familie, korrespondierte sie eifrig mit zu Hause. Insbesondere im Umgang mit ihrem Vater bemühte sie sich um eine gewählte Ausdrucksweise und präzise Schilderungen. Fontane reagierte entsprechend ernsthaft. An seinen Briefen fällt auf, dass er seine Tochter fast von Beginn an wie eine Erwachsene ansprach. Weder die Tatsache, dass sie deutlich jünger noch dass sie immerhin eine Frau war, schränkte seinen Umgang mit ihr ein. Man gewinnt im Gegenteil den Eindruck, Fontane sei gerade seiner Tochter gegenüber besonders offen gewesen, ja geradezu zutraulich. Er war alles nur kein strenger, innerlich abwesender Vater.

Nachdem er bei der *Kreuzzeitung* gekündigt hatte, heuerte ihn die *Vossische Zeitung* als Theaterkritiker an. Mehrmals die Woche musste er nun abends in die Vorstellung gehen und erhielt dafür Freikarten. Obwohl auch Emilie gerne ins Theater oder in die Oper ging, war es oft Martha, die ihn dorthin begleitete. Sie nahm aufmerksam an seinem Berufsleben teil und wurde von ihrem Vater in sein Schaffen mit einbezogen. Die Gespräche, die Fontane mit Emilie zu führen pflegte, setzte er quasi mit Martha fort. Im Gegenzug gewann er dadurch unmittelbar Einblick in das Leben einer heranwachsenden Frau. Diese Nähe und Offenheit im Umgang miteinander, die im Übrigen stets erhalten blieb, auch später, als Martha längst erwachsen geworden war, diese uneingeschränkte Teilnahme an ihrem Denken und Empfinden muss ihn über alle Maßen inspiriert haben. Nicht nur die eingangs erwähnte Corinna, sondern auch zahlreiche andere Frauenfiguren in seinen Romanen trugen ihre Züge.[186]

Mit sechzehn Jahren hatte Martha ihre Schullaufbahn abgeschlossen, doch die Eltern ermutigten sie, ihre Ausbildung fortzusetzen. Während junge Männer im wilhelminischen Berlin unterschiedlichste Bildungswege einschlagen und vor allem studieren konnten, hatten Mädchen nur eine einzige Wahl: Lehrerin und Erzieherin zu werden. Ein Hochschulstudium, mit dem sie etwa Ärztinnen, Anwältinnen oder Wissenschaftlerinnen hätten werden können, war nur mit Ausnahmegenehmigung möglich. Erst ab 1908 war Frauen in Preußen der Zugang zur Universität gestattet.

Martha fiel die Entscheidung nicht schwer. Sie hatte mit ausgezeichneten Noten die zehnte Klasse abgeschlossen und lebte in einem Umfeld, in dem Bildung großgeschrieben wurde. Selbstverständlich wollte sie weiterlernen. Erfolgreich bemühte sie sich im Frühjahr 1876 um einen Platz im Königlichen Lehrerinnen-Seminar zu Berlin und bekam eine Zusage.

Zur Vorbereitung auf ihr neues Aufgabenfeld zog sie für einige Monate zur befreundeten Familie Friedrich Wittes nach Rostock. Sie wohnte in einem großzügigen Stadthaus in einer der vornehmsten Gegenden der Hansestadt. Mit seinem Giebeldach und der klassizistischen Fassade ragte das Gebäude über die benachbarten Häuser hinaus. Wittes hatten oft Gäste und führten ein großbürgerliches Leben mit nachmittäglichen Teegesellschaften und abendlichen Diners. Martha half Anna Witte im Haushalt, machte Besorgungen für sie, putzte, räumte und kümmerte sich, widmete sich den jüngeren Kindern des Ehepaars und bewährte sich auch als Gesellschafterin. Selbstverständlich wurde sie nicht wie eine Angestellte behandelt, sondern wie ein erwachsenes Familienmitglied.

Lise Witte (1858–1923), älteste Tochter des Hauses, freundete sich mit Martha an. Die Fontane-Tochter war nur zwei Jahre jünger als sie, und die beiden verstanden sich bald prächtig. Oft noch kehrte Martha zurück nach Rostock oder traf sich mit Mitgliedern der Familie in Berlin. Wittes wurden für sie quasi ein zweites Zuhause. Als Lise mit vierundzwanzig Jahren Richard Mengel (1852–1910) heiratete, Sohn eines Gutsbesitzers aus Trienke (Trzynik) in Pommern, nahm Martha daran lebhaft Anteil.

Auch zu Vater Witte entwickelte Martha ein enges Verhältnis. Nachdem er Abgeordneter für die Konservativen geworden war, nahm er sie sogar mit in den Reichstag, und sie wurde unmittelbar Zeugin aktueller politischer Entscheidungen und Debatten. So wohnte sie den Diskussionen um die Sozialistengesetze bei. Reichskanzler Bismarck setzte im Zuge dessen 1878 ein Verbot der Sozialisten durch. Nachdem Kaiser Wilhelm II. die Thronfolge angetreten hatte, durfte Martha dank Wittes Einfluss 1888 mit ihm an der offiziellen Eröffnung des Reichstags im Berliner Schloss teilnehmen. Man kann nicht sagen, die Fontane-Tochter hätte auch nur eine Chance in ihrem Leben verpasst. Feierlich versammelte der junge Regent seine Abgeordneten im Weißen Saal und verlas die Thronrede.

1876, während Martha den Sommer bei Wittes verbrachte, kündigte Fontane überraschend seine Stelle bei der Akademie der Künste, die er zwei Monate lang innegehabt hatte, und erneut gab es zwischen den Eheleuten heftigen Streit. Martha erfuhr von der Auseinandersetzung aus einem Brief ihrer Eltern, und wieder wurde sie plötzlich sehr krank. Fontane schrieb: »Meine liebe, süße Mete. (…) Wir erleben wohl allerhand, aber wenig Erfreuliches, und was sonst noch von Bildern an einem vorüberzieht, wird von trüben Augen nicht recht wahrgenommen. Verstimmte Sinne verlieren die Aufnahmekraft; das Bild fällt wohl hinein, wird aber nicht festgehalten. Übrigens werden wieder heitere Tage kommen; das Schlimmste, so hoff ich wenigstens, liegt hinter mir. Du wirst schon wissen, worauf sich dies bezieht.«[187]

Zum Glück konnte Martha ihre Ängste und Nervosität verdrängen, fasste wieder Mut und blieb wie geplant bis Ende des Sommers an der Ostsee, doch der Schwächeanfall zeigte ein weiteres Mal, wie eng sie mit ihren Eltern verbunden war und wie hochsensibel sie auf Missklänge zwischen den beiden reagierte.

Gemeinsam ging es mit Wittes nach Warnemünde an die See. Ihre Gastgeber mieteten eine Sommerwohnung an der Warnow. Man flanierte das Ufer »Am Strom« entlang, besuchte die Kurkonzerte und das Feuerwerk. Martha war eine begeisterte Schwimmerin. Beim Baden im Meer konnte sie die Absencen, die sie erlitten hatte, wieder vergessen.

Auch das Lehrerinnenexamen bestand Martha Ostern 1878 mühelos. Sie galt damit als eine der am besten ausgebildeten Frauen in Deutschland. Die preußischen Bildungsanstalten hatten einen glänzenden Ruf. Doch im Grunde nützte ihr das, wie schon erwähnt, wenig: Der Posten einer Lehrerin, Gouvernante oder Erzieherin war, gesellschaftlich gesehen, eine Sackgasse. Ihn bekleideten die Frauen, die keinen Mann gefunden hatten und deren Familien zu arm waren, um finanziell auf Dauer für sie aufzukommen. Die Ausbildung bedeutete in Wahrheit keine Auszeichnung, sondern den gesellschaftlichen Abstieg.

Nun war es keineswegs so, als hätte es in Marthas Leben noch keinen Mann gegeben. Am besten wusste ihr Bruder Theodor über die Zahl ihrer Verehrer Bescheid. Seit ihrer Konfirmation war das Thema Heirat für Martha präsent, und wiederholt hatte sie sich verliebt. Ein Verhältnis intensivierte sich, der junge Mann hieß Rudolph Schreiner und studierte Jura. Doch dann fiel er durchs Examen und zog sich prompt von der gebildeten jungen Frau zurück.

Fontane nahm die Herzensangelegenheiten seiner Tochter aufmerksam zur Kenntnis. Bei der Verlobung einer ihrer

Freundinnen tröstete er sie mit dem Kommentar: »Lies die vorstehende Anzeige mit sowenig Neid wie möglich. Da Du noch Müller- und Schmidt-los bist, darfst Du Dein Selbstgefühl an der Möglichkeit eines Grafen aufrichten. Übrigens gönne ich Dir mehr einen Baumeister Nobbe oder Maurmeister Knobbe (…) als einen Montmorency, dessen Adelspapiere bereits durch Noah gerettet wurden.«[188]

Ähnlich entwickelte Martha eine Leidenschaft für den Bariton, Gesangspädagogen und Dirigenten Julius Stockhausen (1826–1906), doch der Mann hätte ihr Vater sein können. Er war seit Jahren verheiratet und hatte mehrere Kinder, eine Eheschließung war ausgeschlossen.

Fontanes waren mit der Musikerfamilie in Berlin gut befreundet. Stockhausen dirigierte unter anderem den Stern'schen Gesangverein, in dem Henriette von Merckel Mitglied war. Emilie pflegte ein besonders inniges Verhältnis zu Clara Stockhausen (1842–1908), Ehefrau des Musikers, und korrespondierte häufig mit ihr, hatte sie in der Künstlergattin doch gewissermaßen eine Gleichgesinnte gefunden.

Als Martha mit der Familie nach Frankfurt ziehen sollte, um nach den Kindern zu sehen und der Mutter im Haushalt zu helfen, kam es zum Eklat. Die Tochter offenbarte ihren Eltern ihre Gefühle für Stockhausen, und die Vereinbarung wurde prompt wieder aufgelöst.

Fontane reagierte wenig begeistert auf das Interesse seiner Tochter an einem verheirateten Mann. Entschuldigend schrieb er an Clara Stockhausen: »Das Thema ›Mete‹ ist unerschöpflich; so viel hat sie wenigstens erreicht. Über den Eclat, mit dem sie sich hier, nach viermonatlicher Abwesenheit, wieder einführte, ist Gras gewachsen, wir sprechen nicht mehr davon, das Rücksichtsvollste und wohl auch das Beste, was wir tun können; aber irgend 'was Absonderliches spukt ihr in Schlaraffentagen immer in Kopf und Leber (Zöllner würde auch noch die Milz nennen), und so kommt man mit ihr nicht recht zu Rande. Sie ist mir eine beständige psychologische Aufgabe.«[189]

Die Schwärmerei für Stockhausen sagte viel über Marthas komplexe Seelenzustände aus. Noch einmal verbrachte sie den Sommer mit Wittes, doch zurück in Berlin, erkrankte sie jäh an Typhus, damals auch »Nervenleiden« genannt. Ob es eine Reaktion auf den Bruch mit Stockhausens war, ist nicht zu ergründen. Tagelang hielt sie die Krankheit im Bett, wochenlang im Haus. Noch Jahre später würde sie diverse Krankheitszustände und Tage des Unwohlseins auf die schwere Typhusinfektion zurückführen.

Fast gleichzeitig wurde auch Fontane wieder einmal krank. In einem Brief an Clara Stockhausen beschrieb Emilie seinen Zustand mit »Gesichtsreißen«. Es dauerte fünf Wochen lang an. Vater, Tochter und damit auch die Mutter waren in dieser Familie in einer Intensität aufeinander bezogen, die einem dauerhaft nicht gesund erscheint.

Martha gab sich nicht geschlagen. Sie wollte intellektuell weiterkommen, ihr eigenes Geld verdienen und unabhängig sein, nicht zuletzt, um den Vater finanziell zu entlasten. Freimütig bewarb sie sich um eine Stelle und erhielt im Frühjahr 1880 eine Zusage: Familie von Mandel aus Klein Dammer nahe Schwiebus in Ostbrandenburg, heute Polen, brauchte eine Hauslehrerin für ihre Kinder. Am 1. August desselben Jahres verließ Martha ihr Elternhaus, um nun endlich ihrem Beruf nachzugehen.

Ein Foto aus dieser Zeit zeigt die Fontane-Tochter wie gewohnt in aufrechter Haltung. Sie wirkt leicht untersetzt, hat aber inzwischen eine gute Figur, ist schlank, dabei nicht mager. Die dichten dunklen Locken hat sie jetzt streng nach hinten frisiert und fest zusammengesteckt, so dass es aussieht, als trage sie eine Kurzhaarfrisur, wie es später dann auch der Fall war. Hübsch ist sie nicht, die Augen treten zu stark hervor und die Nase läuft ein wenig breit, doch immer noch besticht der ruhige, interessierte Blick. Sie wirkt klug und belesen, macht den Eindruck, als könnte sie eine ausgezeichnete Lehrerin sein.

Die Mandels waren Bauern aus der Oberpfalz, doch im siebzehnten Jahrhundert ausgewandert, hatten sie sich in Schlesien und Norddeutschland zu Rittergutsbesitzern und Königlich Preußischen Hofräten gemausert. 1867 wurden sie geadelt. Max von Mandel (1834–1910), Marthas Dienstherr, diente als Offizier, zog 1864 und 1866 in den Krieg und übernahm nach dem Tod seines Vaters 1870 den Familienbesitz.

Schloss Klein Dammer, 1850 erbaut, muss einen stattlichen Anblick geboten haben. In ihrem ersten Brief an die Eltern schrieb Martha allerdings: »Die Gegend ist, soviel ich davon gesehen, häßlich. Das Haus ist groß und freundlich, aber neu und uncharakteristisch.«[190]

Martha versuchte ihr Schicksal positiv zu sehen. Sie war ehrgeizig. Sie wollte ihr Leben in die Hand nehmen: »Es weht hier eine gesunde Luft, und man ist von einer außerordentlich wohltuenden reinen Atmosphäre umgeben.«[191]

Das Leben bei Mandels gestaltete sich für Martha, oberflächlich gesehen, als durchweg unspektakulär und bequem. Sie hatte die vier Kinder, zwei Mädchen im Alter von dreizehn und elf sowie zwei Jungen von fünf und vier, zu betreuen und zu unterrichten. Der älteste Sohn ging schon ins Internat. Ihre Zöglinge lernten gerne, Tochter Ella (*1867) verfiel in geradezu romantische Schwärmerei für die neue Lehrerin. Es gab ein Klavier, auf dem Martha abends spielen durfte, harmonische Tischrunden, wenn man beim Essen beisammensaß, und sie wurde von den Eltern der Kinder respektvoll behandelt. Alle waren glücklich, dass Martha zu ihnen gekommen war. In ihren autobiographischen Notizen schrieb Ella von Mandel später: »Wie üblich wurde ich im Hause unterrichtet und lernte herzlich wenig, bis die Tochter von Theodor Fontane ins Haus kam. Von diesem Augenblick erweiterte sich mein Gesichtskreis erheblich.«[192]

Trotzdem entwickelte Martha ein undefinierbares Unwohlsein, hatte Kopfschmerzen, Schwindelanfälle. Ungewohnt war es für sie, sich nicht zurückziehen zu können. Sie hatte zwar ein schmales Zimmer im oberen Stockwerk, doch wenn die Kinder ins Bett gegangen waren, sollte sie unten im Salon sitzen bleiben und mit ihrem Dienstherren Konversation pflegen.

Schwieriger noch war für sie die ländliche Abgeschiedenheit, die Ausschließlichkeit, in der sie mit Mandels zusammenlebte. Es mangelte ihr an intellektueller Herausforderung. Über ihren Dienstherrn schrieb sie nach Hause: »Er war Militär bis zum Hauptmann; ist echter Soldat, kurz, pünktlich, sachgemäß, aber mir nicht höflich genug; er scheint zu den Männern zu gehören, die von vornherein so von ihrer Superiorität über *jedes* weibliche Wesen überzeugt sind, daß man dieser ihrer Ansicht nur eine ruhige Heiterkeit entgegensetzen kann.«[193] Das mag arrogant klingen, beschreibt jedoch präzise Marthas Bedürfnis nach Selbstbestimmtheit, eine Form von geistiger Freiheit, die sie von ihrem Elternhaus gewohnt war. Hier stießen offensichtlich Welten aufeinander.

Im Herbst bekam Martha heftige Rücken- und Unterleibsschmerzen. Der Arzt diagnostizierte eine Kolik der Gebärmutter, aber seine Behandlung schlug nicht an. Über Weihnachten fuhr sie nach Berlin zu den Eltern, wo es dem Hausarzt gelang, sie einigermaßen wiederherzustellen. Ab dem 8. Januar 1881 tat sie in Klein Dammer wieder ihren Dienst, wurde jedoch erneut krank. »Sie litt an Appetitlosigkeit, Schlaflosigkeit, zeitweise an Blasenentzündung«, schreibt ihre Biographin Dieterle, »fühlte sich fiebrig und unwohl, klagte auch über Angstträume und Migräne. Nächtliche Angstträume kannte sie aus Kindertagen, Migränezustände waren ihr vollkommen neu.«[194]

Im Sommer besuchte Friedrich seine Schwester in Ostbrandenburg. Seinem Brief an die Eltern ist zu entnehmen, wie tapfer Martha über die Umstände geschwiegen hatte, die zu ihrem Unglück geführt hatten: »Martha okkupiert hier eine Stelle, die erworben zu haben, ich sie bewundere. Unten in den Salons ist sie eigentlich die Hauptperson. Oben hat sie ein Zimmer, das ich mich schämen würde, wenn ich Herr oder Frau von Mandel wäre, meiner Gouvernante anzubieten. (...) Ich war mal vor Jahren mit Felix in Bethanien gewesen und hatte dort unter der Führung seines ältesten Bruders einige Krankenzimmer gesehen; einen ganz akkurat solchen Anblick gewährte mir mein erster Blick in Metens Zimmer.«[195]

Ein gutes Jahr, nachdem Martha in Klein Dammer angefangen hatte, gab sie ihre Stelle wieder auf. Anfang Oktober 1881 kehrte sie zurück nach Berlin. Das war das Ende. Erschöpfungszustände, wiederholte Angstattacken, wachsende Deprimiertheit wurden fortan zum festen Bestandteil ihres Lebens. Zeitweise waren es nur gewöhnliche Erkältungen, Halsschmerzen, Magenverstimmungen oder Schlaflosigkeit, doch sie war eine kranke Person, blieb eine stete Sorge. Bald war deutlich, dass sie keinen Beruf ausüben, nie ihren Lebensunterhalt würde verdienen können. Ihr Vater hatte sie ein »Angstkind« genannt, sie selbst titulierte sich im Erwachsenenalter als (überflüssigen) »Luxusartikel«.[196]

Die Familie versuchte bestmöglich damit umzugehen. Emilie verlor bisweilen die Geduld, auch Fontane reagierte nicht immer verständnisvoll. Fest steht, dass kein abschließendes Urteil über Marthas Zustand gefällt oder eine entsprechende Entscheidung herbeigeführt werden konnte. Eher rettete man sich von einem Krankheitsmoment zum nächsten, immerzu hoffend, es sei das letzte Mal in Marthas Leben gewesen. Erst diagnostizierten die Ärzte Nervosität, dann Hysterie, schließlich wurde ihr eine Unterleibsoperation verordnet. Der Bonner Gynäkologe Gustav von Veit (1824–1903), Koryphäe auf seinem Gebiet, untersuchte Martha, fand ein »lokales Übel«[197] und beseitigte es. Woran sie erkrankt war, wurde nicht ausgesprochen, zumindest finden sich darüber keine Aufzeichnungen.

Jahrhundertelang war Hysterie als ein ausgesprochenes Frauenleiden bezeichnet worden. Schon in der frühen ägyptischen Medizin finden sich entsprechende Hinweise. Der Name der Krankheit geht zurück auf »Hystera«, das griechische Wort für Gebärmutter. Bei Platon (428/427–348/347 v. Chr.) ist zu lesen, der Uterus beginne durch den Körper zu wandern, wenn Frauen keine Kinder gebärten, weil ihr Unterleib nach Befruchtung verlangte. Hippokrates (460–370 v. Chr.) bezeichnete Hysterie als eine »durch die Gebärmutter hervorgerufene Erstickung«, die vor allem Jungfrauen, Witwen und unfruchtbare Frauen befalle. Noch bis ins neunzehnte Jahrhundert glaubten Neurologen und Gynäkologen, die Krankheit durch Entfernung der Eierstöcke therapieren zu müssen.[198]

In ihrem Buch *Nicht Ich. Logik, Liebe, Libido* hat sich die Kulturwissenschaftlerin Christina von Braun ausführlich mit dem Thema beschäftigt: »So hat das abendländische Denken einen Begriff erfunden, um den unaussprechlichen Zustand, der nicht sein darf, dennoch zu umschreiben: die

Hysterie. Als ›hysterisch‹ wird alles bezeichnet, was nicht der Normalität zuzuordnen ist – je nachdem wo man die Normalität ansiedelt.«[199]

Um Frauen vor Hysterie zu schützen, schreibt sie, habe man beispielsweise vor einem Übermaß an Beschäftigung mit geistigen Dingen gewarnt: »So empfahl etwa das ›Enzyklopädische Lexikon der medizinischen Wissenschaft‹ als prophylaktische Maßnahme zur Verhinderung einer späteren hysterischen Erkrankung von Mädchen ›eine vorzeitige intellektuelle, vor allem aber das Gefühlsleben betreffende Entwicklung ist zu vermeiden‹. Während ›Leben auf dem Lande‹, kalte Bäder und Spaziergänge als heilsam betrachtet wurden, warnten die Autoren vor ›zuviel Zuwendung, vor allem aber zu viel Sentimentalität in den Beziehungen zu den Eltern‹. Abgeraten wurde auch von der Bemühung um schulische Leistungen.«[200]

Fontane muss um derlei Theorien gewusst haben. Er versuchte, seine pharmazeutischen Kenntnisse zur Anwendung zu bringen: »Seit 11 war sie in ständigem Gallen-Erbrechen gewesen und ich sollte nun helfen«, notierte er im Sommer 1886. »Etwas schwierig, da mir als Heilmittel nur Rotwein, Whiskey und Natrium bicarbonicum zu Gebot standen. Es wurde auch alles durchprobiert, Whiskey äußerlich und innerlich, schien einen Augenblick zu helfen, aber es wurde nur schlimmer. Endlich verfielen wir auf Morphiumtropfen, wovon wir zufällig einen halbverdorbenen Rest hatten. Es half wirklich, das entsetzliche Würgen ließ nach, alles beruhigte sich und das arme Tierchen stieg wieder in ihre Kammer hinauf.«[201] Das Zitat zeugt von der Nähe, die zwischen Vater und Tochter herrschte. Martha teilte ihre Zustände mit Fontane und ließ sich von ihm behandeln.

Nicht zuletzt setzten Eltern, Brüder, Freunde und Verwandte weiter nachdrücklich Hoffnungen darauf, Martha möge mittelfristig doch noch heiraten. Das hätte der Norm entsprochen, außerdem die Eltern aus der Verantwortung genommen, doch bei Martha war kein Mann in Sicht.

Sie kompensierte die Erwartungen, indem sie den Eltern zur Hand ging. Schon vor ihrem Jahr bei den Mandels hatte sie die Aufgabe übernommen, die Familie zu repräsentieren. Sie empfing Besucher ihrer Eltern, war dauerhaft anwesend, führte das Haus und stand dem Vater zur Seite, wenn Emilie vereist war. Sobald es ihr besser ging, verließ sie das Haus für Theaterbesuche und Gesellschaften, traf sich mit Freunden im Kaffeehaus oder wohnte Höhepunkten wie der Enthüllung des Luisendenkmals im Tiergarten bei, bei dem es sich um eine Nachbildung der Königin Luise von Preußen (1776–1810) handelte, die durch Spenden der Bürger Berlins finanziert worden war.

Auch zu Fernreisen konnte sie sich entschließen. Im Frühjahr 1884 ergab sich die Möglichkeit, eine wohlhabende Amerikanerin aus Chicago nach Italien zu begleiten, um ihre vierzehnjährige Tochter zu unterrichten. Mrs Dooly besaß eine herrschaftliche Villa in San Francisco und war mit Fontanes wahrscheinlich über Familie Witte bekannt geworden. Bei dieser Gelegenheit kam es, wie berichtet,[202] zur Begegnung mit Eva Dohm, die nach dem Tod ihres Mannes mit Mutter und Schwester in Rom residierte. Fontane sorgte ausdrücklich dafür, dass das Wiedersehen mit den Freunden in der Fremde zustande kommen konnte.

Doch auch hierbei traten Unwohlsein auf, Nervositäten und schließlich persönliche Differenzen. Martha sollte Mrs Dooly eigentlich bis zurück nach Amerika begleiten und dort einige Monate bleiben, doch kurz vor der Reise gab sie die Idee auf und kehrte in ihr Elternhaus zurück.

Ein erneuter Versuch, als Lehrerin zu arbeiten, scheiterte ebenfalls. Martha nahm im Oktober 1884 eine Stelle in der Schule von Auguste Leyde an, zehn Minuten zu Fuß von der heimatlichen Wohnung entfernt, unterrichtete Mädchen im Alter von acht und neun Jahren, doch schon nach einem halben Jahr wurde sie wieder krank und musste kündigen.

Was könnte Marthas Problem gewesen sein? Nervosität und Erschöpfung, auch Neurasthenie genannt, galt zur Jahrhundertwende als typische Berufskrankheit von Pädagogen. Eine zeitgenössische Studie ging 1905 davon aus, dass mehr als fünfzig Prozent aller deutschen Lehrerinnen unter den ebenso zahlreichen wie diffusen Beschwerden litten, die mit dieser Krankheit in Verbindung gebracht wurden. Generell wurde der Epoche ein Übermaß an Aufgeregtheit und Ängstlichkeit zugeschrieben.[203] In Berlin entstanden prächtige Straßen, weiträumige Plätze. Prompt entwickelten die Menschen Furcht vor monströser Weite. Carl Westphal (1833–1890), Direktor der Klinik für Nervenkranke an der Charité, gab dieser Krankheit den Namen Agoraphobie – Platzangst.[204]

Neurasthenie avancierte damals, wie im Zusammenhang mit Fontanes Mutter Emilie schon angedeutet, in gehobenen Gesellschaftsschichten geradezu zur Modekrankheit. Als Grund für die Erschöpfung gab man geringe Belastbarkeit oder auch Empfindlichkeit an. Neurasthenie wird heute nicht mehr diagnostiziert, aber die Symptome sind selbstverständlich geblieben. Heutzutage spricht man von Erschöpfungsdepression oder Burn-out.

Doch Martha konnte sich beileibe nicht über ein Übermaß an Belastung beklagen. Sie führte kein physisch anstrengendes Leben. Ihr Alltag war auch nicht eng getaktet oder laut, hektisch und betriebsam. Der Umgang im Hause Mandel war höflich und respektvoll gewesen. Die Arbeit als Lehrerin in der Mädchenschule umfasste nur wenige Vormittagsstunden. Ihre Familie gab ihr Schutz, Vertrauen und Unterstützung. Worauf war ihr Leid zurückzuführen?

Dieterle sieht den Ursprung für Marthas Leiden in der Verbindung zu ihrem Vater. Detailliert und umfassend erarbeitete sie in ihrer Doktorarbeit[205] unzählige Belege für eine von inzestuösen Phantasien gefärbte Vater-Tochter-Beziehung: »Als der vierzigjährige Fontane 1860 selber Vater einer Tochter wurde, erklärte er sie mit Entschiedenheit und von Anfang an zu seinem ›Liebling‹. Die enge, ja inzestuös gefärbte Beziehung zu dieser Tochter wurde für seine literarische Produktivität von Bedeutung. Martha Fontane ihrerseits ›vergötterte‹ ihren Vater, unterstützte sein Schaffen mit außerordentlicher emotionaler Heftigkeit, so dass von einer komplexen erotisierten Vater-Tochter-Beziehung gesprochen werden darf, die allerdings, wie jede Beziehung, verschiedene Phasen durchlief, Phasen der Zuwendung und Phasen der Abgrenzung. Spuren dieser Beziehung – manchmal finden sie sich stärker, manchmal schwächer – prägen das gesamte erzählerische Werk Fontanes.«[206]

Schon in der Erzählung *Geschwisterliebe* habe Fontane, so Dieterle, erste inzestuösen Phantasien ausgelebt. Es folgten Werke wie *Grete Minde*, *Ellernklipp*, *Graf Petöfy*, *Frau Jenny Treibel*, *Effi Briest* und *Der Stechlin*, die maßgeblich bestimmt seien von inzestuösem Begehren oder wenigstens in Nebenepisoden darauf hinwiesen. Auch seine *Wanderungen durch die Mark Brandenburg* enthielten Anzeichen solcher Empfindungen.

Besonders schwer wiegen Dieterles Ausführungen dort, wo sie direkte Parallelen zwischen Fontanes schriftstellerischem Schaffen und Marthas Biographie zieht. Schon ihre Geburt habe den Vater dazu ermutigt, sich ausschließlich dem Schreiben von Prosa zu widmen. Gerade in dieser Zeit habe die Ballade in seinem Werk ihre zentrale Bedeutung verloren. Stattdessen habe er mit seinen *Wanderungen durch die Mark Brandenburg* konsequent erzählerische Texte entwickelt. In der Konfliktzeit, in der sich Martha 1878 in den vierunddreißig Jahre älteren Stockhausen verliebte, habe der Vater die Novelle *Ellernklipp* entworfen, die, wie Dieterle schreibt, klassischer Ausdruck einer Vater-Tochter-Liebe sei: Als der Waldhüter Baltzer Bocholt erfährt, dass sich sein Sohn in seine Pflegetochter Hilde verliebt hat, erschlägt er ihn heimlich im Wald und heiratet die um Jahre Jüngere selbst.

Später, als alle Welt hoffte, Martha würde endlich heiraten, habe Fontane einen Roman geschrieben, der eine Tochter feierlich aus dem Haus des Vaters entlässt. *Frau Jenny Treibel* lebe von den Grundbewegungen des im Hochzeitszeremoniell enthaltenen Trennungsritus von Vater und Tochter. Als der Roman erschien, war Martha dreiunddreißig Jahre alt. Endete dieser Text mit der Hochzeit der Tochter, so beschreibe Fontane in seinem nachfolgenden Roman *Effi Briest* das Scheitern einer Ehe. »Die Rückkehr der Tochter ins väterliche Haus gerät zum ergreifenden Akt, eingeleitet durch Vater Briests ›Effi, komm‹.«[207] Hier spiegele sich, so Dieterle, Fontanes Ideal vom »Patriarchat mit menschlichen Zügen«. Ein guter Vater sei demnach kein strenger oder ungerechter Mann, sondern ein Mensch von nachsichtiger, gütiger Natur, wie der alte Briest.

Dieses Bild stimmt durchweg positiv, verbindet es sich allerdings mit der Vorstellung, der Vater habe seine Tochter begehrt und deshalb ins eigene Haus zurückgeholt, verzerrt es sich zur hässlichen Fratze. Dieterle deutet in ihrer psychologischen Analyse der Vater-Tochter-Beziehung an, Marthas gesundheitlicher Zustand könne auf sexuellen Missbrauch in der Kindheit zurückzuführen sein. »Die Krankheitssymptome, die Mete Fontane im Erwachsenenalter entwickelte, gleichen auffallend jenen, die Freud bei seinen an Hysterie erkrankten Patientinnen und Patienten feststellen konnte. Der Ursprung dieser Leiden, so wurde bereits erläutert, schien dem jungen Neurologen, der gerade derselben Generation angehörte wie die Fontane-Tochter, ein sexueller Mißbrauch in der Kindheit zu sein – ein Übergriff, den er in vielen Fällen den Vätern oder Personen mit väterlicher Autorität anlastete. (…) Mete Fontane war in der bürgerlichen Welt, in der sie lebte, umgeben von vielen Autoritätspersonen, die ihre Machtposition gegenüber kleinen Mädchen missbrauchen konnten, und es ist – folgt man der frühen Freudschen Überlegung – durchaus möglich, dass ihre Leiden im Erwachsenenalter auf eine frühkindliche Erfahrung sexueller Art zurückzuführen sind oder dass eine Missbrauchserfahrung zumindest ein zusätzliches Belastungsmoment bildete.«[208]

Dieterle schließt Marthas Vater ausdrücklich aus: »Allen Anzeichen nach aber kann sich diese Erfahrung nicht auf den leiblichen Vater beziehen. Denn Töchter, die vom eigenen Vater missbraucht wurden, scheinen keine tragende Beziehung mehr zu diesem entwickeln zu können.«[209] Dennoch hält sie daran fest, dass die Vater-Tochter-Beziehung Martha zum Nachteil gereicht habe: »Dabei bleibt als Phänomen auffällig, dass Fontanes Kreativität sich mit den Jahren zunehmend steigerte, während die Tochter in derselben Zeit immer leidender wurde.«[210]

Dieterles Argumentation ist lückenlos, die Belege sind stichhaltig und füllen viele Seiten, ja, man kann sagen, die Last der Beweise ist erdrückend. Kaum jemand hat sich derart intensiv und umfassend mit der Biographie Marthas beschäftigt wie sie. Trotzdem möchte man dem Bild, das sie zeichnet, nicht recht folgen. Lieber hält man es nur für eine mögliche Lesart, nicht für die abschließende, große und ganze Wahrheit um Fontane und seine Beziehung zu Frauen, insbesondere zu seiner Tochter. In diesem Sinne leitet Dieterle ihre Dissertation auch ein: »Nicht zuletzt geht es mir um das Abenteuer: einen Schriftsteller neu zu lesen, von dem man eigentlich alles Wesentliche schon zu wissen meinte.«[211] In ihrer umfassenden, 2006 erschienenen Martha-Biographie *Die Tochter. Das Leben der Martha Fontane* verfolgt Dieterle den psychoanalytischen Interpretationsansatz nicht weiter.

Wäre es nicht möglich, dass Fontane seine Tochter einfach nur liebte? Dass er an ihrer Krankheit verzweifelte, ja sich nachgerade, wie viele Eltern es machen würden, die Schuld dafür gab? Wiederholt stellt er Marthas Befinden in Relation zu seinen eigenen Unpässlichkeiten, vergleicht sie auch mit Emilies Empfindsamkeit, als habe Martha ihre Nervosität von ihm und seiner Frau geerbt. Fest steht, dass ihn sein Kind unendlich dauerte: »Sie (Mete) thut mir schrecklich leid. Sie hat das Bedürfniß nach Auszeichnung und kann sie, nach ihren Gaben, beanspruchen. Und es wird ihr unter der Krummhübler und leider auch unter der Berliner Gesellschaft so wenig davon zu Theil. An Georges Hochzeit wirkte sie wie eine Fremde, so sehr, daß mir das Herz weh that. Schlimm. Aber es muss ertragen werden wie so vieles; ich kann es nicht ändern.«[212]

Fontane war gegen diese Krankheit machtlos und versuchte, ihr eindrucksvolle Frauenfiguren entgegenzusetzen, die mit ihrem Schicksal haderten oder daran tragisch zerbrachen. Die Schuld dafür sah er in den Zwängen der wilhelminischen Gesellschaft, den Umständen, unter denen die Frauen lebten. So hat Martha ihren Vater sicher inspiriert, doch gelitten hat auch er. Vielleicht forschte er bei der Entwicklung seiner Frauenfiguren nach einem plausiblen Grund für Marthas Schicksal, versuchte, es gewissermaßen auf diese Art zu rechtfertigen. Dank der Anerkennung, die sein Werk bis heute genießt, geriet seine Tochter wenigstens nicht in Vergessenheit.

Einzelne Stationen im Leben Marthas weckten die Hoffnung, sie könnten ihr Dasein doch noch in eine Richtung führen, die erfüllend, arglos und frei von Krankheit gewesen wäre. So versuchte sie sich nach ihrem Abschied von Klein Dammer selbst als Schriftstellerin. Schon in ihren Briefen hatte sie Ehrgeiz und Freude am Schreiben bewiesen. Wiederholt bescheinigte ihr der Vater ein »talent epistolaire«.

Inspiriert von ihrem Leben im Haus Wittes, entwarf sie 1882 eine Novelle. Fontane versuchte, seine Tochter zu protegieren, und schickte den Text, versehen mit einem Empfehlungsschreiben, Ende Januar 1883 an den Herausgeber der *Illustrierten Frauen-Zeitung*, doch er wurde abgelehnt. »Die Novelle des Frl. Fontane ist, von andern Mängeln abgesehen, ohne jegliche Handlung«,[213] hieß es in der Absage. Leider ist das Manuskript verloren gegangen. Wie sehr hätte man Martha eine Zukunft als Autorin gegönnt.

Zeit ihres Lebens war Martha von Frauen verschiedenen Alters umgeben, mit denen sie enge Freundschaften unterhielt. Sie war ein Mensch, der mühelos Verbindungen knüpfen und Beziehungen dauerhaft halten konnte. Ob Anna oder Lise Witte, Johanna Treutler und ihre Töchter oder auch Marie Bencard, die sie in Rostock über Wittes kennengelernt hatte, und nicht zuletzt Freundinnen ihrer Eltern wie Henriette von Merckel oder Mathilde von Rohr – alle nahmen sie Anteil an Marthas Leben, waren mehr oder minder gut informiert über ihre Krankheit und pflegten liebevollen Umgang mit ihr.

Eine Freundin hob sich von allen anderen ab: Gräfin Margarete von Wachtmeister (1865–1928). Mit dreiundzwanzig Jahren kinderlos verwitwet, war sie mit Gut Zansebuhr gut versorgt, ein Anwesen nahe Stralsund, das sie von ihrem Mann geerbt hatte. Wenn es ihr auf dem Land zu einsam wurde, fuhr sie nach Berlin oder begab sich auf Reisen in den Süden. Sie führte ein exotisches, unabhängiges Leben.

Wo sich die beiden Frauen kennengelernt hatten, ist unklar. Der Kontakt kam wahrscheinlich über Gustav von Veit zustande, den Gynäkologen, der Martha in Bonn operiert hatte. Margarete war seine Tochter aus erster Ehe und sein Landsitz Deyelsdorf bei Tribsees, auf den er sich mit seiner Frau Marie gerne zurückzog, nur wenige Wagenstunden von Zansebuhr entfernt. Die junge Witwe muss Gefallen gefunden haben an der Fontane-Tochter, lud sie zu sich nach Hause ein, und gemeinsam verbrachten die beiden viele Wochen auf dem gräflichen Besitz. In dieser Zeit bekamen Fontanes nur wenig von ihrer Tochter zu hören. »Wie geht es mit Deiner Gesundheit?«, schrieb Fontane, »mit Deinem Leben überhaupt? Wir erfahren nicht viel. Alles hüllt sich in ein gewisses Dunkel. Ich glaube, Du könntest lichtvoller sein; es wäre auch für Dich gut.«[214] Doch Martha ging es gut. Die Frauen musizierten zusammen, machten gemeinsame Ausfahrten, zur Ostsee war es von hier aus nicht weit, auch der Barther Bodden war gut zu erreichen, das Haus selbst umgeben von einem weitläufigen Park. Marthas Biographin Dieterle geht davon aus, dass sich Margarete in die fünf Jahre ältere Martha verliebt hatte. Sie beschreibt die Beziehung als eine »erotisierte Frauenfreundschaft«.[215]

Leider fand auch diese Episode in Marthas Leben keine Fortsetzung. Margarete begab sich auf Reisen, meldete sich nur sporadisch von unterwegs und konnte Martha nicht die Normalität bieten, die sie wahrscheinlich brauchte. Wie sehr hätte man ihr ein Leben auf dem Rittergut in malerischer Umgebung gewünscht, unabhängig von ihrer Familie und den diffusen Zwängen, die ihr daraus erwachsen waren.

Martha sah ihre Pflicht darin, für ihre Eltern da zu sein, Tochter des Schriftstellers Fontane zu sein. Sie brillierte als Gesellschafterin und Causeuse in der Potsdamer Straße, repräsentierte dort wie gewohnt zuverlässig die Familie und organisierte den ein oder anderen gemeinsamen Ferienaufenthalt mit den Eltern. So fuhr sie im Sommer 1886 mit Fontane nach Krummhübel, heute Karpacz. Bis heute ist der malerische Ort zu Füßen der Schneekoppe ein beliebter polnischer Luftkurort und Ausgangspunkt für weitläufige Wanderungen durchs Riesengebirge. In der kälteren Jahreszeit kommen bevorzugt Skifahrer dorthin und genießen die mannigfaltigen Möglichkeiten des Wintersports. Zu Fontanes Zeiten waren es vor allem Berliner, die hier Tapetenwechsel und Luftveränderung suchten, doch auch aus Sachsen und Schlesien kamen viele Feriengäste. Eindrucksvoll fand die Umgebung Eingang in Fontanes Roman *Quitt* (1891).

Im darauffolgenden Jahr kannte sich Martha in Krummhübel schon aus, reiste früher an und suchte eine günstige Sommerwohnung. Sobald der Vater nachgekommen war, kümmerte sie sich um das kulinarische Wohl, interessante Gäste und freundlichen Umgang. Wochenweise stieß Emilie zu Ehemann und Tochter hinzu. Sobald Martha die Eltern eingerichtet wusste, machte sie sich selbstständig, ging mit Freunden und Bekannten wandern, die zufällig auch gerade im Riesengebirge die Ferien verbrachten, oder machte Besuche im benachbarten Arnsdorf.

Fontane war begeistert. Besonders freute er sich über Martha, die mit Geschick und Einfühlungsvermögen ein Quartier mit dazugehöriger Laube ausgewählt hatte. Notorisch empfindlich gegen schlechte Gerüche, konnte er geschützt vor Wind und direkter Sonneneinstrahlung an einem überdachten Ort arbeiten und hatte gleichzeitig Frischluft um die Nase.

1888 wiederholten sich derlei Abläufe. Wieder reiste Martha voraus, fand eine passable Unterkunft, die Eltern kamen später hinterher und quartierten sich entspannt ein. Begeistert schrieb Emilie an Sohn Theodor: »Mete ist tapfer und hülfebereit für jeden von uns, sie wird immer liebenswerter und denkt stets an andre, zuletzt an sich. (...) Jetzt kocht sie wieder für uns und alles mit einer Freudigkeit, als wäre es ihr Vergnügen. Papa sagte noch gestern Abend: er hätte kaum einen Menschen gesehn, der so günstig durch Luft und Natur beeinflußt worden wäre, könnten wir ihr doch einen netten Landmann verschaffen, das wäre ihr Element. Vorläufig sind wir so egoistisch froh zu sein, daß wir Alten sie noch haben, und auch sie scheint damit einverstanden. Ihre Gesundheit ist hier vortrefflich.«[216]

Während einer dieser Sommeraufenthalte entstand auch das berühmte Foto, das in kaum einer Monographie fehlt. Es zeigt Vater und Tochter eng nebeneinander auf einem Absatz einer Steintreppe sitzend. Fontane blickt zum Betrachter des Fotos, Martha schaut bewundernd zu dem Vater auf. Sie liebte das Foto, betrachtete es als ihren Privatbesitz und gab das Original zu Lebzeiten nur einmal aus der Hand: Es schmückte den zweiten Band der *Briefe an seine Familie* (1905), eine Sammlung von Korrespondenzen Fontanes, um deren Veröffentlichung sich Martha nach seinem Tod kümmerte.

Dieses Bild könnte der Schlüssel zur Ergründung von Marthas Schicksal sein. Es steht für ihre kindliche Liebe zu ihrem Vater und die Unterstützung, die dieser durch seine Tochter erfuhr. Möglicherweise fand Fontane erst dadurch den Mut, ganz auf seine Prosakünste zu vertrauen. Von seiner Ehefrau kam die konstruktive Kritik, von seiner Tochter bedingungslose Anerkennung.

Auch wenn die Eltern immer aufs Neue hofften, Martha möge sich verheiraten, genossen sie durchaus die Anwesenheit der hilfsbereiten Haustochter beziehungsweise der Tochter im Haus. Im Jahr der großen Krise, 1892, als Fontane in einen über Monate andauernden Erschöpfungszustand fiel, war Martha ihrer alten Mutter eine unersetzliche Hilfe. Gemeinsam versorgten die beiden den Kranken und standen ihm abwechselnd zur Seite. In dieser Zeit machte Fontane sein Testament und setzte in Absprache mit den Familienmitgliedern, George war inzwischen verstorben, Martha als Alleinerbin des beweglichen Vermögens ein. Der Schriftsteller wollte wohl vermeiden, dass die Familien seiner Söhne nach seinem Tod für Martha hätten aufkommen müssen. Ihr wurden sieben Neuntel des Barvermögens und die Hälfte der Tantiemen zugesprochen. Den Brüdern blieb der Pflichtteil.

Am 31. Juli 1893 verstarb Friedrich Witte, und wieder wurde deutlich, wie sehr Martha an diesem Menschen, einem schließlich deutlich älteren und auch verheirateten Mann, gehangen hatte. Es muss mehr als reine Freundschaft gewesen sein, die sie für ihn empfunden hatte. Sie war eben grundsätzlich in der Lage, zu Männern der Generation ihres Vaters große Anhänglichkeit zu entwickeln. In ihrer Gegenwart fühlte sie sich, wie sie es von ihrem Vater von früher Jugend an gewohnt war, ernst genommen, verstanden und sicher.

Nach Wittes Tod erlitt sie einen totalen Zusammenbruch, verweigerte tagelang die Nahrungsaufnahme und konnte vor Angst das Haus nicht mehr verlassen. Sie war nicht einmal in der Lage, an der Beerdigung teilzunehmen.

Nur mit großer Unterstützung, nicht zuletzt von Georg Anton Salomon (1848–1916), einem Arzt, den Fontane spontan um Hilfe gerufen hatte, gelang es ihr, die Krise zu überwinden. »Salomon war salomonisch«, schrieb der Vater an seinen Freund Zöllner, »alles schlug an: eine Tasse Kaffe belebte sie, kalte Umschläge erfrischten sie, Porter nährte sie (sie war wie verhungert) – so daß sie Sonntag früh wieder anders in die Welt sah. Seitdem sind allerdings keine großen Fortschritte zu verzeichnen; es wird noch lange dauern, ehe sie wieder leidlich auf dem Damm ist.«[217]

Einzig positiver Begleitumstand dieses Todesfalles war die Tatsache, dass Witte Martha ein persönliches Vermögen in Höhe von 12 000 Reichstalern vermacht hatte, die ihr 600 Reichstaler Zinsen pro Jahr einbrachten. Sie war nun finanziell nach allen Seiten hin bestens abgesichert.

1882 hatte Martha die Bekanntschaft von Karl Emil Otto Fritsch (1838–1915) gemacht. Er war im schlesischen Ratibor geboren, Architekt, Mitgründer der *Deutschen Bauzeitung* und selbst Autor – ein hoch gelehrter Mann. Gemeinsam mit Kollegen gab er das damals renommierte Standardwerk *Berlin und seine Bauten* heraus. Als er erstmals bei Fontanes vorsprach, suchte er nur den Rat des Schriftstellers, doch die beiden Familien befreundeten sich und blieben in Kontakt. Fritsch war zweimal verheiratet und verwitwet. Fontanes lernten seine zweite Ehefrau Anna Köhne (1858–1897) und auch die Kinder aus erster Ehe kennen. Anna inspirierte Fontane zur kapriziösen Figur der Käthe von Sellenthin in *Irrungen, Wirrungen*.

Fritsch war ein kluger Mensch, dank seiner Publikationen Professor geworden und hatte es zu einigem Wohlstand gebracht. Im Umgang mit Frauen erwies er sich gleichzeitig als geduldiger und gütiger Mensch. Wann sich Martha in den mehr als zwanzig Jahre älteren Mann verliebte, ist nicht verbürgt. Fest steht, dass der Architekt das Trauerjahr, das seiner zweiten Frau gebührt hätte, nicht einhielt, sondern sich schon im Januar 1898 heimlich mit Martha verlobte. Das wäre allerdings ganz im Sinne seiner Gattin gewesen. Sie war lange krank, bevor sie starb, und soll vor ihrem Tod Fritsch ans Herz gelegt haben, sich mit Martha zu vermählen.

Entsprechend heimlich und inoffiziell wurde am 16. September Verlobung gefeiert. Nicht einmal Emilie war zugegen. Fontane gab ein kleines Abendessen in der Potsdamer Straße für neun Personen und hielt einen fröhlichen Trinkspruch auf das Paar. Mit Marthas Brüdern wurde am nächsten Abend gleich noch ein zweites Mal gefeiert. Alle freuten sich über das Ereignis. Niemand hätte mehr damit gerechnet. Martha war inzwischen achtunddreißig Jahre alt.

Dann passierte das Unvorstellbare: Genau einen Tag nach der zweiten Verlobungsfeier verstarb Fontane. Sein Tod kam völlig überraschend. Nicht die geringsten Anzeichen hatten darauf hingewiesen, dass er dem Sterben nahe sei. Es schien beinahe, als habe er Martha sicher in ihrer neuen Rolle als Ehefrau wissen wollen, bevor er für immer Abschied nahm. Seine Beziehung zu ihr muss geradezu symbiotisch gewesen sein.

Am 4. Januar 1899, wenige Monate nach der Beerdigung ihres Vaters, heiratete Martha in aller Stille ihren Verlobten in Berlin. Kurz darauf gingen die beiden auf Reisen. Erst fuhren sie in den Norden bis nach Dänemark, im März dann Richtung Italien.

Martha hatte es gut getroffen. Fritsch liebte sie, respektierte ihre extreme Verehrung für den Vater, war gescheit und gut betucht. Er war bereit, sie auf Händen zu tragen. Doch was blieb, war Marthas Krankheit, und daran konnte auch eine Eheschließung nichts ändern. Je älter Fontanes

Tochter wurde, desto vehementer brachen sich ihre Psychosen Bahn. Kaum zurück von den Hochzeitsreisen, war sie derart erschöpft, dass wieder ein Arzt konsultiert werden musste. Er verordnete Ruhe und eine Trinkkur mit Arnesit-Eisenwasser.

Fritsch zeigte sich auch diesbezüglich geduldig und ließ es an medizinischer Versorgung für Martha an nichts mangeln. Im Sommer 1900 ging es zur Kaltwasserkur nach Nassau, nach einem neuerlichen Zusammenbruch im Herbst 1901 verbrachte Martha zwei Monate im Kurhaus Hubertus am Berliner Schlachtensee. Hier fanden bevorzugt Nerven- und Gemütskranke Erholung und ärztliche Versorgung.

Fritsch hatte inzwischen in Waren an der Müritz, nördlich von Berlin, ein Anwesen erworben, in das er sich mit Martha nach seinem Ruhestand zurückziehen wollte. Er ließ das ansehnliche Gebäude in der Villenstraße 2 um einen Wohnturm erweitern. Auf dem benachbarten Grundstück, das er ebenfalls gekauft hatte, entstand ein Sommerhaus mit Wirtschaftsgebäuden. Dort residierten die beiden wahrlich prächtig ab Weihnachten 1900, empfingen Gäste und beherbergten Freunde und Familie.

Martha stand ein ganzer Stab von Personal zur Verfügung: Wirtschafterin, Hausmädchen, Küchenmädchen, Diener, dazu ein Hausbursche und ein Gärtner mit Lehrling. In den Zeiten, in denen sie gesund war, führte sie mit ihrem Mann ein offenes, großbürgerliches Haus mit eleganten Abendessen, Teegesellschaften, gemeinsamen Spaziergängen und nicht enden wollenden Plaudereien, ähnlich wie sie es bei Wittes in Rostock kennengelernt hatte. Diese Ehejahre mit Fritsch müssen wie die Erfüllung eines lang gehegten Traumes gewesen sein, wie der Versuch, das zu leben, was ihr Vater sich für seine Familie oder Martha sich für ihre Eltern imaginiert hatte.

Doch die alten Ängste und Depressionen holten sie wieder ein. Auf die erste Kur am Schlachtensee folgte eine zweite. Inzwischen waren es ernstzunehmende Alkoholprobleme, die Fritsch glaubte bei seiner Frau konstatieren zu müssen. Der verlängerte, winterlange Aufenthalt im Kurhaus Hubertus diente diesmal zusätzlich dem Entzug.

Marthas Krankheit äußerte sich inzwischen in einer gewissen Rastlosigkeit. Schon in Waren hatte sie plötzlich nicht mehr in der eleganten Villa residieren wollen, sondern war mit ihrem Mann 1905 in das Sommerhaus nebenan übersiedelt. In Berlin bezog man längst nicht mehr Quartier in der Elßholzstraße 10, Fritschs erster Wohnung, in der die beiden auch geheiratet hatten, sondern war in den Grunewald gezogen. Ab Herbst 1905 wohnte Martha mit ihrem Mann in einer Villa Ecke Siemensstraße. Drei Jahre später ging es in die Herbertstraße 10, 1911 in die Lynarstraße 10 und im Spätsommer 1913 in die Schleinitzstraße. Fritsch tat, was immer Martha brauchte und wollte, um sie zu unterstützen. Zu guter Letzt segnete auch ihn das Zeitliche. Er starb am 31. August 1915 und wurde am 4. September in Waren beerdigt. Nun war Martha vollkommen allein.

Trost spendeten ihr Verwandte und Freunde. Sie nahmen sich ihrer an, besuchten sie, korrespondierten mit ihr, doch auch sie konnten das scheinbar Unausweichliche nicht aufhalten. Mitten im Winter, Anfang Januar 1917, stürzte Martha in Waren aus dem Fenster. Obwohl es keinen Abschiedsbrief gab und keine unmittelbaren Zeugen, ist davon auszugehen, dass es sich um einen Selbstmordversuch handelte. Sie wurde bewusstlos aufgefunden und verstarb wenige Tage später, am 10. Januar, an ihren schweren Verletzungen.

In diesem Kontext erscheint Dieterles Interpretation noch einmal besonders tragisch. Während der Vater mit fast achtzig Jahren eines natürlichen Todes starb und bis zum Ende, umgeben von seinen Liebsten, voller Pläne und ein emsig schaffender, kreativ Schreibender war, stürzte sich seine Tochter krank und vereinsamt zu Tode. Wie ungerecht erscheint es, dass er, wie es aussieht, aus der Beziehung zu seiner klugen Tochter schöpfen und ein Werk schaffen konnte, das ihn weit über seinen Tod hinaus berühmt und beliebt machte, während seine Tochter offenkundig am Vater zerbrach.

Doch Dieterles Interpretation bleibt eine Lesart, eine mögliche Deutung der Fakten und Beziehungen. Marthas Biographie lässt sich nicht eindeutig erklären, zu ungewöhnlich waren ihre Persönlichkeit und ihre Entwicklung, zu kompliziert die Wege, die Frauen damals beschreiten konnten und durften. Fest steht, dass die Fontane-Tochter wissbegierig, neugierig und lernbereit war, und das zu einer Zeit, in der es Männern wie Frauen, unabhängig von ihrer Herkunft, zunehmend möglich war, einen bedeutenden Grad an Bildung zu erlangen. Während Männer dank ihrer Kenntnisse in der Folge Aufgaben in Industrie, Politik und Wissenschaften übernehmen konnten, blieben Frauen mit ihrem Wissen auf private Zirkel und Salons beschränkt.

War einem der Zugang zu dementsprechenden Kreisen allerdings verschlossen, konnte man seine intellektuellen Fähigkeiten keineswegs frei ausleben. Sie wurden nicht abgefragt, und die Frauen erlangten durch sie keinerlei Anerkennung. Diese Erkenntnis birgt durchaus das Vermögen, einen auch aus heutiger Sicht noch in den Wahnsinn zu treiben.

Vollkommen zutreffend erscheint im Rückblick der Nachruf auf Martha, der im Januar 1917 unter anderem in den *Mecklenburger Nachrichten* erschien: »Wie aus dessen (Fontanes) Familienbriefen hervorgeht, war sie sein Lieblingskind, dem er durch die Gestalt der Corinna in ›Frau Jenny Treibel‹ ein dauerndes Denkmal gesetzt hat. Sein Lieblingskind vielleicht aus dem Grunde, weil sie die einzige Tochter war und bis zu ihrer erst nach des Vaters Tode erfolgten Verheiratung dem elterlichen Hause am längsten angehörte. Sein Lieblingskind aber mehr noch, weil sie, ihre Brüder an Bedeutung überragend, dem Vater das geistig am meisten ebenbürtige Kind war. Sie hatte das feinste Verständnis für seine dichterische und menschliche Eigenart, sie wußte in jeder Hinsicht ihn am besten zu nehmen. Leider war es ihr nicht vergönnt, die ihr innewohnenden Gaben schöpferisch zu verwerten. Sie hatte aber auch die Künstlernerven geerbt, deren feine Empfindsamkeit von früh an ihr körperliches Wohlbefinden stark beeinträchtigte. In großen Augenblicken groß und die körperliche Schwäche durch geistige Kraft niederzwingend, war sie für das ermüdende Gleichmaß der Tage nicht geschaffen.«[218] Der Nachruf erschien anonym, doch man nimmt an, dass er von Marthas Bruder Theodor verfasst wurde.

»(...) dies ist wohl der Grund,
warum meine Frauengestalten
alle einen Knacks weghaben.«
Weibliche Figuren in Fontanes Werk

An den Beziehungen zu den Frauen, mit denen Fontane
verwandt war oder die ihn unmittelbar umgaben, lässt
sich leicht erkennen, woher seine Interesse an weiblichen
Schicksalen rührte. Er führte mit diesen Frauen ausführliche Gespräche oder Korrespondenzen, sie tauschten sich
offen mit ihm aus und ließen ihn unbekümmert an ihrem
Leben teilnehmen. Dank dieser Nähe kannte er die Umstände, in denen sie lebten, und konnte sie glaubwürdig nachzeichnen. Zahlreiche der genannten Personen und Zusammenhänge inspirierten ihn zu seinen literarischen Figuren.
Sie fanden direkten oder indirekten Eingang in sein Werk.

Bei vielen seiner literarischen Figuren mischten sich
Eigenschaften und Charakteristika möglicher Vorbilder aus
der Realität, aber eine selbstbestimmte Frau mittleren Alters (Jenny Fontane) oder ein lebenslustiges junges Mädchen (Martha), eine besonnene ältere Dame (Mathilde von
Rohr) oder eine unverheiratete Tante, die der Familie generell wohlgesinnt ist und sie unterstützt (Henriette von Mer-

ckel), findet sich fast in jedem seiner Werke wieder. Aus dieser Gemengelage wählte Fontane die weiblichen Figuren für seine Prosa aus.

Was äußerst selten auftritt, ist der Typus der glücklich verheirateten, liebenswerten Ehefrau mittleren oder höheren Alters. Parallel dazu sind Fontanes männliche Hauptprotagonisten meist unverheiratet oder verwitwet, als würden Gattinnen das Bild grundsätzlich trüben.

In diesem Kapitel soll es konkret um Fontanes Werk gehen. Es handelt nicht von den Frauen, die ihn physisch umgaben, sondern von den Protagonistinnen in seinen Romanen, Novellen und Erzählungen. Ausgewählt wurden bewusst solche, die keinen direkten Rückschluss auf reale Personen aus Fontanes Umfeld zulassen, stellen sie doch die Mehrheit in Fontanes Prosa dar. Jede Frauenfigur wird einzeln vorgestellt und der Inhalt der Werke, in denen sie auftreten, in gebotener Kürze wiedergegeben.

Die nachfolgenden fünf Kapitel berücksichtigen die Werke, deren Hauptprotagonistinnen eindeutig auf ein historisches Vorbild zurückgehen, wie in *Grete Minde*, *L'Adultera*, *Schach von Wuthenow*, *Cécile* und *Effi Briest*. Der Fokus in diesen Kapiteln liegt weniger auf den literarischen Figuren als auf der Biographie und den Wirkungsstätten der historischen Personen, die sich dahinter verbergen. Denn letztlich stellt sich auch hier die Frage, wer die Frauen eigentlich waren, auf die Fontanes Augenmerk fiel, und was genau ihn veranlasst hat, sich so intensiv mit ihnen zu beschäftigen.

Frau Jenny Treibel findet nicht noch einmal eigens Erwähnung, denn die Zusammenhänge zwischen Fiktion und Realität wurden, was diesen Text angeht, in den Kapiteln über Fontanes Schwestern, seine Tochter und im Zusammenhang mit der Frauenbewegung ausführlich besprochen.

Weibliche Protagonistin in Fontanes erster Erzählung *Geschwisterliebe* (1839) ist Clara, auch Clärchen genannt. Das »liebe, gute« und »anspruchslose« Mädchen lebt seit dem Tod ihrer Eltern alleine mit ihrem blinden Bruder Rudolph und kümmert sich um sein Wohl. Naturgemäß verliebt sich die junge Frau im Erwachsenenalter, ihr Auserwählter ist der Prediger Eisenhardt, aber der Bruder kann sich über die gegenseitige Zuneigung der beiden nicht freuen. Erbost zieht er sich von der Schwester zurück und verwünscht den Geistlichen. »Rudolph erhob sich von seinem Sitze. Clara umschlang ihn, bat ihn zu bleiben, denn es rege sich noch Tausenderlei in ihrem Herzen, was er nur jetzt in diesem Augenblicke erfahren könne, wo ihr das Verhältnis zum Geliebten noch über einen solchen Gegenstand zu sprechen erlaube. Umsonst, er entzog sich gewaltsam ihrer Umarmung. ›Eitelkeit, Eitelkeit!‹ rief er mit herzzerreißendem Tone in die Nacht hinaus und kehrte dann auf wohlbekannten Wegen in sein Zimmer zurück, das er verschloß, um weiterer Mitteilungen überhoben zu sein.«[219]

Trotz der Ablehnung durch den Bruder heiratet Clara ihren Geliebten, doch sie kommt nicht über den Konflikt hinweg. Einige Zeit nach der Hochzeit wird sie krank und verstirbt: »Aber umsonst; das liebereiche Herz hatte zu schlagen aufgehört, keine Regung irgendeines Muskels deutete auf Spuren von Leben, das Auge, der Spiegel ihrer Seele, vermochte nicht mehr wiederzugeben, was der Körperhülle entflohen war, gebrochen lag es starr in seiner Höhle.«[220] Zwar gelingt es den Männern, sich mit den Jahren zu versöhnen, doch nicht, den Schmerz über Claras Tod zu verwinden. »Die Beklagenswerten endeten, nachdem sie von fremden Händen kümmerlich gepflegt, den Leidenskelch bis auf den Grund gelehrt hatten. Nur den letzten Tropfen durften sie nicht genießen, da keiner den andern überlebte.«[221]

Fontane zeigt hier auf romantisch verklärte Art, wie tragisch nahe Geschwisterliebe und körperliches Begehren beisammenliegen können. »Nie hatte sie in ihrer reinen Seele an ein solches Verhältnis gedacht und erst jetzt, wo sie zum ersten Male liebte, bemerkte sie mit Schrecken, daß der Bruder mehr denn eine Schwester in ihr erblickte, gestand sie sich errötend eine Gleichheit ihrer Gefühle für den Geliebten mit denen, welche ihr der blinde, leidenschaftliche Bruder genugsam an den Tag gelegt hatte.«[222] Clara wird zum Opfer der Liebe ihres Bruders und zerbricht daran.

Auch wenn es nicht leichtfällt, die einigermaßen naiv strukturierte Komposition nachzuvollziehen, zeichnet sich schon in diesem Frühwerk ab, dass Fontane weibliche Personen bewusst dort einsetzt, wo es darum geht, die Tragik eines Schicksals verständlich zu machen. Typischerweise geht nicht Rudolf an seiner unglücklichen Liebe zugrunde, sondern Clara. Gleichzeitig bleibt die Frau Sympathieträgerin. Nicht mit dem Bruder hat der Leser Mitleid, obwohl er durch seine Blindheit kein leichtes Schicksal hat, sondern mit der Schwester.

Fontane signalisierte schon hier sein generelles Missbehagen an den gesellschaftlichen Zusammenhängen seiner Zeit, so wie er sie beobachtet hatte. Schuld sind demnach nicht die Frauen, sondern die Verhältnisse, in die sie verstrickt sind. Es gilt also nicht, die weiblichen Mitglieder der Gesellschaft zu kritisieren oder gar zu bestrafen, sondern die Bedingungen zu hinterfragen, unter denen sie leben.

Die Frauenfigur, die in Fontanes Roman *Vor dem Sturm. Roman aus dem Winter von 1812 auf 13* (1878) den zentralen Konflikt spiegelt, heißt Kathinka von Ladalinski. Sie ist von polnischem Adel, katholisch und an der Seite ihres Bruders Pertubal (Tubal) über Silvester 1812 zu Gast bei der preußischen Familie von Vitzewitz in Schloss Hohen-Vietz. Wie ein Komet bricht die leidenschaftliche, junge Frau in das geruhsame Leben in der mecklenburgischen Provinz herein. Lewin, jugendlicher Sohn und Erbe des Hauses, verliebt sich in die liebreizende, aufgeweckte Frau und möchte sie heiraten. »Kathinka, in einem enganschließenden polnischen Überrock von dunkelgrüner Farbe, der erst jetzt, wo sie sich erhoben hatte, die volle Schönheit ihrer Figur zeigte, war ihr dabei behilflich. Alles, was Lewin für sie empfand, war nur zu begreiflich. Ein Anflug von Koketterie, gepaart mit jener leichten Sicherheit der Bewegung, wie sie das Bewußtsein der Überlegenheit gibt, machten sie für jeden gefährlich, doppelt für den, der noch in Jugend und Unerfahrenheit stand. Sie war um einen halben Kopf größer als Renate; ihre besondere Schönheit aber, ein Erbteil von der Mutter her, bildete das kastanienbraune Haar, das sie, der jeweiligen Mode Trotz bietend, in der Regel leicht aufgenommen in einem Goldnetz trug. Ihrem Haar entsprach der Teint und beiden das Auge, das, hellblau, wie es war, doch zugleich wie Feuer leuchtete.«[223]

Auch die Verwandten, Lewins Vater Berndt, dessen Schwester Gräfin Amelie Pudagla und insbesondere Kathinkas Vater Alexander von Ladalinski, wünschen eine Verbindung zwischen den jungen Leuten. Ähnlich würde Alexander gerne Lewins jüngere Schwester Renate mit seinem Sohn Tubal vermählen. Doch in den Wirren der Rückkehr von Napoleons Armee aus Russland und dem Bestreben einzelner Mitglieder des preußischen Landadels, sich ohne Zustimmung des Königs im Volkssturm gegen die Franzosen zu erheben, werden die Heiratspläne förmlich zerrieben. Widerstrebend folgt Lewin dem patriotischen

Aufruf und zieht mit den Streitwilligen um Generalmajor von Bamme gegen Frankfurt an der Oder. In dem aussichtslosen Kampf kommt sein Freund Tubal ums Leben, und er selbst gerät in Gefangenschaft. Kathinka hingegen verliert ihr Herz an Graf Jarosch Bninski, einen polnischen Patrioten, der im Exil lebt. Da ihr Vater nicht in die Heirat einwilligt, entflieht sie ihrer Familie und später bis nach Paris. Lewin muss seine Liebe aufgeben und vermählt sich mit Marie Kniehase, einem Adoptivmädchen aus Hohen-Vietz, ein im Sinne des Autors glücklicher Ausgang. »Und ein Verlöbnis, wie Menschenaugen kein schöneres gesehen. Denn es war nur gekommen, was kommen sollte; das Natürliche, das von Uranfang an Bestimmte hatte sich vollzogen, und Berndt selber, tiefbewegt in seinem Herzen, hatte sich des Glückes der Glücklichen gefreut.«[224]

Kathinka repräsentiert die entwurzelten Familien und unsteten Charaktere, die in dem Roman dem alteingesessenen Geschlecht der Vitzewitz mit ihren über Generationen gewachsenen Traditionen gegenübergestellt werden. Obwohl ihr Wesen für Unruhe und Unentschiedenheit spricht, stellt sie Fontane als lebenslustige, selbstbewusste Frau dar, die dem gebildeten und bodenständig erzogenen Lewin an Geistesgegenwart überlegen ist. Ob Kathinka mit Bninski am Ende glücklich wird, bleibt offen, allein in Renates Tagebuch findet sich abschließend der Eintrag: »Brief von Kathinka (aus Paris). Teilnehmend, aber sehr vornehm. Wir sind ihr kleine Leute geworden. Sie kennt nur noch zweierlei: Polen und ›die Kirche‹.«[225] Kirche steht hier bei Fontane in Anführungszeichen, denn Kathinka ist Katholikin, die Familie von Vitzewitz hingegen traditionell protestantisch.

Zu den Frauen, die neben den vier Genannten in dem Roman eine entscheidende Rolle spielen, zählt Brigitte Schorlemmer. Sie ist eine liebenswürdige, alleinstehende Dame, die nach Hohen-Vietz gekommen war, um sich Lewins und der damals erst zwölfjährigen Renate anzunehmen, nachdem deren Mutter gestorben war. Auch sie bestimmt nachdrücklich den Gang der Handlung. Fontane selbst lässt den Erzähler im Text sagen, sie sei »keine Nebenfigur in diesem Buche«.[226]

In der Novelle *Ellernklipp – Nach einem alten Harzer Kirchenbuch* (1881) handelt es sich bei der zentralen weiblichen Figur um die junge Hilde Rochussen. Nachdem ihre Mutter bei einem Hausbrand ums Leben gekommen ist, wächst das außerehelich gezeugte Mädchen beim Forstaufseher Baltzer Bocholt auf. Ihr Vater war Adalbert, der verstorbene Sohn der gräflichen Familie Emmerode, die im gleichnamigen Schloss wohnt und bei der Bocholt angestellt ist. Der Forstaufseher ist verwitwet, hat jedoch einen Sohn Martin, der sich mit Hilde bald innig befreundet. »Hilde lebte sich ein, und es waren glückliche, helle Tage, so hell wie der Schnee, der draußen lag. Alle Morgen mußte Martin in die Schule, zweimal auch zu Sörgel, aber wenn er dann eine Stunde vor Essen wiederkam und seine Mappe mit der Schiefertafel in das Brotschapp gestellt hatte, so ging es mit der ihn schon erwartenden Hilde rasch in die Winterfreude hinaus, die jeden Tag eine andere wurde. Die größte aber war, als sie sich auf dem Hofe eine Schneehütte gebaut und die Höhle darin mit Stroh und Heu ausgepolstert hatten. Da saßen sie halbe Stunden lang, sprachen kein Wort und hielten sich nur bei den Händen. Und Martin sagte, sie seien verzaubert und säßen in ihrem Schloß, und der Riese draußen ließe niemand ein.«[227]

Nachdem die beiden herangewachsen sind, möchten sie heiraten, doch Bocholt hat inzwischen selbst Gefallen an dem Mädchen gefunden. Eine Begegnung abends im Wald zwischen Vater und Sohn endet für den Jüngeren tödlich. Drei Jahre später heiratet Bocholt Hilde, und sie bekommen ein Kind, doch es nimmt kein gutes Ende. Der Säugling erholt sich nicht von der Geburt und stirbt. Den Forstmann verfolgt überdies die Vorstellung, sein Sohn würde nachts im Wald nach ihm rufen. In seiner Verzweiflung bringt er sich schließlich um.

Hilde wird schwermütig. Allein ihre Besuche bei der alten Gräfin von Emmerode, ihrer gebürtigen Großmutter, spenden ihr ein wenig Trost. »In dieser Not und Armut hätte sie verkommen müssen, wenn nicht die Gräfin gewesen wäre. *Die* hatte seit dem Tage, wo Hilde das erste Mal oben auf dem Schlosse gewesen, eine Liebe für sie gefaßt, und allwöchentlich schickte sie nach ihr, um eine Plauderstunde mit ihr zu haben. Und da wußte sie so vertraulich zu sprechen und so liebevoll zu fragen, daß Hilde jede Scheu vor ihr verlor und ihr alles sagte, was in ihrem Herzen war: Gutes und Schlechtes, Furcht und Hoffnung. Und die Aufrichtigkeit dieser Beichte rührte der Gräfin Herz, und wenn Hilde sie verlassen hatte, sah sie der langsam in den Talweg Niedersteigenden nach und sagte: ›So sind die Wege Gottes. Eine Trübsal brachte dies Kind in unser Haus. Und nun ist es mein Glück und meiner Tage Licht.‹«[228] Zu guter Letzt stirbt Hilde.

Die Frau, die in *Graf Petöfy* (1884) die wichtigste Rolle spielt, heißt Franziska Franz. Die vierundzwanzigjährige Wiener Schauspielerin stammt ursprünglich aus Norddeutschland und ist die Tochter eines protestantischen Pfarrers. Sie wird als kluges, anmutiges und gleichzeitig nachdenkliches Geschöpf eingeführt. »›Es handelt sich um die reizende Franz, die heute, Pardon, wenn ich etwas übertreibe, die Königin unseres Festes sein soll. (…) Denn gerade heute hatt ich vor, sie deiner Tante Judith vorzustellen, woran mir, offen gestanden, liegt. Den Rest überlaß ich schließlich der Franz selbst, ihrer Klugheit und ihrer Anmut.‹«[229]

Fontane beschäftigte sich in dem Roman mit der Frage, ob es eine Abmachung geben könnte, auf deren Basis eine junge, attraktive Frau bereit wäre, vorbehaltlich körperlicher Liebe, einen wohlhabenden, aber deutlich älteren Herrn zu ehelichen. Erwähnte Franziska stellt sich dieser Herausforderung, heiratet den siebzigjährigen Graf Adam Petöfy und zieht mit ihm auf sein ungarisches Schloss. Gegen die wirtschaftliche Sicherheit, die ihr der Graf zu bieten hat, erwartet er lediglich freundlichen Umgang und verbindliche Plauderstunden. »Erst die Göttin der Zerstreuung, dann die der Beschwichtigung und Einlullung und endlich die der Plauderei. Das wären so drei, die meiner Not am meisten entsprechen und mir vielleicht aufhelfen würden.«[230]

Doch das Experiment geht gründlich schief. Die junge Gräfin langweilt sich in ihren neuen Rolle, findet eher Kontakt zu den Angestellten des Hauses als zu den adligen Nachbarn und verliebt sich schließlich in Graf Egon, den jugendlichen Neffen der Familie. Der alte Graf möchte dem Paar nicht im Weg stehen und nimmt sich das Leben.

Aus Reue beschließt die verwitwete Gräfin, ihr Erbe alleine zu verwalten, zum katholischen Glauben zu konvertieren und von einer neuen Eheschließung abzusehen. Mit dieser Entscheidung beweist sie ungewöhnliche Härte. Auf die Frage von Petöfys Schwester Judith, ob Egon das verdient habe, erklärt sie: »Nein. Aber wir sind allemal hart gegen die, die schuld sind an unserer Schuld. Und um so härter, je schuldiger wir uns selber fühlen.«[231]

An dieser Frauendarstellung fasziniert, wie rational das Bild ist, das Fontane bei aller Weiblichkeit von Franziska Franz zeichnete. Trotz des ungewöhnlichen Versuchs, auf den sie sich einlässt, wird sie weder als arglos noch als naiv geschildert. Sie handelt auch nicht aus Einfalt oder Eitelkeit oder gar wirtschaftlichen Gründen. In ausführlichen Gesprächen mit ihrer Dienerin Hannah, einer weiteren anschaulich gezeichneten Frauenfigur Fontanes, wägt sie ihre Entscheidung sorgfältig ab und entwickelt dazu ihre persönliche Argumentation. »Im allgemeinen, darin hast du ja recht, gehört zu einem Grafen eine Gräfin; wer wollte das bestreiten? Aber wenn es keine Gräfin sein kann, so kommt nach der Gräfin gleich die Schauspielerin, weil sie, dir darf ich das sagen, der Gräfin am nächsten steht. Denn worauf kommt es in der sogenannten Oberschicht an? Doch immer nur, daß man eine Schleppe tragen und einen Handschuh mit einigem Chic aus- und anziehen kann.«[232]

Ihre plötzliche Liebe zu Graf Egon scheint Franziska selbst zu überraschen. Sie bildet zugleich eine leichte Schwachstelle im Roman, die von Fontanes Ehefrau auch auf Anhieb erkannt wurde. Gewohnheitsgemäß war sie mit dem Erfassen des Manuskripts betraut gewesen und damit auch die erste Leserin von *Graf Petöfy*. Emilie kritisierte keineswegs das zwischenmenschliche Experiment als solches, das der Roman thematisiert, sondern die plötzlich aufflammende Liebe Franziskas zu Egon. Sie sei literarisch nicht hinreichend vorbereitet worden und treffe den Leser so unerwartet, dass er ihr nicht folgen könne.

Unglaubwürdig wirkt die Handlung in der Tat, denn Franziska wird als nachdenkliche Person geschildert, die durchaus Herrin der Lage und ihrer Emotionen ist. Sie erscheint nicht wie eine Frau, die heute einen alternden Grafen heiratet, um sich morgen in seinen jugendlichen Neffen zu verlieben. Fontanes grundsätzlich wertschätzende Herangehensweise bei der Darstellung weiblicher Figuren führt hier zu mangelhafter Wahrhaftigkeit.

Auch in *Unterm Birnbaum* (1885)[233] wird Ursel Hradscheck, die zentrale weibliche Figur der Novelle, als weibliche Person eingeführt, die schon vor ihrer Eheschließung ein einigermaßen selbstbestimmtes Leben geführt hat. Sie stammt aus einer katholischen Gasthausfamilie aus der Nähe von Hildesheim, hatte sich aber als Seiltänzerin einer Gruppe von Schauspielern angeschlossen und geriet darüber mit ihrem Vater in Konflikt. Trost findet sie bei Abel Hradscheck, einem Gastwirt und Ladeninhaber im Oderbruch. Die beiden heiraten und ähnlich wie Franziska Franz konvertiert Ursel nach der Hochzeit. »Sie ließ ihn auch gewähren, und als sie, wie beschwichtigt durch seine Liebkosungen, von ihrer Arbeit aufsah, sah man, daß es ihrerseits eine schöne Frau gewesen sein mußte, ja, sie war es beinah noch. Aber man sah auch, daß sie viel erlebt hatte, Glück und Unglück, Lieb und Leid, und durch allerlei schwere Schulen gegangen war. Er und sie machten ein hübsches Paar und waren gleichaltrig, Anfang vierzig, und ihre Sprech- und Verkehrsweise ließ erkennen, daß es eine Neigung gewesen sein mußte, was sie vor länger oder kürzer zusammengeführt hatte.«[234]

Doch Hradscheck ist hoch verschuldet, ein Spieler und Trinker, mit dem Ursel nicht dauerhaft glücklich werden kann. Um seine Schulden zu begleichen, beschließt er zu allem Überfluss, den polnischen Reisenden Szulski, der bei ihm eingekehrt ist, umzubringen und ihm sein Vermögen zu stehlen. Widerstrebend folgt Ursel ihrem Mann bei dem Vorhaben, dank einiger geschickter Schachzüge kann er den Mord erfolgreich vertuschen, und das Paar hat nun endlich keine wirtschaftlichen Sorgen mehr. Abel baut für seine Frau sogar das Haus aus, doch das schlechte Gewissen lässt den beiden keine Ruhe und sie gehen nacheinander daran zugrunde.

In *Unterm Birnbaum* verfolgte Fontane ebenso wie in *Grete Minde, Ellernklipp* und *Quitt* den Gedanken, dass ein Verbrechen auch dann gesühnt wird, wenn die Rechtsprechung versagt hat. Das entsprach seinem grundsätzlichen Gerechtigkeitsempfinden. Die Novellen sind ein Plädoyer für Anstand und Ehrlichkeit.

In dem Roman *Irrungen, Wirrungen* (1888) hört die zentrale Frauenfigur auf den Namen Magdalene (Lene) Nimptsch. Sie ist gelernte Schneiderin, wächst bei ihrer Adoptivmutter in einer Gärtnerei nahe dem Berliner Zoologischen Garten auf und erfreut sich der Verehrung des jungen Adligen Baron Botho von Rienäcker. Doch während Rienäcker von einer heimlichen Nebenbeziehung mit dem Mädchen träumt, ist Lene realistisch genug, zu erkennen, dass ihre Liebe keine Zukunft hat. Freundlich bescheinigt sie ihrem Verehrer: »Schüttle nicht den Kopf; es ist so, wie ich sage. Du liebst mich und bist mir treu, wenigstens bin ich in meiner Liebe kindisch und eitel genug, es mir einzubilden. Aber wegfliegen wirst du, das seh ich klar und gewiß. Du wirst es müssen. Es heißt immer, die Liebe mache blind, aber sie macht auch hell und fernsichtig.«[235]

Von Onkel und Mutter zur Räson gerufen, heiratet Botho tatsächlich die vermögende Käthe von Sellenthin und führt weiterhin ein sorgloses Leben. Lene hingegen nimmt Jahre später den Antrag eines rechtschaffenen Fabrikmeisters und Laienpredigers namens Gideon Franke an, der wesentlich älter ist als sie. Als Botho später zufällig in einer Zeitung die Heiratsanzeige entdeckt, bereut er seine Entscheidung und beneidet Franke um die kluge Braut.

Irrungen, Wirrungen zeigt Fontane auf dem Höhepunkt seines Schaffens und bildet auf vortreffliche Weise sein eigentliches Können ab. Die detailgetreue Schilderung des

Lebens kleiner Leute im Berlin des ausgehenden neunzehnten Jahrhunderts im Kontrast zu einem oberflächlichen Junkerdasein hätte ihm nicht besser gelingen können. Vor dem Hintergrund der untergehenden gesellschaftlichen Bedeutung seiner Kaste wirkt das Verhalten Bothos besonders lächerlich. Fontane schilderte Lene Nimptsch dabei als eine Frau, die ihrem Gegenüber nicht nur geistig, sondern auch moralisch überlegen ist. Wie präzise er die Ungerechtigkeiten seiner Zeit aufzuzeigen wusste, beweist schon die einseitige Ablehnung, die sein Roman in der Öffentlichkeit erfuhr. Lene wird, wie im Vorwort zu vorliegendem Buch beschrieben, als Prostituierte bezeichnet und der Vorabdruck des Romans in der *Vossischen Zeitung* wütend kritisiert.

In dem Roman *Stine* (1890) hat Fontane eine der zentralen Frauenfiguren gleich zum Titel des ganzen Buches gemacht. Die entsprechende Person heißt mit vollem Namen Ernestine Rehbein und wohnt in der Invalidenstraße, deren Verlauf nahe Berlins Mitte sich bis heute, trotz Mauerbau und Wende, nicht verändert hat. Mühelos lässt sich die bei Fontane beschriebene Umgebung nachempfinden.

Zwei Stockwerke unter Stine wohnt ihre ältere Schwester Pauline, doch im Gegensatz zu Stine ist deren Leben ein wenig durcheinandergeraten. Pauline Pittelkow[236] hat zwei Kinder von verschiedenen Männern, mindestens einer der beiden ist bereits verstorben, und so firmiert sie in dem Roman unter Witwe Pittelkow: »Stine, die das alles schon kannte, lächelte vor sich hin; auch sie trug einen gewellten Scheitel, aber ihr Haar war flachsgelb, und die Ränder der überaus freundlichen Augen zeigten sich leicht gerötet, was, aller sonst blühenden Erscheinung und einer gewissen Ähnlichkeit mit der Pittelkow unerachtet, doch auf eine zartere Gesundheit hinzudeuten schien. Und so war es auch. Die brünette Witwe war das Bild einer südlichen Schönheit, während die jüngere Schwester als Typus einer germanischen, wenn auch freilich etwas angekränkelten Blondine gelten konnte.«[237]

Die Witwe hat ein Verhältnis mit Graf Haldern, einem älteren, unverheirateten Adligen, den sie – gelegentlich mit weiteren Gästen – regelmäßig in ihrer Wohnung empfängt. Bei einem dieser Zusammentreffen lernt Stine den kränklichen und ein wenig schwermütigen Neffen des Grafen kennen, Graf Waldemar, der sich prompt in sie verliebt. Obwohl der Onkel ihm davon abrät, macht Waldemar Stine einen Heiratsantrag, den sie allerdings, sittsam, wie sie im Gegensatz zu ihrer Schwester gerne bliebe, ablehnt. Sie hat, ähnlich weitsichtig wie die Figur der Magdalene Nimptsch aus *Irrungen, Wirrungen*, beschlossen, dass Waldemar sie in Wahrheit gar nicht liebe: »Ja, Pauline, daran liegt es. Das ist der Grund, daß ich armes Ding ihm gefalle; nichts weiter. Er ist unglücklich in seinem Haus und seiner Familie.«[238]

Auf Stines Absage hin bringt sich der junge Graf um. Verschreckt sucht sie den Landsitz seiner Familie auf, um der Beerdigung heimlich beizuwohnen, und kehrt tief erschüttert nach Berlin zurück. Pauline nimmt sie mit Tochter Olga in Empfang: »›Komm, Kind, und leg dich man gleich hier aufs Bett. Na, ich sage ... War's denn so doll? Oder haben sie dich geschubst? Oder haben sie dich wegjagen wollen? Oder *er* vielleicht? Na, dann erlebt er was, dann jag ich ihn zum Deibel. Olga, Baby, wo bist du denn? Uff, sag ich, un mache Feuer. Un wenn's kocht, rufst du mir. Hörst du ... Jott, Stine, du bibberst ja man so. Was haben se dir denn gedan?‹ Und dabei knöpfte sie der Schwester das Kleid auf und schob ihr Kissen unter und deckte sie mit zwei Deckbetten zu.«[239]

Ähnlich wie in *Irrungen, Wirrungen* zeigt sich Fontane hier auf der Höhe seiner Zeit. Unnachahmlich einfühlsam und treffend sind ihm die Charaktere, Dialoge und Milieustudien gelungen. Es sind die Tante Pines und diversen Gattinnen des alten Kummers, all die nichtkonformen weiblichen Geschöpfe, die ihm in seiner Jugend- und Ausbildungszeit in Berlin, Leipzig oder Dresden, in den Mietshäusern der Burg- oder der Hamburger Straße begegnet sind, die sich hier in abgewandelter Form wiederfinden. Starke Bedeutung maß er dabei der Witwe Pittelkow bei, schilderte sie als lebensfroh, pragmatisch und erfahren. Sie war ein Charakter, der Fontane immer besonders am Herzen lag. »Es ist mir wichtig, daß meine Nebenfiguren immer die Hauptsache sind, in ›Stine‹ nun schon ganz gewiß, die Pittelkow ist mir als Figur viel wichtiger als die ganze Geschichte.«[240]

Für all diese Frauen, vom Dasein gezeichnet und ihrem Schicksal ausgeliefert, dabei von Arglosigkeit und unverwüstlichem Lebensmut durchdrungen, legte Fontane hier Rechenschaft ab, würdigte ihre Entscheidungen und zollte ihnen Anerkennung. Zeit seines Lebens blieb ihm das ein unbedingtes Anliegen: »Die neue bessere Welt fängt erst beim vierten Stande an. Man würde das sagen können, selbst wenn es sich bloß erst um Bestrebungen, um Anläufe handelte. So liegt es aber nicht; *das*, was die Arbeiter den ken, sprechen, schreiben, hat das Denken, Sprechen und Schreiben der altregierenden Klassen tatsächlich überholt, alles ist viel echter, wahrer, lebensvoller. Sie, die Arbeiter, packen alles neu an, haben nicht bloß neue Ziele, sondern auch neue *Wege*.«[241]

Der Roman *Quitt* (1891) handelt von dem Freizeitjäger Lehnert Menz aus Wolfshau bei Krummhübel, der von seinem Nachbarn, dem gräflichen Förster Opitz, so lange provoziert wird, bis er ihn im Affekt erschießt. Menz bereut seine Tat, würde der Strafe aber nicht entgehen und wandert daher nach Nordamerika aus. Dort findet er Anstellung als Verwalter bei deutschstämmigen Mennoniten in Oklahoma. Durch seine Zuverlässigkeit erwirbt er sich bald die Anerkennung Obadja Hornbostels, Oberhaupt der Gemeinde, und als Menz ihm, von Schuldgefühlen geplagt, seine Tat beichtet, verzeiht ihm der Laienprediger und nimmt ihn in die Glaubensgemeinschaft auf. Gleichzeitig intensiviert sich die Zuneigung von Menz zu Hornbostels Tochter Ruth, doch bevor die beiden heiraten können, kommt der Verwalter auf der Suche nach Ruths Bruder Tobias, der sich in den Bergen verirrt hatte, qualvoll ums Leben.

Interessant ist in dieser Novelle nicht nur die Figur von Ruth, die dank ihrer Rechtschaffenheit und Eloquenz das für Fontane typische Bild einer selbstverantwortlichen Persönlichkeit abgibt, sondern auch Geraldine Espe, eine Nebenfigur, die gemeinsam mit ihrem Mann, einem Berliner Rechnungsrat, und zwei Kindern gerade zu der Zeit die Ferien in Krummhübel verbringt, in der der Mordfall Opitz ruchbar wird. Während Espe die Unerbittlichkeit der gesetzlichen Ordnung spiegelt und den Täter scharf verurteilt, beweist seine Gattin Menschlichkeit und Nachsicht. »Denn sie war eine Frau, die, wie die meisten, die sich einer Vergangenheit rühmen dürfen, ein gutes und starkes Herz und jedenfalls eine Verachtung gegen alle Tugend- und Offiziositätsphrasen hatte.«[242]

Obwohl Geraldine Espe und die Handlung, die sich um sie und ihre Entourage entspinnt, eine Nebensächlichkeit ist, lohnt es sich, kurz darauf einzugehen, denn ähnlich wie an L'Adultera noch zu zeigen sein wird, beweist sich hier Fontanes Vermögen, bei der Schilderung einer Ehe vor allem die Perspektive der Frau herauszustellen.

Ihre Töchter Selma und Frieda stammen, so wird berichtet, aus einer vorehelichen Liaison Geraldines mit einem Adligen. Für den Emporkömmling Espe ist sie eine begehrenswerte Option. Ihr wiederum kommt Espes Werben gerade recht, denn sie brauchte einen Ehemann, um ihre Kinder zu legitimieren.

Nach der Hochzeit macht ihr Gatte Karriere und entwickelt sich allmählich zu einem Mann von Stand und Ehre, doch für Geraldine bleibt er der einfache Spießbürger, als den sie ihn kennengelernt hat. Also sucht sie sich zusätzliche männliche Begleiter. Da sie an Schönheit, Sicherheit und innerer Eleganz nichts verloren hat, fällt ihr das nicht sonderlich schwer. Auch in Krummhübel findet sich erst ein Leutnant a. D. Kowalski, der sich an ihre Seite gesellt, bevor er sich Richtung Hohe Tatra auf Wanderschaft begibt, dann Assessor Dr. Sophus Unverdorben. Espe muss sich damit abfinden. In wenigen Sätzen leuchtet Fontane die komplexe Sachlage aus: »Von jener ersten Begegnung an sahen sich Espes und Unverdorben täglich, wobei sich des letzteren Verhältnis zur Rätin immer intimer gestaltete, trotzdem er ihr den auf der Hohen Tatra weilenden Kowalski nicht voll ersetzen konnte. Sie fühlte das namentlich an einem gewitterschwülen Tage, wo eine an sie gerichtete Hotelpostkarte mit aufgedruckter Landschaft (Tannen inmitten von Burgtrümmern) eintraf, darauf nichts stand als ›Eljen Geraldine‹ und darunter in geschnörkelter altdeutscher Schrift: ›Ein Fichtenbaum steht einsam ...‹ Die Rätin liebte dergleichen Dunkelheiten, besonders wenn sie sich in poetischer Geheimsprache gaben, andererseits aber – und das sorgte für Balancierung dessen, was dem Assessor fehlen mochte – war sie zärtliche Mutter und als solche bei jenem Lebensabschnitt angelangt, wo die hinsterbende ›große Passion‹, ohne übrigens ganz zu schweigen, in der verklärten Gestalt einer umschauhaltenden Mutterliebe wieder aufzuwachen pflegt.«[243]

In dem kurzen Abschnitt spiegelt sich die gesamte Bandbreite an Nöten einer intelligenten Frau, die einerseits eines Ernährers für ihre Kinder bedarf, die sie liebt, andererseits interessanter Gesprächspartner oder wenigstens einer einfühlsamen Seele im Alltag, und die, nicht zuletzt, auf der Suche nach akzeptablen Schwiegersöhnen ist. Geraldine gelingt es, für die noch so diversen Bedürfnisse einigermaßen zufriedenstellende Lösungen zu finden, und bleibt ihrem Mann trotzdem moralisch überlegen. An ihrer Autonomie besteht kein Zweifel. Während Espe Selma und Frida davon abhalten möchte, sich ein Straßentheater anzusehen, weil er das Gebaren fahrender Künstler für anstößig hält, sagt sie: »Und ich bitte dich, Espe, wenn du nur nicht immer verbessern und die Menschen so vortrefflich machen wolltest, wie du bist. Du verlangst lauter Espes. Das hilft dir aber nicht. Der liebe Gott hat es anders gefügt, und die Menschen gehen nun mal ihrer Lust und ihrem Vergnügen nach.«[244]

Der Roman *Unwiederbringlich* (1892) gilt für manchen Literaturwissenschaftler als herausragend. Peter Demetz bezeichnete ihn als das »makelloseste Kunstwerk Fontanes – ohne Schlacke und Sentimentalität; kühl, gefaßt, kontrolliert; ein Buch ganz aus Elfenbein; der einzige deutsche Roman der Epoche, der den Wettstreit selbst mit Turgenjew oder gar Trollope oder William Dean Howells nicht zu scheuen hat.«[245]

Fontane führte in dem Roman mehrere interessante Frauen ein, die nicht alle sympathisch sind, doch jede für sich ein klares Charakterbild hinterlassen. Der eigentliche Inhalt des Geschehens ist zutiefst tragischer Natur. Graf

Helmut Holk, wohnhaft in einem stattlichen Schloss an der Flensburger Förde und Vater zweier Kinder, lässt sich von seiner Frau Christine scheiden, weil er sich bei Geschäften in Kopenhagen in Ebba von Rosenberg, Gesellschafterin der Prinzessin von Dänemark, verliebt hat. Kaum ist die Trennung vollzogen, macht Holk seiner neu Angebeteten einen Heiratsantrag, doch sie offenbart ihm, sie sei längst einem anderen Mann versprochen. Entsetzt wendet er sich ab, begibt sich auf Reisen, versöhnt sich Jahre später jedoch wieder mit seiner Gattin und heiratet sie ein zweites Mal. Doch Christine kann die Vergangenheit nicht verwinden und ertränkt sich im Meer.

Was die Frauendarstellungen in diesem Roman anbetrifft, besteht die Schwierigkeit darin, dass Fontane sich bemüht hat, die grundverschiedenen Typen alle gleichermaßen wohlwollend zu schildern. Trotz gegenteiliger Absicht bleibt der Eindruck zurück, er sei eher Holks und damit einer eindeutig männlichen Perspektive auf das Leben gefolgt.

Christine wird als rechtschaffene Ehefrau und liebende Mutter eingeführt, als eine kluge und begabte Frau, doch sie ist ihrem christlichen Glauben verfallen und ordnet daher alle weltlichen, ja sogar menschlichen Belange einer entsprechend strengen moralischen Grundhaltung unter. Auch leidet sie nachhaltig am Tod ihres jüngsten Sohnes. Kein Wunder, dass die Frauen, denen Holk auf seinen Geschäftsreisen begegnet, dagegen attraktiv und verführerisch erscheinen.

Schon die junge Kapitänsgattin Brigitte Hansen, bei deren Mutter er sein Pensionszimmer gemietet hat, regt seine Phantasie an. »Sie trug Rock und Jacke von ein und demselben einfachen und leichten Stoff, aber alles, auf Wirkung hin, klug berechnet. In der Hand hielt sie eine Lampe von ampelartiger Form, wie man ihnen auf Bildern der Antike begegnet. Alles in allem eine merkwürdige Mischung von Froufrou und Lady Macbeth. Holk, einigermaßen in Verwirrung, suchte nach einer Anrede, die junge Frau Hansen kam ihm aber zuvor und sagte, während ihr die Augen vor anscheinender Übermüdung halb zufielen, ihre Mutter lasse sich entschuldigen; so rüstig sie sei, so brauche sie doch den Schlaf vor Mitternacht. Holk gab nun seinem Bedauern Ausdruck, daß er sich verplaudert habe, zugleich die dringende Bitte hinzufügend, ihn, wenn es wieder vorkäme, nicht erwarten zu wollen. Aber die junge Frau, ohne direkt es auszusprechen, deutete wenigstens an, daß man sich ein jedesmaliges Erwarten ihres Hausgastes nicht nehmen lassen werde. Zugleich ging sie mit ihrer Ampel langsamen Schritts vorauf, blieb aber, als sie bis unten an die Treppe gekommen war, neben derselben stehen und leuchtete, die Linke auf das Geländer stützend, mit ihrer hocherhobenen Rechten dem Grafen hinauf. Dabei fiel der weite Ärmel zurück und zeigte den schönen Arm.«[246]

Auch die dänische Prinzessin wird als attraktive, eloquente Frau beschrieben, die mit Holk derart offen und prompt über Politik debattieren möchte, dass es ihn geradezu irritiert: »Holk war verlegen, das Gespräch mit der Prinzessin so von vornherein einen politischen Charakter annehmen zu sehen, und in seinem Gesichte mochte sich etwas von dieser Verlegenheit spiegeln (…).«

Kurz darauf tritt Ebba von Rosenberg auf und erweist sich als ähnlich intelligent und schlagfertig wie ihre Herrin. Die Darstellung ihres Charakters enttäuscht gegen Ende lediglich durch die offenkundige Unaufrichtigkeit, mit der sie Holk konfrontiert. Sie erwidert ihm: »Noch einmal, ich lehne jede Verantwortung ab. Ich bin jung, und Sie sind es nicht mehr, und so war es nicht an mir, Ihnen Moral zu predigen und Sie, während ich mich hier langweilte, mit ängstlicher Sorgfalt auf dem Tugendpfade zu halten; – das war nicht meine Sache, das war Ihre. Meine Schuld bestreit ich, und wenn es doch so was war (und es mag darum sein), nun, so hab ich nicht Lust, diese Schuld zu verzehn- und zu verhundertfachen und aus einem bloßen Schuldchen eine wirkliche Schuld zu machen, eine, die ich selber dafür halte.«[247]

Der Text geht auf eine wahre Begebenheit zurück, doch leider war es nicht möglich, sich ein umfassendes Bild von der historischen Vorlage zu machen. Insbesondere die Informationen zur verstoßenen Ehefrau waren insgesamt unzureichend. Die geschichtlichen Fakten seien daher nur kurz wiedergegeben: Baron Karl von Maltzahn, Graf Plessen auf Schloss Ivenack (1797–1868), verheiratet mit Karoline von Bilfinger, verliebte sich in Auguste von Dewitz, ein pommersches Fräulein am Hof von Strelitz, und reichte die Scheidung ein. Seine Frau zog nach Dresden, durfte ihre Kinder aber immerhin behalten. Bei dem Versuch, die Hofdame zu ehelichen, wurde Maltzahn, ähnlich wie Helmut Holk, abgewiesen und konnte sich auch später wieder mit seiner Frau versöhnen. Dennoch suchte sie nach der Wiederverheiratung den Freitod. Fontane war die Episode – wie in seinem Tagebuch vermerkt – von Geheimrätin Marie von Brunnemann, geborene Frau von Meyerinck (1832–1892), zugetragen worden. »Am 6. Februar interessanter Brief (Novellenstoff) von Frau Geh. Rätin Brunnemann aus Meran.«[248]

In dem Roman *Die Poggenpuhls* (1896) sind es vier zentrale weibliche Charaktere, die den Lauf der Handlung bestimmen: Majorin Albertine Pogge von Poggenpuhl und ihre drei Töchter Therese, Sophie und Manon. Eine ist unterschiedlicher als die andere. Therese Poggenpuhl, nicht sonderlich praktisch veranlagt, steht für ihre Familie ein und vertritt sie gebührend in der Gesellschaft. Sophie Poggenpuhl ist künstlerisch, musikalisch sowie literarisch begabt und realisiert die Vereinbarungen, die Therese innerhalb ihrer sozialen Netzwerke getroffen hat: Sie gibt die Nachhilfestunden, die die Ältere, allzeit hilfsbereit, angeboten hat, arrangiert stilgerecht Blumenschmuck oder dichtet Couplets für schauspielerische Einlagen bei Polterabenden oder Geburtstagen. Manon ist das Nesthäkchen, fröhlich und beliebt, doch gleichzeitig recht oberflächlicher Natur. Die drei ergänzen sich glänzend und erfüllen in Perfektion, was Stand und Herkunft von der Familie erwarten. Obwohl ihre Mutter verwitwet ist und Vater Poggenpuhl der Familie keinerlei finanzielle Reserven hinterlassen hat, stehen alle vier gesellschaftlich gut da. Allein ihre nachhaltige Armut müssen sie geschickt verbergen.

Fontane zeichnete hier mit wenigen Strichen eine Milieustudie, die jedem, der im Berlin des neunzehnten Jahrhunderts in gehobener Gesellschaft verkehrte, wohlvertraut gewesen sein muss. Die einen waren reich, die anderen arm, die einen von Familie, die anderen nicht, doch alle trieb derselbe Gedanke: Sie mussten ihrem gesellschaftlichen Stand entsprechen und ihre Stellung möglichst verbessern. So besorgniserregend die Lage auch war, es fanden sich immer Menschen, auf die man noch herabsehen konnte, beispielsweise die Bürgerlichen.

Einzige Sorge von Mutter und Schwestern Poggenpuhl sind die männlichen Mitglieder der Familie, Wendelin und Leo, denn sie sollten mittelfristig zu Geld kommen. Das würde auch den Frauen eine sichere Zukunft garantieren. Der Ältere von beiden ist zuverlässig und hat es zu respektabler Stellung beim Militär gebracht, doch der Jüngere, auch er ist traditionell in einem Regiment untergekommen, ist ein Spieler und macht ständig Schulden. Obwohl er durchweg gesund und guter Dinge ist, verwendete Fontane in diesem Zusammenhang den Begriff »Angstkind«, ähnlich wie bei der Beschreibung seiner Tochter Martha: »Leo, der Liebling aller, war zugleich das Angstkind, und immer wieder zu helfen und ihn vor einer Katastrophe zu bewahren, darauf war alles Dichten und Trachten gerichtet.«[249]

Zum Glück findet sich beizeiten ein naher Verwandter, Eberhard von Poggenpuhl, Schwager der Majorin, in zweiter Ehe mit einer wohlhabenden Witwe verheiratet, der die Familie mit bescheidenen Summen unterstützen kann. Spezifischerweise ist seine Frau, ähnlich wie die Majorin, bürgerlicher Herkunft. Nach Eberhards Tod vermacht sie den Poggenpuhls ein bescheidenes Vermögen und stattet die Söhne mit einmaligen Geldbeträgen aus. Damit sind deren Sorgen behoben.

Trotz der miserablen Lage, in der sich die Familie befindet, durchzieht den Roman eine Stimmung von Heiterkeit und Unbedarftheit. Das spiegelt sich insbesondere in der Charakterisierung der Töchter: »Sophie, die zweite, war die Hauptstütze der Familie, weil sie das besaß, was die Poggenpuhls bis dahin nicht ausgezeichnet hatte: Talente. Möglich, daß diese Talente bei günstigeren Lebensverhältnissen einigermaßen zweifelvoll angesehen und mehr oder weniger als ›unstandesgemäß‹ empfunden worden wären, bei der bedrückten Lage jedoch, in der sich die Poggenpuhls befanden, waren diese natürlichen Gaben Tag für Tag ein Glück und Segen für die Familie.«[250]

Ähnlich wie in *Grete Minde* und *Der Stechlin* findet sich auch in diesem Roman eine Reminiszenz an Mathilde von Rohr. Bevor der rettende Onkel auf den Plan tritt, beklagt Leo gegenüber seiner Mutter, dass seine Familie keine

Stiftsdame aufzuweisen hat, die ihm gelegentlich finanziell unter die Arme greifen könnte: »Denn was eine richtige Stiftsdame ist, die kann auch alles geben, weil sie gar nichts braucht. Sie hat Wohnung und Fisch und Wild, und die Put-hühner laufen im Hof herum, und die Tauben sitzen auf dem Dach, und in dem großen Gemüsegarten, den sie na-türlich selber besorgen (denn sie haben ja nichts zu tun), da steht immer irgendwo ein Kohlrabi oder eine Mohrrübe, und in der Küche ist immer Feuer, weil sie frei Holz ha-ben. Und deshalb, ja, ich muß es noch einmal sagen, des-halb können sie alles geben, weil sie alles haben und nichts brauchen.«[251]

Fontanes Alterswerk *Der Stechlin* (1899) – der Schriftstel-ler arbeitete daran von 1895 bis 1897, und der Abdruck in Folgen begann ein Jahr vor seinem Tod – handelt von dem verwitweten Landadligen Dubslav von Stechlin, der trotz seiner traditionellen Herkunft eine überraschend libera-le Haltung an den Tag legt. Der einigermaßen handlungs-arme Roman besteht im Wesentlichen aus Gesprächen und Monologen, in denen die konservativen Sichtweisen der einzelnen Protagonisten gegen politisch modernere Ten-denzen abgewogen werden. Auffallend sind zwei weibliche Figuren, die Schwestern Melusine und Armgard, um deren Aufmerksamkeit Dubslavs Sohn Woldemar wirbt. Ihr Va-ter, Graf Barby, ist Botschaftsrat, war auf Posten in London, und regelmäßig verkehrt der junge Stechlin in seiner Berli-ner Residenz. Nach einem seiner Besuche notiert er im Ta-gebuch: »Diese Gräfin, wie scharmant, und die Schwester ebenso, trotzdem größere Gegensätze kaum denkbar sind. An der einen alles Temperament und Anmut, an der an-dern alles Charakter oder, wenn das zuviel gesagt sein soll-te, Schlichtheit, Festigkeit.«[252]

Melusine zählt mehr als dreißig Jahre, tritt gebildet und selbstbewusst auf, war schon einmal verheiratet, hat sich aber kurz darauf wieder scheiden lassen. Armgard gibt sich bescheiden und zurückhaltend, ist aber ähnlich attraktiv und schlau wie ihre Schwester. Dubslav selbst zeigt ein gewisses Interesse an den Frauen, insbesondere an der lebenserfahrenen Melusine. »›Das ist eine Dame und ein Frauenzimmer dazu‹, sagte sich Dubslav still in seinem alten Herzen, als er jetzt Melusine den Arm bot, um sie vom Flur her in den Salon zu führen. ›So müssen Weiber sein.‹«[253] In Anbetracht dessen, dass der alte Herr Züge von Fontane trägt, hat das seine eigene Pikanterie.

Auch in diesem Roman lösen sich die möglichen Probleme gewissermaßen von selbst auf. Woldemar entscheidet sich für Armgard, und während die beiden unterwegs auf Hochzeitsreisen sind, stirbt der alte Dubslav. Melusine hatte offensichtlich gar nicht auf ihn spekuliert. Der Verstorbene war schließlich nur wenige Jahre älter als ihr eigener Vater.

Den Roman *Mathilde Möhring* (1906) konnte Fontane nicht mehr vollenden. Erst Jahre nach seinem Tod erschien er aus dem Nachlass, doch sieht man in der Reihe der Frauen vom ersten bis zum letzten Prosaband eine gewisse Entwicklung zur Autonomie, kann man Mathilde zweifelsohne als die Persönlichkeit bezeichnen, die es dahingehend am weitesten gebracht hat. Aus den für eine Frau aus bescheidenen Verhältnissen allein möglichen Versatzstücken jener Zeit komponierte Fontane eine Biographie, die ihr die beste Weiterentwicklung schlechthin einräumte. Burkhard Spinnen schreibt: »Im Gegenteil, auch hier geht es, und ganz besonders deutlich, um den Versuch einer jungen Frau, innerhalb der Verhältnisse zu reüssieren (um vom Glücklichsein gar nicht zu reden).«[254]

Der Inhalt ist rasch wiedergegeben: Mathilde lebt mit ihrer verwitweten Mutter zur Miete in der Georgenstraße, unweit vom Berliner Bahnhof Friedrichstraße. Um ihre geringfügige Rente aufzubessern, nimmt die Witwe regelmäßig Studenten zur Untermiete auf. Die beiden Damen machen es sich dabei zur selbstverständlichen Aufgabe, dem jungen Mann Frühstück, Tee oder Sodawasser bereitzustellen und sein Zimmer in Ordnung zu halten.

Mathilde ist nicht sonderlich hübsch: »Wenn sie sich vor den alten Stehspiegel stellte, dessen Mittellinie ihr grad über die Brust lief, stellte sie sich zuletzt immer en profil und fand dann das Wort des Halenseer Kegelschützen bestätigt. Und durfte es auch; sie hatte wirklich ein Gemmengesicht, und auf ihre Photographie hin hätte sich jeder in sie verlieben können, aber mit dem edlen Profil schloß [es] auch ab, die dünnen Lippen, das spärlich angeklebte, aschgraue Haar, das zu klein gebliebne Ohr, daran allerhand zu fehlen schien, alles nahm dem Ganzen jeden sinnlichen Zauber, und am nüchternsten wirkten die wasserblauen Augen. Sie hatten einen Glanz, aber einen ganz prosaischen, und wenn man früher von einem Silberblick sprach, so konnte man hier von einem Blechblick sprechen. Ihre Chancen auf Liebe waren nicht groß, wenn sich nicht jemand fand, dem das Profil über alles ging.«[255]

Doch sie hat großes Selbstvertrauen, und als der sechsundzwanzigjährige Hugo Großmann einzieht, ein überaus bequemer Zeitgenossen, doch immerhin angehender Jurist, beginnt sie Pläne zu schmieden, die sowohl ihr als auch Hugo ein erfolgreiches Weiterkommen sichern könnten. Kurze Zeit später erkrankt der Untermieter an Masern. Mathilde versorgt den jungen Mann und pflegt ihn wieder gesund. Wie es der Zufall will, verliebt sich Hugo in das junge Mädchen und macht ihr einen Heiratsantrag.

Nun ist Mathildes Ehrgeiz geweckt. Sie nimmt den Antrag an, doch nur unter der Bedingung, dass ihr Verlobter so bald wie möglich Examen mache. Kaum ist der Abschluss erreicht, sucht sie ihm eine Stelle als Bürgermeister und zieht an seiner Seite als Ehefrau des Stadtoberhaupts ins Rathaus ein. Mathilde hat es geschafft: Sie ist verheiratet, ihr Mann hat ein geregeltes Einkommen und sie ist eine angesehene Bürgerin geworden.

Doch damit nicht genug. Der Ort, in dem die beiden jetzt leben, befindet sich in der westpreußischen Provinz, er heißt Woldenstein, und auch hier findet sich Mathilde rasch zurecht, erfasst, worauf es ankommt, und steht ihrem Mann mit Rat und Tat zur Seite. Dank der Netzwerke, die sie rasch geknüpft hat, sammelt sie Informationen, die ihm helfen, Gutes für die Bevölkerung zu bewirken. So gelingt es ihm, sich Respekt zu verschaffen und seine Stellung dauerhaft zu sichern. Leider hält Hugo die Belastung gesundheitlich nicht durch und stirbt kurze Zeit später an Lungenentzündung.

Mathilde zieht zurück zur Mutter in die Georgenstraße, doch jetzt hat sie eine eigene Witwenrente, und die beiden müssen sich keinen Studenten mehr zur Untermiete nehmen. Die junge Frau beschließt, eine Ausbildung zu machen, und wird Lehrerin. Höhepunkt des Romans ist der Hinweis darauf, dass sie in ihrem Examen mit einer deutlich besseren Note abschneidet als ihr verstorbener Mann: »Das war kurz vor dem Examen, das Thilde glänzend bestand, viel glänzender als Hugo damals das seine. Noch an demselben Tage sagte man ihr, daß eine Stelle für sie frei sei; man freue sich, ihr dieselbe geben zu können.«[256]

Damit bestätigte Fontane in seinem letzten Roman, dass er Frauen grundsätzlich mehr Intelligenz und größere Begabungen zugestand als so manchem Mann, von dem sie aber ihr Leben lang abhängig blieben. Gleichzeitig zeichnete er in Mathilde keine unsympathische Frau. Sie ist pragmatisch veranlagt, handelt bisweilen gar berechnend oder zumindest deutlich zielorientiert, aber nie lieblos. Sie kann eben ihre persönlichen Wünsche und Emotionen zurückstellen und umso entschlossener handeln.

Diese Eigenschaften fanden sich nicht typischerweise im zeitgenössischen Frauenbild wieder: »Zu Thildens besondren Eigenschaften gehörte von Jugend auf die Gabe des Sichanpassens, des Sichhineinfindens in die jedesmal gegebene Lage. Wäre Hugo am Leben und im Amt geblieben und nach Ablauf (was nicht anzunehmen, aber doch auch nicht unmöglich) seiner Woldensteiner Amtszeit wegen bewiesener Tüchtigkeit zum Oberburgemeister einer Provinzialhauptstadt gewählt worden, so würde seine Frau, bei Besuchen des Oberpräsidenten, ja selbst bei Kaiserparaden, die Honneurs des Hauses mit ausreichender Geschicklichkeit und jedenfalls mit vollkommener Unbefangenheit gemacht haben; jetzt, wo sie sich nach einem kurzen Erfolg auf die Stufe zurückversetzt sah, von der sie ausgegangen war, fand sie sich auch darin zurecht und nahm ihr altes Leben ohne jede längre Betrachtung und jedenfalls ohne Klage darüber wieder auf. Die Sache lag so und so, folglich mußte so und so gehandelt werden. Nur nicht nutzlose Betrachtungen. Es handelte sich für sie keinen Augenblick darum, ihre Situation in irgendein Gegenteil zu verkehren, sondern nur darum, aus der Situation, wie sie nun mal war, das Beste zu machen, und dies tat sie voll Überlegung und auf ihre Weise, rücksichtsvoll und doch auch wieder entschieden.«[257]

Interessant ist in diesem Zusammenhang die Editionsgeschichte des Romans. Wer ihn als Erste im Nachlass auffand, war naheliegenderweise Ehefrau Emilie. Sie las das Manuskript im Januar 1901 und versah es mit der Bemerkung: »Leider *nicht* druckfertig. Mit Rührung gelesen. 31. Jan. 01. Die alte Fontane.«[258] Im Einvernehmen mit der Nachlasskommission übergab Fontanes Sohn Friedrich es dem Journalisten Josef Ettlinger (1869–1912) mit dem Auftrag, den Text publikationsreif zu machen.

Jahre später nahm sich Erler des Textes an und legte 1969 eine Neufassung von *Mathilde Möhring* vor, die der ursprünglichen Handschrift deutlich näher war. Ettlinger hatte offenbar vieles aus Fontanes Manuskript gestrichen und verändert. In den Nullerjahren schließlich widmete sich die Literaturwissenschaftlerin Gabriele Radecke dem Roman neu und erarbeitete eine dritte Edition, die seit 2008 vorliegt. Sie gilt als die erste Ausgabe, die Fontanes Handschrift mit allen Auslassungen und Textstörungen unverändert wiedergibt und gleichzeitig, dank umfangreicher Informationen im Kommentar, differenziert im kulturhistorischen Kontext verankert. Wenn man bedenkt, wie unmissverständlich Fontane seine Haltung gegenüber Frauen in diesem Roman darlegte, kann man von Glück sagen, dass es nicht bei der Fassung von 1906 geblieben ist.

Liest man sich durch Fontanes Werk, ist die Präsenz von bedeutenden, weiblichen Figuren überwältigend. Allein an der Fülle von Namen und Persönlichkeiten wird klar, wie groß sein Interesse am Schicksal von Frauen war. In vorliegender Aufzählung bestätigt sich, dass in nahezu allen Romanen, Novellen und Erzählungen eine oder mehrere Frauen im Mittelpunkt stehen und die Handlung maßgeblich bestimmen. An genau ihrem Schicksal zeigt sich exemplarisch der Kern der Aussage, an exakt dieser Stelle setzt Fontanes eigentliche Gesellschaftskritik an. Dabei gelang es ihm, ihr Dasein auf eine Art zu schildern, dass der Leser Empathie mit ihnen empfand.

Auffallend viele der geschilderten Frauenfiguren sind Halb- oder Vollwaisen oder wachsen aus anderen Gründen ohne Mutter auf. Das trifft allein für Kathinka von Ladalinski, Renate von Vitzewitz, Marie Kniehase, Grete Minde, Hilde Rochussen, Melanie de Caparoux, Victoire von Carayon, Cécile von Zacha, Magdalene Nimptsch, Ernestine Rehbein, Ruth Hornbostel, Brigitte Hansen, Corinna Schmidt, Therese, Sophie und Manon von Poggenpuhl, Melusine Ghiberti, Armgard Barby und Mathilde Möhring zu. Manch eine von ihnen ist geschieden (Melusine Ghiberti), viele sind verwitwet oder haben darüber hinaus ein oder zwei uneheliche Kinder (Witwe Pittelkow, Geraldine Espe, Josephine von Carayon).

Hervorzuheben wären auch die Freundinnen, Dienerinnen oder Gesellschafterinnen, die in einzelnen Werken auftreten und in den langen Gesprächen mit der Hauptprotagonistin deren und die eigene Gewandtheit spiegeln, wie Franziskas Dienerin Hannah (*Graf Petöfy*) oder Christines Begleiterin Julie von Dobschütz (*Unwiederbringlich*). Vergleichbar wichtig sind ältere, weibliche Hausangestellte, von denen es zahlreiche gibt und die meist die Rolle einer Ersatzmutter spielen wie Regine für Grete (*Grete Minde*) oder Grissel für Hilde (*Ellernklipp*).

Nicht umsonst führte Fontane auch wiederholt ältere, weibliche Figuren aus einfachen Verhältnissen an, die Botendienste übernehmen oder sich Tauschgeschäften verschrieben haben, wie die Zwergin Hoppenmarieken (*Vor dem Sturm*) oder die Kräuterfrau Buschen (*Der Stechlin*). Sie sprechen Plattdeutsch und bereichern nachdrücklich die Szenerie.

Richtet man den Blick gezielt auf die Frauen in Fontanes Werk, wird einem bewusst, dass die meisten, die er aufgeführt hat, in Konflikt mit den moralischen, ja, einige sogar mit den gesetzlichen Regeln ihrer Zeit geraten sind. Seine Darstellung lässt jedoch keinen Zweifel daran, dass er der Meinung war, sie seien zu Unrecht verurteilt worden. Entgegen der zeitgenössischen Sichtweise stellte er sie nicht als Opfer dar, sondern als autonome Wesen. Sie sind allein deshalb in Konflikt mit der Gesellschaft geraten, weil sie selbstbestimmt gehandelt haben.

Die Brandstifterin

Grete Minde. Nach einer altmärkischen Chronik (1880)

Vor dem historischen Rathaus von Tangermünde in der Altmark steht eine Bronzefigur. Sie zeigt eine junge Frau, barfuß steht sie da in dünnem Kleid, an Handgelenken und Knöcheln in Ketten. Ihre Unschuld beteuernd, streckt sie den Menschen ihre Handflächen entgegen. Das Gesicht zeigt einen bittenden, mutlosen Blick.

Die Figur steht für Margarethe von Minden, Patriziertochter der Stadt, die Anfang des siebzehnten Jahrhunderts einen Stadtbrand verursacht haben soll. Unter Folter war ihr ein Geständnis abgerungen und sie zum Tod auf dem Scheiterhaufen verurteilt worden. Eine Hexe wurde sie genannt, als Brandstifterin bezeichnet, das Urteil zwei Jahre nach dem Inferno vollzogen.

Gut zweihundert Jahre später bereiste Fontane 1859 die Altmark mit seinem Freund, dem Kunsthistoriker Wilhelm Lübke (1826–1893). Der Schriftsteller suchte nach Anekdoten und Geschichten für seine *Wanderungen durch die Mark Brandenburg*, der gebürtige Dortmunder und Wahlberliner Lübke interessierte sich für die kunstgeschichtlichen Denkmäler. Lübke notierte abschließend zufrieden in seinen *Lebenserinnerungen* (1891): »Im Herbst durfte ich meinen lieben Freund Theodor Fontane auf einer seiner ›Wanderungen durch die Mark‹ begleiten. Es wanderte sich mit ihm ganz prächtig. Wir waren beide gut zu Fuß, beide mitteilsam, und so wurde unsre Reise durch die Altmark mir höchst genußreich.«[259]

Auf dieser Reise besichtigten die beiden Männer auch die Stadt Tangermünde. Malerisch genau an der Stelle gelegen, wo der Tanger in die Elbe fließt, stellte sie von Gründung an einen strategisch wichtigen und wohlhabenden Ort dar, wurde im dreizehnten Jahrhundert markgräfliche Residenzstadt, im vierzehnten Jahrhundert gar Kaiserpfalz und schließlich Hansestadt. Befestigt mit einer Stadtmauer und gesichert durch eine Burganlage, deren hoch aufragender Kapitelturm und Bergfried schon von weitem zu sehen sind, bot sie nicht nur sicheren Schutz vor Angreifern, sondern auch gegen das jährlich anschwellende Hochwasser. Tangermünde war Handelsmetropole, Bollwerk gegen den Osten, und die Elbzölle wurden hier erhoben. Der Reichtum, der unter den einflussreichen Familien herrschte, ist der Stadt immer noch anzusehen. Bist heute bietet die Vielzahl an Fachwerkhäusern und massiven Backsteinbauten einen pittoresken Anblick.

Fontane widmete sich intensiv der Geschichte dieser Stadt, insbesondere dem Schicksal der armen Margarethe, denn er verfasste auf Basis dessen eine Novelle. Er wollte herausfinden, wie ein junges Mädchen aus gutem Haus auf den Gedanken verfallen konnte, ihre eigene Heimatstadt anzuzünden. Es sei, wie er seiner Frau Emilie am 11. August 1878 schrieb, eine »psychologische Aufgabe«,[260] die er mit der Novelle zu lösen habe. Und es gelang ihm: *Grete Minde* wurde erstmals 1879 im Mai- und Juniheft der Monatsschrift *Nord und Süd* abgedruckt. Das Buch erschien im November 1880 bei Wilhelm Hertz, dem Verleger, der schon Fontanes *Wanderungen durch die Mark Brandenburg* publiziert hatte, und erhielt ausnehmend gute Kritiken.

Der Inhalt ist rasch erzählt: Die dreizehnjährige Grete Minde, Tochter einer vermögenden Patrizierfamilie, lebt mit ihrem Halbbruder Gerdt und dessen Frau Trud bei ihrem Vater Jacob in Tangermünde. Ihr bester Freund ist der Nachbarjunge Valtin, zwei Jahre älter als sie und ebenfalls Halbwaise. Nachdem Grete konfirmiert worden ist, verstirbt der Vater, und der Bruder übernimmt für sie die Verantwortung. Doch seine Frau behandelt das Mädchen schlecht und verbietet ihr sogar den Umgang mit Valtin. Daraufhin beschließt Grete mit ihm zu fliehen. Sie werden ein Paar, schließen sich einer Gruppe von fahrenden Puppenspielern an und ziehen unbeschwert mit ihnen drei Jahre lang durch die Lande. Unterwegs wird Grete schwanger und bringt ein Kind zur Welt.

Wenige Wochen später, die Puppenspieler halten sich gerade in Arendsee auf, nordwestlich von Tangermünde, wird Valtin sehr krank und stirbt kurz darauf. Auf dem Totenbett beschwört er Grete, in ihre Heimatstadt zurückzukehren und sich mit ihrer Familie zu versöhnen. Er hofft, seine Freundin und ihr gemeinsames Kind würden dort Aufnahme finden und dauerhaft versorgt werden.

Grete folgt seinem Ratschlag und kehrt zurück in das Haus ihres Vaters, doch ihr Bruder, ein inzwischen wohlhabender und angesehener Tangermünder Bürger, geht nicht auf ihr Versöhnungsangebot ein. Sogar ihr Vorschlag, für ihn als Magd zu dienen, stößt auf Ablehnung. Gerdt ist nicht einmal bereit, für Gretes Kind Verantwortung und Patenschaft zu übernehmen. Zuletzt bittet Grete den Bruder wenigstens um einen Anteil am väterlichen Erbe, doch auch dieser Wunsch wird ihr verwehrt.

Grete zieht ins Rathaus, wo die Ratsherrenschaft tagt, und trägt dort ihr Anliegen vor, aber selbst hier kommt sie nicht zu ihrem Recht. Ihr Bruder ist Mitglied der Versammlung und behauptet vollmundig, Gretes Mutter habe nichts zum Vermögen der Familie beigetragen. Daher habe seine Halbschwester kein Recht auf das Erbe des Vaters. Das entsprach nicht der Wahrheit, denn der Besitz der Familie hatte sich während der zweiten Ehe Jacob Mindes verdoppelt, und Grete stand sehr wohl ein Teil davon zu, doch der Rat schenkt dem Bruder Glauben. Jetzt packt die junge Frau die Verzweiflung. Sie weiß sich nicht mehr zu helfen und beschließt, Rache zu nehmen. In schrecklichem Zorn legt sie in der Stadt Feuer, entführt den dreijährigen Sohn ihres Bruders, steigt mit ihm und dem eigenen Säugling auf den Turm der St. Stephanskirche und stürzt sich mit den beiden in die Flammen. Alle drei kommen bei dem Brand ums Leben.

Fontane hatte seine Novelle genau recherchiert. In der Tat gab es am 13. September 1617 in Tangermünde einen Brand, der einen Großteil der Stadt vernichtete. 486 von 619 Wohnhäusern sowie 52 Scheunen fielen ihm zum Opfer, das Rathaus mit seiner originellen Backsteinornamentik und dem prächtigen Giebel wurde stark beschädigt, ebenso die mächtige St. Stephanskirche mit ihrer eindrucksvollen, massiven Fassade. In den *Annales Tangermundenses*, den Chroniken der Stadt, jeweils fortgeschrieben vom aktuellen Bürgermeister, ist zu lesen: »Da sahe und hörete man nichtes denn Schreyen, Heulen, Winseln und Weheklagen; Ihrer viele redeten gar kleinmüthig und verzagt. Die armen Leute lagen mit ihren kleinen Kinder auf die Aecker und Anger vor der Stadt, und hatte der größte Hauf weder zu beissen noch zu brechen, weil alles im Feuer umkommen war, es erwiesen aber etliche vornehme Leute aus Stendal ihr mitleidentliches Hertze, und liessen ihnen Brodt und Bier zuführen, damit sie ihres Leides in etwas vergessen und nicht verschmachten möchten. Ach der grossen Noth!«[261]

Auch Fontane, der die Stadt Jahre nach dem Brandt besuchte, stieß noch auf Spuren. Um die St. Stephanskiche für *Grete Minde* im Original schildern zu können, werde er alte Beschreibungen zu Hilfe nehmen müssen, hielt er in seinen Notizen fest, möglicherweise sogar von der Marienkirche aus Lübeck: »Hier muß ich mich ganz an die alte Beschreibung und an die der Lübecker Marien-Kirche halten. *Jetzt* ist gar nichts mehr da.«[262] In der Tat stürzte der Nordturm des prächtigen Sakralbaus mit seinen vier Glocken bei dem Stadtbrand ein. Statt des alten Daches wurde ihm fünfundneunzig Jahre später eine Barockhaube aufgesetzt.

Bei der Beschreibung von Grete Minde griff Fontane auf das reale Vorbild, Margarethe von Minden, zurück, zumindest auf das, was man von ihr zu diesem Zeitpunkt wusste. Hans von Minden, Margarethes Urgroßvater, war in Tangermünde ein angesehener Mann gewesen. Er war Tangervogt, also Oberförster beim Markgrafen, verantwortlich für ein großes Stück Forst, das sich von dem Dorf Anger bis zur Gardeleger Heide erstreckte, und bewohnte ein Haus in der Schlossfreiheit, was ein Privileg war. Wer in einem dieser Gebäude lebte, das galt auch für vergleichbare Städte, war beim Landesherrn direkt angestellt und zahlte keine Miete.

Heinrich, Sohn von Hans und Großvater von Margarethe, war ebenfalls ein rechtschaffener Bürger der Stadt, vermögender Patrizier und Mitglied der Ratsherrenschaft. Erst in der dritten Generation gerieten die Verhältnisse dieser Familie gewissermaßen in Schieflage. Der ältere Sohn von Heinrich, ebenfalls Heinrich genannt, wurde wiederum Ratsherr, aber sein jüngerer Bruder Peter, Margarethes Vater, musste die Stadt wegen einer Mordtat verlassen und verstarb in der Fremde. In den *Annales Tangermundenses* heißt es: »Peter von Minden, der Sohn des alten Heinrich von Minden, erschlug im Streit den Krieger zu Bolstorf. Er verließ deshalb Haus und Hof und ging außer Landes unter die Soldaten. In der Fremde nahm er ein ›ausländisch‹ Weib, zeugte mit ihr eine Tochter und starb fern von der Heimat.«[263]

Nach Peters Tod kam seine Witwe mit Tochter Margarethe nach Tangermünde, erschien bei Heinrich von Minden, quasi ihrem Schwager, und verlangte für das Kind einen Anteil des Erbes. Da die Frau jedoch keinen Trauschein besaß, konnte sie nicht beweisen, dass sie mit Peter verheiratet gewesen war, und das Erbe wurde ihr verwehrt. Ähnlich erging es Margarethe später: Erwachsen geworden, versuchte sie, nachdem ihre Mutter verstorben war, selbst an ihr Erbe zu kommen, wurde jedoch nur mit kleinen Beträgen abgespeist. Entmutigt verließ sie Tangermünde, geriet an einen Mann namens Antonius Meilahn, verliebte sich in ihn und die beiden heirateten. Im Sommer 1616 wurden die beiden in Stendal getraut, gar nicht weit von Tangermünde entfernt.

Nun war Meilahn, von seinen Freunden Tonnies genannt, auf den ersten Blick keine schlechte Partie. Er war Kutscher bei den Herren von Itzenplitz und muss mit seinen blonden Locken ein recht ansehnlicher Mann gewesen sein. Margarethe liebte ihn über alle Maßen. Nicht lange nach der Hochzeit wurde ihr ein Sohn geboren. Damit ihr nicht, ähnlich wie der Mutter, der rechtmäßige Ehemann abgesprochen würde, hatte die junge Frau ihren Trauschein fest in ihr Kleid eingenäht und trug ihn immer bei sich.

Doch leider war Meilahn seine Anstellung nicht gut genug. Er wollte frei sein, ungebunden und als unabhängiger Soldat einem Landesherren dienen, den er sich jeweils selbst aussuchen konnte. Solch ein Landsknecht machte damals viel her, denn allerorten wurde zum Krieg gerüstet und Soldaten wurden gebraucht. Bald schon sah man Meilahn in gelbem Koller, Wams und bunten Hosen durch die Straßen stolzieren, einen Degen an der Seite und ein Feuerrohr über der Schulter, aber er fand keinen Anschluss bei den freien Soldaten. Er suchte sich auch keinen Dienstherren. Nachdem das wenige Geld der beiden aufgebraucht war, ging er »auf die Gart«, eine Angewohnheit, die damals unter Landsknechten Usus war. Sie gaben sich als ehrliche Kriegsleute aus, zogen aber durchs Land, beraubten die Siedler und Bauern, zertraten die Felder und schlugen alles in Stücke. Margarethe war darüber nicht glücklich, aber sie folgte Meilahn, denn sie hatte keine andere Wahl. Sie versuchte sich, wie den Tangermünder Chroniken zu entnehmen, als »Planetenleserin« und »Handbeschauerin«, kurz, als Wahrsagerin, und verkaufte Kräuter und Arzneien wie Enzian, Veilchenwurzel, Bibergeil. Unglücklicherweise bot sie auch Alraune feil, eine Heilpflanze, die man damals mit Hexerei in Verbindung brachte. Aus Not habe sie so gehandelt, sagte sie später aus. Von ihrem Mann habe sie nicht viel bekommen.

Ende des Sommers 1617 wurde sie sehr krank und strandete Anfang September mit ihrem Kind in dem Dorf Apenburg, etwa siebzig Kilometer nordwestlich von Tangermünde. Aufnahme fand sie mehr oder weniger zufällig bei einem Kuhhirt namens Simon Schultze und seiner Frau Anna Lingke, deren Hof sich in der Nähe des Stadttores befand. Erst sträubten sich die beiden gegen die Fremde, lediglich ein Lager aus Stroh auf dem Boden richteten sie ihr ein, doch als sie merkten, wie schlecht es um sie stand, ließen sie sie gewähren. Wochen später kam Margarethe allmählich wieder auf die Beine, musste anfangs jedoch noch auf Krücken gehen, um sich fortzubewegen. Ihr Mann ließ sich in dieser Zeit kaum blicken. Wenn er vorbeikam, gab es meist Streit, wie der Kuhhirt später berichtete. Auch soll Meilahn sein Kind geschlagen haben, was Margarethe jedes Mal verzweifeln ließ.

Ende September heiratete der Pfarrer von Apenburg, Heinricus Dinichius, und die Kranke schleppte sich zu seiner Hochzeit, immer noch auf Krücken, und wohl in der Hoffnung auf Almosen. Erst dort, am Rande der Feier, erfuhr sie vom Apenburger Küster Henricus Ermnitz, Tangermünde sei abgebrannt. Sie habe entsetzt reagiert, hieß es später. Einerseits habe sie wohl an die Menschen gedacht, die dort wohnten, andererseits sei ihr bewusst geworden, dass ihr Onkel und seine Familie Schaden genommen haben könnten und der Besitz, den sie immer noch zu erben hoffte, möglicherweise in Flammen aufgegangen war.

Damit wäre erwiesen, das Margarethe unschuldig war: Sie befand sich zum Zeitpunkt des Stadtbrandes Mitte September keineswegs in Tangermünde und war darüber hinaus krank und unbeweglich. Der Argwohn, den Fontane bei der Geschichte also befallen hatte, das Gefühl, mit der Novelle eine »psychologische Aufgabe« lösen zu müssen, wie er Emilie im Vorfeld schrieb, war vollkommen richtig. Er muss gespürt haben, wie unwahrscheinlich es war, dass eine junge Frau in Margarethes Situation zur Brandstifterin wurde. Darin zeigt sich sein Einfühlungsvermögen für Frauen, seine geradezu wissenschaftliche Neugier für ihre ganz eigene, unverwechselbare Art.

Leider kam Fontanes Interesse zu spät. Zu dem Zeitpunkt, da er von den Zusammenhängen erfuhr, war Margarethes Schicksal längst Geschichte. Mit seiner Erzählung weckte er jedoch Aufmerksamkeit für den Fall, und einer seiner Leser, Ludolf Parisius (1827–1900), beschloss, der Sache auf den Grund zu gehen. Parisius war Heimatforscher und Publizist. Er stammte aus Gardelegen, nicht weit von Tangermünde gelegen, und hatte es sich zur Aufgabe gemacht, das Volksgut seiner altmärkischen Heimat zu erhalten und zu kultivieren. Viele Sammlungen von Volksliedern und Geschichten aus der Region kommen aus seiner Feder. Ferner war er ein liberaler Politiker, Mitglied der Fortschrittspartei und hatte, trotz seines Interesses für, wenn man so sagen will, konservative Themen eine grundsätzlich kritische Haltung zum Zeitgeschehen. Nach der Ausbildung 1858 zum Kreisrichter ernannt, wurde er aus politischen Gründen 1864 seines Amtes enthoben.

Nicht zuletzt war Parisius studierter Jurist und damit alles in allem genau der richtige Zeitgenosse, um den Fall Margarethe von Minden eingehend zu überprüfen. Ausführlich widmete er sich sämtlichen Unterlagen und Protokollen zu dem Urteil. Das Ergebnis seiner Untersuchungen fand wiederum ein paar Jahre später, jedoch noch zu Fontanes Lebzeiten, Eingang in das Buch *Bilder aus der Altmark*, das er gemeinsam mit Hermann Dietrichs 1883 bei Richter in Hamburg herausbrachte. Das Kapitel über Margarethe nannte er »Eine Ehrenrettung«. Seinen Recherchen zufolge kehrte sie Anfang des Jahres 1618 nach Tangermünde zurück. Sie war wieder gesund geworden und wollte versuchen, für ihren Mann eine Anstellung als Stadtknecht zu erlangen, damit ihre kleine Familie endlich ein regelmäßiges Einkommen habe. Nicht zuletzt hoffte sie immer noch, an ihr rechtmäßiges Erbe zu kommen. Sie sprach beim Bürgermeister vor, er ging auf ihre Bitte ein und versicherte, Meilahn könne gerne die Aufgaben eines städtischen Polizeibeamten übernehmen, doch als der Landsknecht bei ihm erschien, wurde er festgenommen und eingesperrt.

Der Grund dafür, schreibt Parisius, sei aus den Akten nicht ersichtlich gewesen.

Anzunehmen ist, dass die Zahl Meilahns schlechter Taten und die Klagen darüber inzwischen zu groß geworden war. Außerdem hofften die Ratsherren, sie könnten endlich einen Verantwortlichen für den Stadtbrand finden. Inzwischen waren anonyme sogenannte Fehdebriefe aufgetaucht, in denen die Stadt neu mit Brandstiftung bedroht worden war, und die Bewohner fürchteten das Schlimmste.

Zu allem Überfluss, so Parisius, beantragte der Rat beim Schöppenstuhl in Brandenburg bei der Befragung Meilahns die Anwendung der »scharfen Frage«, womit damals die Folter bezeichnet wurde: »In jener grauenhaften Zeit der Hexenprozesse war die Tortur das wichtigste, ja fast das ausschließliche Beweismittel für alle schweren Verbrechen. Eine jede Beschuldigung war beinahe sicher tödlich, sobald sie an einen Richter gelangte, der auf sie die Anwendung der ›scharfen Frage‹ zuließ. Nur wenige überstanden die Tortur ohne alles dasjenige zuzugestehen, was der Untersuchungsrichter von ihnen rausbringen wollte.«[264] Dem Zitat ist leicht zu entnehmen, wie wenig Parisius von dieser Art der Befragung hielt. Nicht nur führte sie mit größter Wahrscheinlichkeit zum Tod des Delinquenten, sondern sagte auch nichts über die Echtheit seiner Geständnisse aus.

Meilahn habe, wie Parisius schrieb, »am 21. Januar auf die Leiter gelegt«, umgehend zahlreiche Diebstähle und Straßenräubereien zugegeben. Er sei nämlich kein Held gewesen, wie der Heimatforscher fast mitleidig kommentierte. Doch dann offenbarte sich Meilahns eigentlich schlechter Charakter: Auf die Anzeige, er habe den Stadtbrand von Tangermünde verursacht, schob er die Schuld auf Margarethe, seine Ehefrau: »Mit ganz besonderem Eifer warf er die Hauptschuld auf seine unglückliche Frau. Sie habe ihn nur geheirathet, damit er sie an den Tangermünder Rath, der ihr nicht zu ihrem Vermögen verholfen habe, rächen und die Rathsherren meuchelmorden oder die Stadt niederbrennen solle.«[265] Meilahn beschuldigte ferner einen Mann namens Merten Emmert, sich ebenfalls an dem Brand beteiligt zu haben.

Mit den Vorwürfen konfrontiert, reagierte Margarethe entsetzt und erschrocken, wies sie aber samt und sonders von sich. Schließlich hatte sie für ihre Unschuld ein lückenloses Alibi. Ausführlich zitiert Parisius aus den Schriftstücken, die zu ihrer Verteidigung vorgelegt wurden. Sogar ein Brief von Dinichius lag dem Rat vor, in dem der Pfarrer versicherte, Margarethe sei auf seiner Hochzeit gewesen.

Doch das nützte der Angeklagten alles nichts. Meilahn blieb bei seinen Anschuldigungen. Er behauptete einfach, Margarethe sei erst nach dem Stadtbrand krank geworden. Erschüttert nahm Parisius zur Kenntnis: »Jede einzelne für Gretes oder Mertens Schuld erhebliche Anklage Meilahns, über welche eine Zeugenvernehmung stattgefunden hatte, war widerlegt worden. (…) Aber dem Untersuchungsrichter lag nichts daran, sich den blinden Glauben an Tonnies' Urgicht (Geständnis) erschüttern zu lassen. Ganz freilich kann man sich dem Verdachte nicht verschließen, bei dem ganzen Strafverfahren habe dem Tangermünder Richter der Gedanke nicht fern gelegen, daß in und mit Grete Minden auch die Rechtsansprüche an die Ratsherrenfamilie derer von Minden und ihrer gerechten Beschwerden über das parteiische Verfahren des Raths bei der Erbregulierung für immer abgethan würden.«[266] In der Folge wurden alle drei Angeklagten verurteilt und am 22. März 1619 auf den Scheiterhaufen gebracht.

In seiner »Ehrenrettung« sparte Parisius nicht an Kritik an der Tangermünder Rechtsprechung: »Auch die in den

Brandenburger Schöppenstuhlsakten noch zahlreich vorhandenen Tangermünder Klagen und Anträge aus jener Zeit ergeben gerechte Bedenken gegen die damalige Tangermünder Stadtverwaltung, namentlich deren Rechtspflege.«[267] Auch scheute der Heimatforscher nicht davor zurück, im Nachgang noch ein juristisches Urteil zu fällen. Die Verurteilten, belegte er glaubhaft, seien alle drei nicht die gesuchten Brandstifter gewesen, allein Meilahn habe sich gesetzlos verhalten, und es sei durchaus an der Zeit gewesen sei, ihn hart zu bestrafen, doch selbstredend auch ihn nicht durch Feuertod.

Margarethe hingegen sei ein durchweg anständiger Mensch gewesen, arglos und in der Vernehmung fast zu ehrlich. Parisius schrieb: »In ganz anderem Lichte als Tonnies erscheint nach den Akten Grete Minden. Die Liebe zu Tonnies hat sie in tiefes Elend gestürzt. Man glaubt es ihr, nur aus tiefer Not ist sie Landfahrerin, Planetenleserin und Handbeschauerin geworden. Ihres Kindes halber erträgt sie Alles, und kehrt immer zu dem schändlichen Ehegatten zurück, der das Kind schlägt, um die Mutter zu ärgern. Ihre Ehrlichkeit und eheliche Treue werden von Niemandem in Zweifel gezogen.«[268]

Mit seiner Untersuchung konnte Parisius einiges bewirken. Der Fall wurde zum Justizirrtum erklärt und Margarethe von Minden im Nachhinein rehabilitiert. Bis heute ist die Geschichte im Bewusstsein der Tangermünder präsent geblieben, regelmäßig werden Theater- oder Opernfassungen aufgeführt, gerne auch direkt am Rathaus unter freiem Himmel. Abbildungen von Margarethe finden sich nicht nur in Form einer Bronze auf dem Marktplatz, sondern auch als Relief auf dem neuen Brunnen vor der St. Stephanskirche. Die junge Frau ist hier so abgebildet, als würden ihre Haare bei dem Stadtbrand selbst Feuer fangen.

Auch Filme sind aus dem Stoff entstanden,[269] und immer wieder wird der Fall heftig diskutiert. Schließlich ist anzunehmen, dass Meilahn das Erbe, hätte es Margarethe denn doch bekommen, sofort verprasst hätte. Andererseits ist man sich stadtauf, stadtab einig, dass Margarethe unschuldig war. Zu Unrecht sei sie verurteilt worden und grundlos gestorben, heißt es.

Wann Fontane den Plan fasste, die Novelle zu schreiben, ist nicht mehr nachvollziehbar. Eindeutig gehörte der Stoff zu seinen frühesten Projekten. Er nannte *Grete Minde* immer seine »Novelle 1«.[270] Sie war ihm ein echtes Anliegen. Er muss all seinen Ehrgeiz darauf verwendet haben, den Stoff mit Hilfe präziser Recherchen richtig zu fassen zu kriegen, Grete und auch die anderen Protagonisten einerseits glaubwürdig, andererseits der historischen Zeit gemäß zu schildern. Schon im Vorfeld machte er sich dazu eine Fülle minutiöser Aufzeichnungen. Schließlich war in der Novelle zu berücksichtigen, dass die Geschichte im frühen siebzehnten Jahrhundert spielte.

Zu Beginn schilderte er Grete als scheues und gutherziges Kind, ein Mädchen das sich aufrichtig bemühte, alles richtig zu machen. Sie sollte konfirmiert werden und fürchtete sich vor Gigas, dem protestantischen Pfarrer, denn ihre Mutter war Katholikin und die Kleine entsprechend aufgewachsen: »Er sah, daß Grete zitterte und immer auf Trud blickte, aber nicht um Rat und Trostes willen, sondern aus Scham und Scheu.«[271]

Mit Grete allein gelassen, konnte der Prediger sich in Ruhe mit ihr unterhalten und erklärte Trud, der Schwägerin, später resolut: »›Ich kann Euch nicht folgen, Frau Trud, in dem, was Ihr mir über das Kind gesagt habt‹, sagte Gigas. ›Ihr verkennt es. Es ist ein verzagtes Herz und kein trotzig Herz. Ich sah, wie sie zitterte, und der Spruch, den sie sagen sollte, wollte ihr nicht über die Lippen. Nein, es ist ein gutes Kind und ein schönes Kind. Wie die Mutter.‹«[272]

Nachdem der Vater allerdings verstorben war und Grete keinen Rückhalt mehr im Haus hatte, entstand in ihr eine leise Angst, und als Trud einen Sohn bekam und Grete mit ansehen musste, wie der Kleine ihr offenkundig vorgezogen wurde, hielt sie es in der Familie nicht mehr aus. Verzweifelt gestand sie Valtin: »›Und so kommt Mittag, und wir sitzen an dem runden Tisch, und ich spreche das Gebet. Sprech es, und niemand hört darauf. Und wenn ich das letzte Wort gesprochen, so heißt es: ›Grete, sieh, ich glaub, es schreit.‹ Und dann bring ich es, und dann geht es reihum, und dann soll ich essen mit dem Kind im Arm. Und wenn es hübsch wär. Aber es ist so häßlich und sieht mich an, als erriet es all meine Gedanken. Ach, Valtin, das ist mein Tag und mein Nacht. Und so leb ich. In meines Vaters Haus ohne Heimat! Unter Bruder und Schwester, und ohne Liebe! Es tötet mich, daß mich niemand liebt. Ach, wie's mich danach verlangt! Nur ein Wort, nur ein einzig Wort.‹ Und sie warf sich auf die Knie und legte den Kopf auf den Stein und weinte bitterlich.«[273]

Fontane beschrieb, wie die Angst in Grete wuchs und die Liebenswürdigkeit des Kindes sich unter der steten Ablehnung der Schwägerin und der Gleichgültigkeit des Bruders in Verzweiflung und Not verwandelte. Hinzu kam ein starkes Unrechtsbewusstsein: »Ich mag kein Unrecht sehen und auch keines leiden«, sagte Grete zu Valtin. »Du weißt aber, daß wir Geduld üben und unsere Feinde lieben sollen«, antwortete er, sie aber gab zurück: »Ja, ich weiß es; aber ich kann es nicht.« – »Weil du nicht willst.« – »Nein ich will es nicht.«[274] So veränderte sich das gehorsame Kind peu à peu in eine zornige, junge Frau.

Hilfe versprach die Flucht, und in der Tat verbrachten

Valtin und Grete drei friedliche Jahre miteinander, doch neu konfrontiert mit der Ablehnung im Elternhaus, brach sich die alte Leidenschaft wieder Bahn, und Grete beschloss, sich zu wehren. Derart geschickt wurde der Gefühlswandel von Fontane im Vorfeld beschrieben und angelegt, dass der Leser sich mühelos mit der Brandstifterin identifizieren kann. Er schilderte, wie Grete sich offensichtlich erniedrigte und den Bruder auf Valtins Geheiß hin um Verzeihung bat. Dabei bediente sich der geschulte Theaterkritiker auch nonverbaler Ausdrucksmittel: »Und sie warf sich, als sie so gesprochen, mit einem heftigen Entschlusse vor ihm nieder, mehr rasch als reuig, und sah ihn fragend und mit sonderbarem Ausdruck an. Das Kind aber hielt sie mit der Linken unter ihrem Mantel.«[275] Der Bruder wies sie grob zurück: »Gerdt sah auf die kniende Frau, gleichgültig und mitleidslos und sagte, während er den Kopf hin und her wiegte: ›Ich mag ihm nicht Vater sein und nicht Vormund und Berater. Du hast es so gewollt, nun hab es. Es schickt sich gut, daß du's unterm Mantel trägst, denn ein Mantelkind ist es. Bei seinem vollen Namen will ich's nicht nennen.‹ Und er ließ sie liegen und griff nach dem Aktenbündel, als ob er der Störung müde sei und wieder lesen wolle.«[276]

Schon die Beschreibung der Gestik von Schwester und Bruder verdeutlicht das Unrecht, das Grete widerfährt, doch auch das Vokabular, das Gerdt benutzt, ist bezeichnend. »Mantelkinder« nannte man uneheliche Kinder, Nachkommen, die rechtlich nicht zur Familie gehörten und für die der Familienälteste keine Verantwortung übernehmen musste.

Alles Weitere ist die Schilderung eines Racheakts, eines Aufstands der Unterdrückten. Bevor Grete vor den Rat trat und ihr ähnlich Unrecht widerfuhr wie im Haus ihres Vaters, fiel ihr ein Spruch an der Rathauswand ins Auge, der drohend für Gerechtigkeit plädierte. Wer sich nicht dafür einsetze, werde von Gott bestraft. Das war Gretes Rechtfertigung. Bevor sie den Rathausaal wieder verließ, zitierte sie aus diesem Spruch: »Verlaß dich nicht auf dein Gewalt. Dein Leben ist hier bald gezahlt. Wie Du zuvor hast richtet mich, also wird Gott auch richten dich – «[277]

Grete ist nun kein zartes Mädchen mehr, sondern eine Streiterin für das Gute, ein Engel der Gerechtigkeit. Sie muss tun, was zu tun ist, muss den Bruder und seine Frau bestrafen und die Stadt anzünden. Nicht umsonst wird *Grete Minde* als erster Kriminalroman der Geschichte bezeichnet. Obwohl die junge Frau eine Untat begeht, fühlt der Leser weiter mit ihr und steht innerlich auf ihrer Seite.

Fontane verteidigte ihr Verhalten. Dabei kam auch sein Gerechtigkeitsinn zum Ausdruck, wahrscheinlich einer der entscheidenden Gründe dafür, das er sich derart bevorzugt auf die Seite der Frauen schlug. Sie galten als das schwächere Geschlecht, das empfand er als unangemessen und wollte es ändern.

Am Ende der Novelle wird der Leser zurück an den Schauplatz am Arendsee geführt, wo Valtin beerdigt wurde: »Den Tag danach saßen Ilse Schulenburg und die Domina wieder an der Efeuwand ihres Hauses, und alles war wie sonst. Die Fenster standen auf, und das Feuer brannte drinnen im Kamin, und der Spitzkopf des großen Wolfshundes sah wieder wartend zu seiner Herrin auf. Von jenseits des Sees aber klang die Glocke, die zu Mittag läutete.«[278] Die Szene, die Fontane hier zeichnete, bietet ein Bild des Friedens. Es war, als sei nichts geschehen, nichts sonderlich Gutes, aber auch nichts Schlechtes: Alles war wie sonst.

Besichtigt man das Kloster heute, spürt man immer noch den Frieden, den es wohl auch damals ausstrahlte.

Die Wohngebäude sind inzwischen Ruinen, doch die romanische Kirche, der Kreuzgang und der Glockenturm noch vollständig erhalten. Am Eingang ruht ein Gedenkstein mit dem Fontane-Zitat: »Unsre Schuld ist groß, unser Recht ist klein. Die Gnade Gottes tut es allein.« Dabei handelt es sich um das Gebet, das die Schwestern sprechen, nachdem Valtins Sarg herabgelassen war. Es steht für ihre Bereitschaft, zu verzeihen.

Am Gedenkstein vorbei führt der Pfad steil bergab zum Klostergelände. Durch ein eisernes Tor gelangt man in den Garten. Ein Wegeleitsystem führt durch das zum Seeufer hin abfallende Gelände. Auch die »Demutspforte« kann dabei durchschritten werden, ein Durchgang in der Mauer des ehemaligen Kapitelsaals, der so niedrig ist, dass sich nur Kinder nicht bücken müssen, wenn sie ihn passieren.

Zu Füßen des Klosters erstreckt sich der Arendsee, ein unberührtes Gewässer, das sich dadurch auszeichnet, der größte und tiefste natürliche See Sachsen-Anhalts zu sein. Parallelen zum Großen Stechlinsee, der sich ähnlich still und weit im nördlichen Brandenburg ausdehnt, sind unverkennbar. Jene Gegend inspirierte Fontane sehr viel später zu seinem gleichnamigen Roman *Der Stechlin*. Auch darin spielt ein altes Kloster eine Rolle, in dem der Wandel zum protestantischen Damenstift allerdings längst vollzogen war. Domina Adelheid, Schwester des alten Dubslav von Stechlin, wird als herrische, eigensinnige Figur dargestellt. Man spürt den differenzierten Blick, den Fontane inzwischen dank seines intensiven Briefwechsels mit Mathilde von Rohr sowie seiner Aufenthalte in Dobbertin gewonnen hatte. Das Leben im Stift war eben, wie die Wahl der »falschen« Domina (Hedwig von Schack) oder die Streitigkeiten mit Klosterhauptmann von Oertzen zeigten, nicht immer so harmonisch, wie es von außen wirkte.[279]

Bei der Charakterisierung Frau von Jagows scheint hingegen noch das Abbild der ähnlich hochbetagten Hedwig von Quitzow durch, die mit Mathilde von Rohr ein respektvolles, liebevolles Verhältnis pflegte. Auch Frau von Jagow beweist Klugheit und Weitsicht. Sie räumte Grete selbstverständlich Raum für ein unbelastetes, friedliches Dasein ein. Bevor die junge Frau nach Tangermünde aufbrach, sicherte sie ihr ausdrücklich eine Freistatt im Kloster. Gleichzeitig ahnt sie, dass Grete nicht mehr lange leben würde: »Grete küßte der Alten die Hand und ging. Ilse mit ihr. Als diese zurückkkam und ihren vorigen Platz an der Efeuwand eingenommen hatte, sagte die Domina: ›Wir sehen sie nicht wieder.‹ – ›Und hast ihr doch eine Freistatt geboten!‹ – ›Weil wir das Unsre tun sollen... Und die Wege Gottes sind wunderbar ... Aber ich sah den Tod auf ihrer Stirn. Und hab acht, Ilse, sie lebt keinen dritten Tag mehr!‹«[280]

Auch wenn Frau von Jagow leider recht behält und Grete am Ende umkommt, findet Fontanes Novelle damit ein tröstliches Ende. Hier in Arendsee widerfährt der verwaisten Patriziertochter endlich Gerechtigkeit, hier gelten noch alte, menschenfreundliche Gesetze. Wäre sie an ihrem Elend nicht zugrunde gegangen wäre, hätte sie mit ihrem Kind ein Zuhause bei den Nonnen von Arendsee gefunden.

Die Ehebrecherin
L'Adultera (1882)

———————✳———————

Die Frau, die auf dem Gemälde *Die Familie Ravené* (1867)[281] abgebildet ist, trägt ein Kleid mit zartem Spitzenkragen aus dickem, blauschimmerndem Samt. Sie hat rotblonde Haare und ein hübsches Gesicht, zart wie Porzellan. Während sie dem Kaminfeuer mit einem Blasebalg sanft Wind zufächelt, schaut sie unterwürfig zu ihrem Mann auf, der im bodenlangen Hausmantel, an Kragen und Ärmeln breit mit Pelz abgesetzt, breitbeinig am Kaminsims lehnt. In der Rechten trägt er eine dicke Zigarre, über seinen Bauch spannt sich eine goldglänzende Uhrenkette.

Zu Füßen der Eltern spielen die beiden Kinder, das ältere kann schon stehen und hält sich am Rücken eines großen, freundlichen Hundes fest, das jüngere sitzt im Hemdchen auf dem farbig gemusterten Teppich. Die Einrichtung ist prächtig, schweres Schnitzwerk und zwei Säulen umrahmen die Feuerstelle. Auf einem Tisch im Hintergrund stehen Silberkanne und Porzellantasse bereit, eine Teestunde einzuläuten. Ein kostbares Gemälde in schwerem Goldrahmen ist an der Wand zu sehen.

In *L'Adultera*, ein weiteres Werk, das auf reale Personen

und Ereignisse zurückgreift, führte Fontane mitten ins wohlhabende Berliner Bürgertum des neunzehnten Jahrhunderts ein, in eine Welt, die von großem Ehrgeiz, viel Fleiß, aber auch schnellem Erfolg geprägt war, getragen vom wirtschaftlichen Aufschwung der industriellen Revolution. Fréderic Louis Ravené (1823–1879) stammte aus einer Familie, die schon in dritter Generation erfolgreich im Eisenwarenhandel war. Der Begriff erinnert heute an einen bis zur Decke vollgestopften Laden, in dem es Haushaltswaren wie Pfannen und Siebe sowie Schrauben und Nägel oder sogar Nähmaschinenöl zu erwerben gibt. Im ausgehenden achtzehnten Jahrhundert verbarg sich dahinter jedoch die Technologie der Zukunft. Brücken, Zäune, Grabmale, Straßenlaternen, Bahnhöfe – nahezu alles wurde aus Eisen neu gefertigt. In einem Preußen, das darüber hinaus von der Zugbegeisterung König Friedrich Wilhelms IV. oder auch den Kriegsgelüsten der zwei nachfolgenden deutschen Kaiser samt ihres Ministers Bismarck gekennzeichnet war, konnte und musste diese Branche vor Nachfrage förmlich explodieren.

Die Vorfahren Ravenés müssen das irgendwie geahnt haben. Als Hugenotten Ende des siebzehnten Jahrhunderts aus Metz in Lothringen geflohen, hatten sie sich in Brandenburg zuerst intensiv dem Gartenbau gewidmet. Urgroßvater Pierre Ravené (1723–1798) jedoch entschloss sich, Glocken- und Gelbgießer zu werden, Großvater Jacques (1751–1823) lernte daraufhin Eisengießerei, gründete eine eigene Produktionsstätte in der zentral gelegenen Wallstraße und heiratete in die seit 1722 eingeführte Eisenwarenhandlung Samuel Gottlieb Butzer ein. Im täglichen Direktvergleich wurde ihm bald deutlich, dass mit dem Handel von Eisenwaren wesentlich einfacher Geschäfte zu machen waren als mit der aufwendigen und auch schmutzigen Herstellung des entsprechenden Werkstoffs, und er stellte die Produktion wieder ein.

Sein Sohn Pierre Louis (1793–1861), Vater von Fréderic Louis, übernahm 1824 das Geschäft und investierte nur noch finanziell in die herstellende Industrie, so zum Beispiel in das Kupferwalzwerk Carl Justus Heckmanns. Er setzte aktiv auf den Ausbau des eigenen Familienunternehmens, und der Betrieb wuchs unter dem Namen Jacob Ravené Söhne zu ungeahnter Größe. Bald war nur noch von der Großhandelsfirma gleichen Namens die Rede.

Ravené lieferte zuverlässig und kontinuierlich und wurde insbesondere als Lieferant von Schwellen und Schienen für die Anhaltinische und Potsdamer Eisenbahn schnell sehr reich. Die Familienmitglieder galten als »Eisenkönige« von Preußen, vergleichbar mit Krupp im Rheinland. Ihr Vermögen investierten sie unter anderem in die Bildende Kunst, richteten in der Wallstraße 92 eine eigene Galerie ein und machten sie zur ersten öffentlich zugänglichen Gemäldesammlung Berlins.

Wie damals höchst populär, gab sich Pierre Louis im Alter jedoch dem Okkultismus hin, vergaß die Geschäfte und lebte geruhsam auf das Jahr 1861 zu, von dem eine Prophezeiung ihm vorausgesagt hatte, es werde sein Todesjahr sein. Zum Glück hatte sich sein Sohn Fréderic Louis inzwischen selbst dem Eisenwarenhandel zugewandt und eine eigene Filiale in der Neuen Grünstraße aufgezogen, nicht weit vom Stammhaus in der Wallstraße. Nach dem Tod des Vaters, tatsächlich im Jahr 1861, führte er beide Betriebe zusammen und konnte so das Lebenswerk der Familie erfolgreich fortsetzen. Auch die Kunstsammlung bereicherte er sukzessive durch den Erwerb wertvoller Gemälde und machte sich damit in Stadt und Land einen Namen.

Während sein Vater als fleißig und zuverlässig, zugleich

aber auch als einigermaßen skurril galt, sah man in Fréderic Louis den Weltbürger, ein ehrenwertes Mitglied der aufstrebenden Berliner Gesellschaft, einen Mann, der zu Wohlstand gekommen war, obwohl seine Familie nicht zum Adel gehörte. 1868 erwarb er für den Preis von 300 Goldmark in Cochem am Rhein ein Ruinengrundstück und baute die pittoreske Burg, die einst an dieser Stelle stand, mit großem Aufwand im neugotischen Stil wieder auf. Auch die spätgotischen Reste des Bauwerkes waren fester Bestandteil des Gebäudes. Damit folgte Ravené einer zeitgenössischen Mode, nämlich der Vorliebe für englische Tudorgotik, kombiniert mit idealisierten mittelalterlichen Stilelementen. In der Romantisierung dieser Zeit, auch Burgenstil genannt, materialisierte sich in Architektur und Kunst die Hoffnung auf ein geeintes Deutschland. Solch ein Bestreben wurde im preußischen Königshaus gerne gesehen. Schon Friedrich Wilhelm IV. war mit dem Erwerb und Ausbau der Burg Stolzenfels dieser Mode gefolgt ebenso wie sein Bruder Wilhelm I. beim Bau seiner Residenz Schloss Babelsberg in Potsdam.

Burg Cochem blieb fünfundsiebzig Jahre lang im Besitz der Familie Ravené und auch den Nachkommen ein beliebter Sommersitz. Gleichzeitig war an dem Erwerb zu erkennen, auf welcher Stufe der Gesellschaft Fréderic Louis sich in Preußen wie selbstverständlich sah. Sein Eifer blieb im Königshaus keineswegs unbemerkt. 1854 erhielt er den roten Adlerorden 4. Klasse, und 1862 wurde ihm der Titel eines Kommerzienrats verliehen. Ravené war Ehrenbürger der Städte Ilmenau und Cochem. 1879 wurde nach ihm sogar eine Palme benannt, die von der Komoreninsel Johanna eingeführt worden war: *Ravenea hildebrandtii*.

Allein was sein Privatleben anging, fällte Fréderic Louis eine gewissermaßen ungeschickte Entscheidung. 1864 heiratete er Therese Elisabeth Emilie von Kusserow (1845–1912), eine Frau, die zwanzig Jahre jünger war als er. Nicht nur der Altersunterschied zwischen den beiden war groß, auch war Therese zum Zeitpunkt der Eheschließung mit neunzehn Jahren eine vergleichsweise junge Braut. Doch sie stammte aus einer durchweg angesehenen Familie: Ihr Vater war Generalleutnant der preußischen Armee, ihre Mutter Tochter des Bankiers Salomon Oppenheim (1772–1828) und ihr Bruder Heinrich von Kusserow (1836–1900) Diplomat und Politiker der Regierung Bismarck. Ihre Schwester Ottilie (1840–1919) heiratete den Bankier Adolph von Hansemann (1826–1903) und wurde eine überzeugte Verfechterin der Frauenbewegung. Zeit ihres Lebens setzte sie sich für das Frauenstudium ein und unterstützte die Bewegung, soweit möglich, auch finanziell.

Therese war überdies von außergewöhnlicher Schönheit. Zeitgenossen priesen ihre rotgoldenen Locken, ihr elegantes Auftreten und gewinnendes Wesen. So schrieb Friedrich Johann von Pommer Esche (1803–1870) in seinem Tagebuch über Ravené und seine Frau: »Er ist sehr beliebt, einmal, weil es viele lukullische Diners bei ihm gibt, und dann wegen seiner schönen, freilich äußerst koketten Frau. Sie hat wunderbares makartrotes Haar, das alle entzückt. ›Die schöne Therese Ravené‹ heißt sie bei einem großen Teil der Männerwelt, die total vernarrt ist in sie.«[282] Auch der Maler und Feuilletonist Ludwig Pietsch (1824–1911) rühmte Therese in seiner Autobiographie als »prächtigen, rotgoldlockigen, jugendlichen Frauenkopf«.[283] Was auffällt ist, dass Thereses Bewunderer von ihr schwärmten, als sei ihre Schönheit keine Eigenheit gewesen, die zu ihr gehörte und sie auszeichnete, sondern eigentlich ein Makel, der ihren Gatten in Verlegenheit brachte und anderen Männern das Recht gab, sich ihr auf unziemliche Weise zu nähern.

Doch die ersten Ehejahre gestalteten sich erfreulich. Wie anfangs erwähntes Bild demonstriert, bekam Therese zwei Kinder, Else (1865–1911) und Louis Ferdinand (1866–1944), später gesellte sich noch eine zweite Tochter, Amelie (1868–1909), hinzu. Zehn Jahre lang führte das Paar ein friedliches Leben miteinander, Louis Fréderic als erfolgreicher Geschäftsmann, Therese selbstverständlich umgänglich, charmant und immer gepflegt an seiner Seite, bei Auftritten in der Gesellschaft und kulturellen Anlässen.

Dann allerdings kam das Ende: Therese verliebte sich in einen jungen, angehenden Bankier namens Gustav Simon (1843–1931), erwartete kurz darauf ein Kind von ihm und verließ daraufhin ihre Familie. Ravené versuchte die Ehe zu retten, doch es gelang ihm nicht. Therese trennte sich von ihm, heiratete ihren Geliebten und zog mit ihm 1874 nach Königsberg. Es folgten weitere Kinder, neun an der Zahl, von denen sieben das Erwachsenenalter erreichten. Simon arbeitete in Königsberg als Bankier und wurde Schweizer Generalkonsul. Zu ihren Kindern aus erster Ehe durfte Therese keinen Kontakt mehr aufnehmen, gar nicht zu reden von der Kritik und üblen Nachrede, die man der einst derart gepriesenen Frau hinterherschickte.

Tragisch war auch, dass Ravené schon drei Jahre nach der Trennung starb. Er hatte zu dem Zeitpunkt erst das sechsundfünfzigste Lebensjahr erreicht, und sein plötzlicher Tod vermittelte den Eindruck, die Geschichte habe ihm das Herz gebrochen. Auch war sein Sohn und Erbe Louis Ferdinand zu diesem Zeitpunkt erst zwölf Jahre alt, und es mussten eilige Entscheidungen bezüglich seiner Obhut gefällt werden. Zum Glück sprang Thereses Familie ein. Ihr Schwager Hansemann übernahm die Führung der Geschäfte, und der Junge wurde ein Zögling Paul Harders und seiner Frau, des Prokuristen des Ravené'schen Imperiums. Dort wuchs er auf, erfuhr die entsprechende Aufmerksamkeit, Zuwendung sowie Ausbildung und trat, erwachsen geworden, 1887 die Nachfolge seines Vaters an. Louis Ferdinand leitete das Unternehmen »Jacob Ravené Söhne« erfolgreich bis zu seinem Tod, beeinträchtigt naturgemäß durch die Wirren der Zeit, zweier Weltkriege oder auch einschneidender Veränderungen in der eisenverarbeitenden Industrie.

Fontane hatte von dem ganzen Sachverhalt nur am Rande erfahren, denn zufällig war Emilie mit Familie Harder befreundet und erzählte ihm davon. Therese Ravené war ihm lediglich einmal als Theaterbesucherin an der Seite ihres Mannes aufgefallen. Nach Ravenés Tod jedoch erschien am 1. Juni 1879 ein Nachruf in der *Vossischen Zeitung*, den Fontane gut verwahrte, zusammen mit einem Hinweis auf die Versteigerung der Pflanzen, die sich in Ravenés Palmenhaus befunden hatten. Diese Erinnerungsstücke gaben ihm später Veranlassung zu seinem Roman.

Entsprechend geringfügig sind die Übereinstimmungen zwischen Text und Wirklichkeit. Auch veränderte Fontane selbstverständlich die Namen der Protagonisten. Therese heißt in dem Roman Melanie de Caparoux, genannt »Lanni«, und ist die Tochter eines Adligen aus der französischen Schweiz. Ihr Mann ist der Kommerzienrat Ezechiel van der Straaten, ein Finanzier, von dem Fontane gleich zu Beginn sagt, »daß er mehr eines geschäftlichen als eines persönlichen Ansehens genoß«.[284] Die beiden haben nur zwei Kinder, nicht drei, und beides sind Mädchen. Der Liebhaber, der später die Szene betritt, hört auf den Namen Ebenezer Rubehn und ist keineswegs dauerhaft vermögend. Nachdem Melanie mit ihm nach Italien geflohen ist und das gemeinsame Kind in Venedig geboren wurde, kehrt die Familie zurück nach Berlin, und Melanie muss sich als Sprachlehrerin verdingen, um finanziell zum Haushalt beitragen zu können.

Fontane interessierte offensichtlich etwas anderes als die Nachbildung historischer Details. Schon der Titel seines Romans *L'Adultera* ist ein Hinweis darauf. Er bezieht sich auf die Szene im Johannesevangelium (8,1–11), in der Pharisäer und Schriftgelehrte versuchten, Jesus herauszufordern, indem sie ihm eine Frau zuführten, die beim Ehebruch ertappt worden war. Der Meister, wie sie ihn nannten, ließ sich nicht darauf ein. Auf die Frage, ob sie gesteinigt werden solle, wie es das Gesetz Mose vorschreibe, antwortete er mit dem berühmt gewordenen Ausspruch: »Wer von Euch ohne Sünde ist, werfe als Erster einen Stein auf sie.« Jesus relativierte das Vergehen und machte die Ankläger zu Mitschuldigen.

Nicht nur der Titel verweist auf Fontanes eigentliches Anliegen. Zahlreiche Künstler haben gerade diese Bibelszene festgehalten, Maler, wie der Italiener Jacopo Tintoretto (1518–1594), bildeten sie sogar wiederholt ab. Eines dieser Werke hatte Fontane in der Dresdner Gemäldegalerie gesehen, ein anderes in Venedig, im Museum Accademia. Inzwischen ist erwiesen, dass die Dresdner Version von *Jesus und die Ehebrecherin* nicht von Tintoretto stammt, sondern von Hans Rottenhammer (1564–1625), doch das tut hier nichts zur Sache. Vielmehr zitierte Fontane das Werk in *L'Adultera*: Stolz präsentiert van der Straaten seiner Frau eine Kopie des Gemäldes, die er für seine Kunstsammlung hat anfertigen lassen, und suggeriert ihr dabei, früher oder später werde sie selbst zu einer Ehebrecherin werden.

Melanie ist betroffen und wehrt die Anspielungen entschieden ab. Gleichzeitig hat sie Mitgefühl mit der abgebildeten Frau. Sie sagt: »Sieh nur …! Geweint hat sie … Gewiß … Aber warum? Weil man ihr immer wieder und wieder gesagt hat, wie schlecht sie sei. Und nun glaubt sie's auch oder will es wenigstens glauben. Aber ihr Herz wehrt sich dagegen und kann es nicht finden ... Und daß ich dir's gestehe, sie wirkt eigentlich rührend auf mich. Es ist soviel Unschuld in ihrer Schuld ... Und alles wie vorherbestimmt.«[285]

Mit seinem Bild-Zitat bedeutete Fontane zugleich, dass Melanie, sollte sie tatsächlich fremdgehen, dadurch keine Schuld auf sich laden würde. War es in *Grete Minde* eine Brandstifterin, für die er Partei ergriff, ist es diesmal eine Frau, die sich in einen anderen Mann verliebt und ihre Familie daraufhin verlässt. Er relativierte ihren Ehebruch und erklärte ihn zu ihrem unausweichlichen Schicksal.

Folgt man dieser Spur, stößt man im Verlauf des Romans auf weitere Hinweise, die Melanies Handeln erklären sollen. Im Gegensatz zu Therese von Kusserow ist die Schweizerin bei der Eheschließung erst siebzehn Jahre alt. Ferner mangelt es van der Straaten an Liebenswürdigkeit. Er hat eine Art zu scherzen, mit der er Freunde und Bekannte aus der Berliner Gesellschaft grob vor den Kopf stößt: »Er pflegte, um ihn selber mit einer seiner Lieblingswendungen einzuführen, ›aus seinem Herzen keine Mördergrube zu machen‹ und hatte sich, als reicher Leute Kind, von Jugend auf daran gewöhnt, alles zu tun und zu sagen, was zu tun und zu sagen er lustig war.«[286] Gleichzeitig bemühte sich Fontane, Melanie nicht als Opfer darzustellen. Sie entwickelt vielmehr den Ehrgeiz, den Grobheiten ihres Mannes zu begegnen und sie intelligent abzuwehren.

Nicht zuletzt sind es Gefühle, die ihre Entscheidung herbeiführen. Dieses Moment, die Empfindungen einer Frau, stellte Fontane in den Mittelpunkt seines Erzählens und machte sie zur unumstößlichen Wahrheit. Sie waren ihm Grund und gleichzeitig vollwertiges Argument für die

Rechtfertigung ihres Handelns. Damit brach er mit allen Konventionen. Gerade als Mann hätte man von ihm zu jener Zeit erwartet, dass er Gefühle als etwas darstellt, das den Menschen schwächt und krank macht, ja, das ihm die Sinne trübt und sein Handeln beeinträchtigt. Aus diesem Grund, so die Überzeugung, gelte es, Emotionen zu kontrollieren und zu verdrängen. Doch das Gegenteil war der Fall: Fontane stellte starke Gefühle als Teil der Wirklichkeit dar, mit der man nur recht umzugehen habe.

Voller Entsetzen erkennt Melanie, dass sie einen anderen liebt. Mit aller Kraft versucht sie, dagegen anzukommen, Kontrolle über ihre Empfindungen zu gewinnen: »›Wohin treiben wir?‹ hatte es in Melanies Herzen gefragt, und die Frage war ihr unvergessen geblieben. Aber der fieberhaften Erregung jener Stunde hatte sie sich entschlagen, und in den Tagen, die folgten, war ihr die Herrschaft über sich selbst zurückgekehrt.«[287]

Einige Wochen lang gelingt es Melanie, ihrer Zuneigung zu widerstehen: »Sie sah wieder alles von der lachenden Seite, selbst das Gewagteste, und faßte, ohne sich Rechenschaft davon zu geben, den Entschluss mit der ganzen nervösen Feinfühligkeit dieser letzten Wochen ein für allemal brechen und wieder keck und unbefangen in die Welt hinein leben zu wollen.«[288]

Doch Melanie kommt von Rubehn nicht mehr los. Gerade die gemischten Gefühle, die in solch einer Situation typisch sind, das Für und Wider, das die Entscheidung derart schwierig macht, arbeitete Fontane fein säuberlich heraus. Eindrücklich zeigte er, wie schwer es Melanie eigentlich fällt, ihre Familie zu verlassen. Es gibt ja auch für sie keine Gewissheit, was in solch einem Fall gut und was schlecht, welches die allein richtige und beste Lösung ist. »So vergingen ein paar Wochen, und als sie wieder aufstand und sprach und wieder nach den Kindern und dem Haushalte sah, schärfer und eindringlicher als sonst, war ihr der energische Mut ihrer früheren Tage zurückgekehrt, aber nicht die Stimmung. Sie war reizbar, heftig, bitter. Und was schlimmer, auch kapriziös. Van der Straaten unternahm einen Feldzug gegen diesen vielköpfigen Feind und im einzelnen nicht ohne Glück, aber in der Hauptsache griff er fehl, und während er ihrer Reizbarkeit klugerweise mit Nachgiebigkeit begegnete, war er, ihrer Caprice gegenüber, unklugerweise darauf aus, sie durch Zärtlichkeit besiegen zu wollen. Und das entschied über ihn und sie. Jeder Tag wurd ihr qualvoller, und die sonst so stolze und siegessichere Frau, die mit dem Manne, dessen Spielzeug sie zu sein schien und zu sein vorgab, durch viele Jahre hin immer nur ihrerseits gespielt hatte, sie schrak jetzt zusammen und geriet in ein nervöses Zittern, wenn sie von fern her seinen Schritt auf dem Korridore hörte. Was wollte er? Um was kam er?«[289]

Fontane schilderte in diesem Roman wieder eine Frau, die kraft ihrer Emotionen eine vernichtende Entscheidung fällt, doch an der Logik ihrer Vorgehensweise besteht kein Zweifel. Nicht nur Gefühle führte er als Argument ins Feld, sondern auch Macht und der Versuch der Manipulation, wie sie zwischen Mann und Frau, oder, weiter gefasst, Gesellschaft und Einzelperson oft zum Einsatz kommt. Davon möchte Melanie sich befreien. Das zeigt insbesondere die Abschiedsszene zwischen den Eheleuten. Sie findet mitten in der Nacht statt. Gemeinsam sitzen die beiden in Melanies Zimmer am Kamin, sie auf gepackten Koffern, er in demselben Gesellschaftsanzug wie am Vorabend. Verständnisvoll redet van der Straaten auf seine Frau ein: »Und ich sage dir, es geht vorüber, Lanni. Glaube mir, ich kenne die Frauen. Ihr könnt das Einerlei nicht ertragen, auch nicht das Einerlei des Glücks. Und am verhaßtesten ist euch das eigentliche, das höchste Glück, das Ruhe bedeutet. Ihr seid auf die Unruhe gestellt. Ein bißchen schlechtes Gewissen habt ihr lieber als ein gutes, das nicht prickelt, und unter allen Sprüchwörtern ist euch das vom ›besten Ruhekissen‹ am langweiligsten und am lächerlichsten. Ihr wollt gar nicht ruhen. Es soll euch immer was kribbeln und zwicken, und ihr habt den überspannt sinnlichen oder meinetwegen auch den heroischen Zug, daß ihr dem Schmerz die süße Seite abzugewinnen wißt.«[290]

Für einen kurzen Moment scheint es van der Straaten zu gelingen, wieder Macht über seine Frau zu gewinnen. Er bietet Melanie einen Handel an: »Laß uns nicht spießbürgerlich sein, Lanni. Sie sagen, ich wär' ein Bourgeois, und es mag sein. Aber ein Spießbürger bin ich *nicht*. Und wenn ich die Dinge des Lebens nicht sehr groß und nicht sehr ideal nehme, so nehm' ich sie doch auch nicht klein und eng. Ich bitte dich, übereile nichts. Meine Kurse stehen jetzt niedrig, aber sie werden wieder steigen. (…) du hast enfin an die zehn Jahr' in der Vorstellung und Erfahrung gelebt, daß es nicht zu den schlimmsten Dingen zählt, eine junge, bequem gebettete Frau zu sein und der Augapfel ihres Mannes, eine junge, verwöhnte Frau, die tun und lassen kann, was sie will, und als Gegenleistung nichts andres einzusetzen braucht als ein freundliches Gesicht, wenn es ihr grade paßt. Und sieh, Melanie, weiter will ich auch jetzt nichts, oder sag' ich lieber, will ich auch in Zukunft nichts. Denn in diesem Augenblick erscheint dir auch das wenige, was ich fordere, noch als zu viel. Aber es wird wieder anders, *muß* wieder anders werden.«[291]

Doch damit macht van der Straaten alles zunichte. Seine Frau wünscht keinen Handel, keine oberflächliche Abmachung. Sie strebt nach Autonomie. Sie möchte selbstständig einen Entschluss fassen und dafür respektiert werden: »Melanie war, als er zu sprechen begann, tief erschüttert gewesen, aber er selbst hatte, je weiter er kam, dieses Gefühl wieder weggesprochen. Es war eben immer dasselbe Lied. Alles, was er sagte, kam aus einem Herzen voll Gültigkeit und Nachsicht, aber die Form, in die sich diese Nachsicht kleidete, verletzte wieder. Er behandelte das, was vorgefallen, aller Erschütterung unerachtet, doch bagatellmäßig obenhin und mit einem starken Anfluge von zynischem Humor. Es war wohlgemeint, und die von ihm geliebte Frau sollte, seinem Wunsche nach, den Vorteil davon ziehn. Aber ihre vornehmere Natur sträubte sich innerlichst gegen eine solche Behandlungsweise. Das Geschehene, das wußte sie, war ihre Verurteilung vor der Welt, war ihre Demütigung, aber es war doch auch zugleich ihr Stolz, dies Einsetzen ihrer Existenz, dies rückhaltlose Bekenntnis ihrer Neigung. Und nun plötzlich sollt' es *nichts* sein, oder doch nicht viel mehr als nichts, etwas ganz Alltägliches, über das sich hinwegsehn und hinweggehen lasse. Das widerstand ihr. Und sie fühlte deutlich, daß das Geschehene verzeihlicher war als seine Stellung zu dem Geschehenen. Er hatte keinen Gott und keinen Glauben, und es blieb nur das eine zu seiner Entschuldigung übrig: daß sein Wunsch, ihr goldne Brücken zu bauen, sein Verlangen nach Ausgleich um *jeden* Preis, ihn anders hatte sprechen lassen, als er in seinem Herzen dachte. Ja, so war es. Aber wenn es so war, so konnte sie dies Gnadengeschenk nicht annehmen. Jedenfalls wollte sie's nicht.«[292]

Melanie nimmt ihre Tasche und verlässt das Haus. Rubehn erwartet sie am Bahnhof, und mit dem nächsten Zug geht es gen Süden. Aus der Ferne reicht sie die Scheidung ein und heiratet nach ihrer Bewilligung den Geliebten in Rom. In Venedig kommt das gemeinsame Kind zur Welt.

Doch dabei bleibt es nicht. Melanie kehrt, wie gesagt, nach Berlin zurück, und van der Straaten söhnt sich mit ihr aus. Im Gegensatz zur historischen Realität nimmt der Roman ein durch und durch friedliches und gutes Ende. Das war Fontanes Credo: Diese Frau soll und darf nicht für ihre Entscheidung bestraft werden, denn sie trägt nicht die alleinige Verantwortung. »Wer von Euch ohne Sünde ist, werfe als Erster einen Stein auf sie.« Ihm lag vielmehr daran, Melanies Handeln ins rechte Licht zu rücken und zu erklären, denn sie ist keine Sünderin und schon gar keine unkontrollierte Wahnsinnige. Sie ist eine Frau.

Was Fontane an dieser Stelle aussparte, ist eine differenzierte Sicht auf das Gefühlsleben von Kindern. Zwar wird das Verhältnis zwischen Melanie und ihren Töchtern problematisiert, Lydia, die Ältere, wendet sich nach der Trennung ausdrücklich von ihr ab, und die Mutter leidet darunter, doch der Schriftsteller bot nur eine oberflächliche Begründung an. Rubehn tröstet seine Frau mit den Worten, das Kind sei nicht in der Lage, die Situation gerecht zu beurteilen: »Und wenn wir uns morgen früh wiedersehen, wirst du mir vielleicht zustimmen, daß Lydia Bescheidenheit lernen muß und daß zehnjährige dumme Dinger, Fräulein Liddi miteingeschlossen, nicht dazu da sind, sich zu Sittenrichterinnen ihrer eigenen Frau Mama aufzuwerfen.«[293] Betrachtet man die Novelle als Vorstufe zu Fontanes Roman *Effi Briest*, ist das ein Thema, dessen er sich in der Tat später genauer annahm. Er blieb jedoch diesbezüglich, betrachtet man sein Gesamtwerk, ein Mann seiner Zeit. Kinder spielten in einer Zeit, bevor eine sichere Geburtenkontrolle möglich war, keine ernstzunehmende Rolle. Ihre Stimme zählte nicht. Man bekam sie wie die Grippe.

Das Bild der historischen Therese von Kusserow (und von Frauen, denen Ähnliches widerfahren war) konnte Fontane mit seiner Novelle nachhaltig revidieren. Während der Maler sie auf dem Porträt *Die Familie Ravené* als ergebene Ehefrau darstellte, die im Wesentlichen im Zusammenhang, ja in Abhängigkeit von ihrem Mann in Erscheinung trat, gab der Schriftsteller ihr mit ihrem Alter Ego in *L'Adultera* eine eigene Identität. Er beschrieb ihre Gefühle und erklärte ihr Handeln, machte sie gewissermaßen sichtbar.

Die Salonière

Schach von Wuthenow. Erzählung aus der Zeit
des Regiment Gensdarmes (1883)

———————————※———————————

Obwohl Fontanes Erzählung *Schach von Wuthenow. Erzählung aus der Zeit des Regiment Gensdarmes* das Schicksal eines preußischen Offiziers des Ancien Régimes spiegelt, ist auch hier eine Frau Dreh- und Angelpunkt des Geschehens. Es handelt sich um die schöne Josephine von Carayon, Witwe und Theaterliebhaberin, die gemeinsam mit Tochter Victoire in ihrem eleganten Eckzimmer mit Balkon in der zentral gelegenen Behrenstraße regelmäßig Freunde des Hauses empfängt.

Die Figur geht zurück auf die Salonière Henriette von Crayen (1755–1832), geborene Leveaux, die als Witwe des preußischen Bankiers und Leipziger Konsuls August Wilhelm von Crayen (1751–1803) 1803 in ihre Geburtsstadt Berlin zurückkehrte, um dort einen schon bald angesehenen Salon zu führen.[294] Dank des Vermögens ihres Mannes war sie finanziell gutgestellt und hatte aufgrund ihrer weitläufigen Netzwerke Kontakte in die höchsten Kreise bei Hofe. Sie soll ein Verhältnis mit zahlreichen Granden ihrer Zeit gehabt haben, so mit dem »dicken Lüderjahn«,

König Friedrich Wilhelm II. von Preußen (1744–1797), Karl August von Sachsen-Weimar-Eisenach (1757–1828), Friedrich IV. von Sachsen-Gotha-Altenburg (1774–1825), Georg von Waldeck (1747–1813) oder auch Armand Emmanuel du Plessis, dem Herzog von Richelieu (1766–1822).

Da Henriette von Crayens Interesse eher dem Verständnis von gesellschaftlichen Zusammenhängen galt als allein intellektuellen Themen, gelang es ihr, Menschen unterschiedlicher politisch-kultureller Haltungen in ihren Empfangsräumen zu vereinen. Wie viele namhafte Salonièren des neunzehnten Jahrhunderts trug sie dadurch nachdrücklich zur vielschichtigen Gestalt, ja, vielleicht sogar zur Gestaltung ihres Zeitalters bei.

Doch zurück zu Fontanes Erzählung: Gleich zu Beginn der Geschichte wird man in die gesellschaftlichen Umstände eingeführt, unter denen Mutter und Tochter Carayon leben: »In dem Salon der in der Behrenstraße wohnenden Frau von Carayon und ihrer Tochter Victoire waren an ihrem gewöhnlichen Empfangsabend einige Freunde versammelt, aber freilich wenige nur, da die große Hitze des Tages auch die treuesten Anhänger des Zirkels ins Freie gelockt hatte. Von den Offizieren des Regiments Gensdarmes, die selten an einem dieser Abende fehlten, war nur einer erschienen, ein Herr von Alvensleben, und hatte neben der schönen Frau vom Hause Platz genommen unter gleichzeitigem scherzhaftem Bedauern darüber, daß gerade *der* fehle, dem dieser Platz in Wahrheit gebühre.«[295]

Wer hier fehlt, ist besagter Offizier, Schach von Wuthenow, der der Erzählung ihren Titel gibt. Der attraktive Mann, Mitglied der Leibgarde des Königs, dem Regiment Gensdarmes, schwärmt seit langem für Josephine, lässt sich aber jetzt leichtfertig auf ein Verhältnis mit Victoire ein und zeugt mit ihr ein Kind. Daraufhin bedrängt ihn die

Mutter, ihre Tochter zu heiraten. »Victoire hat mich gebeten, über *alles* zu schweigen, nichts zu verraten, auch *Ihnen* nicht, und nichts zu verlangen. Zur Sühne für eine halbe Schuld (und ich rechne hoch, wenn ich von einer *halben* Schuld spreche) will sie die *ganze* tragen, auch vor der Welt, und will sich in jenem romantischen Zuge, der ihr eigen ist, aus ihrem Unglück ein Glück erziehen. Sie gefällt sich in dem Hochgefühl des Opfers, in einem süßen Hinsterben für *den*, den sie liebt, und für *das*, was sie lieben *wird*. Aber so schwach ich in meiner Liebe zu Victoire bin, so bin ich doch nicht schwach genug, ihr in dieser Großmutskomödie zu Willen zu sein. (...) Und so muß ich denn auf Legitimisierung des Geschehenen dringen.«[296]

Schach reagiert zurückhaltend, denn seine Kameraden haben ihn für sein Missgeschick inzwischen auf das Gröbste verspottet. Auch schämt er sich für Victoires mangelhafte Schönheit. Während die Mutter sogar im Alter außerordentlich attraktiv ist, wurde das Gesicht der Tochter in früher Jugend von Blattern entstellt. »Und dabei beugte sie sich aus dem Schatten in den Lichtschein der Lampe vor, in dessen Helle man jetzt deutlich erkennen konnte, daß ihr feines Profil einst dem der Mutter geglichen haben mochte, durch zahlreiche Blatternarben aber um seine frühere Schönheit gekommen war.«[297]

Josephine weiß nichts vom Spott der Kameraden. Auf Schachs Zurückhaltung hin greift sie zum Äußersten und holt sich Hilfe an höchster Stelle. Ein Befehl des Königs persönlich zwingt Wuthenow schließlich, ihrem Gebot zu folgen. Er hält um Victoires Hand an, und die Heirat wird vollzogen, doch kaum sind die Feierlichkeiten beendet, bringt Schach sich um.

Fontane selbst war in seinem Urteil über Schachs Verhalten eindeutig. In einem Brief an Julius Grosser, Redakteur der Wochenzeitschrift *Nord und Süd*, von dem er hoffte, dass er die Erzählung publiziere, fasste er es folgendermaßen zusammen: »Darf ich ihnen eine dieser Novellen proponieren? Sie heißt ›Schach von Wuthenow‹, spielt in der Zeit von 1805 auf 6 und schildert den *schönsten* Offizier der damaligen Berliner Garnison, der, in einem Anfalle von Übermut und Laune, die liebenswürdigste, aber *häßlichste* junge Dame der damaligen Hofgesellschaft becourt. So, daß der Skandal offenbar wird. Alles tritt auf die Seite der Dame, so daß sich v. Schach anscheinend freudig zur Hochzeit entschließt, nachdem er vorher durch allerlei Kämpfe gegangen. Die Kameradschaft vom Regiment Gensdarmes aber lacht und zeichnet Karikaturen, und *weil er dies Lachen nicht ertragen* kann, erschießt er sich unmittelbar nach dem Hochzeitsmahl, an dem er in heitrer Runde teilgenommen. Alles ein Produkt der Zeit, ihrer Anschauungen, Eitelkeiten und Vorurteile. Übrigens alles Tatsache.«[298]

Vielleicht lag das daran, dass Fontane allein den Mann vor Augen hatte, auf den die Begebenheit in Wahrheit zurückging. Denn tatsächlich warb auch um die historische Victoire, Tochter Henriettes von Crayen, ein Offizier des königlichen Garderegiments und wollte sie heiraten: Otto Friedrich Ludwig von Schack (1763–1815). Er bemühte sich 1815 um ihre Gunst, und sie erwiderte seine Zuwendung.

Schack wohnte damals mit Crayens im selben Haus. Während sich seine Bleibe im ersten Stock des Hauses Unter den Linden 32 befand, hatte sich die Salonière mit ihrer Tochter im zweiten Stock eingemietet. Auf diese historische Nachbarschaft verzichtete Fontane in seiner Erzählung und verlegte die Wohnung Schachs in die Wilhelmstraße, die der Carayons hingegen einen Häuserblock weiter südlich, nämlich an die Ecke Charlotten-/Behrenstraße.

Dort stand zu Fontanes Zeit noch ein dreistöckiges Haus mit zierlichem Rundbalkon zur Behrenstraße hin.[299] Dieser Balkon spielt für die Dramaturgie der Handlung eine maßgebliche Rolle. »Der nächste Morgen sah Frau von Carayon und Tochter in demselben Eckzimmer, in dem sie den Abend vorher ihre Freunde bei sich empfangen hatten. Beide liebten das Zimmer und gaben ihm auf Kosten aller andern den Vorzug. Es hatte drei hohe Fenster, von denen die beiden untereinander im rechten Winkel stehenden auf die Behren- und Charlottenstraße sahen, während das dritte, türartige, das ganze, breit abgestumpfte Eck einnahm und auf einen mit einem vergoldeten Rokokogitter eingefaßten Balkon hinausführte. Sobald es die Jahreszeit erlaubte, stand diese Balkontür offen und gestattete, von beinah jeder Stelle des Zimmers aus, einen Blick auf das benachbarte Straßentreiben, das, der aristokratischen Gegend unerachtet, zu mancher Zeit ein besonders belebtes war, am meisten um die Zeit der Frühjahrsparaden, wo nicht bloß die berühmten alten Infanterieregimenter der Berliner Garnison, sondern, was für die Carayons wichtiger war, auch die Regimenter der Garde du Corps und Gensdarmes unter dem Klang ihrer silbernen Trompeten an dem Hause vorüberzogen. Bei solcher Gelegenheit (wo sich dann selbstverständlich die Augen der Herrn Offiziers zu dem Balkon hinaufrichteten) hatte das Eckzimmer erst seinen eigentlichen Wert und hätte gegen kein anderes vertauscht werden können.«[300]

Der historische Schack war allerdings ein äußerst unsympathischer Zeitgenosse. Er galt als Lebemann und Weiberheld, der das Geld seiner Familie ungeniert zum Fenster hinauswarf. Neben einem aufwendigen Lebensstil pflegte er eine Vorliebe für teure Pferde und riskante Wetten. Legendär wurde ein Wettrennen vom 6. Mai 1797 zwischen Charlottenburg und Berlin, bei dem ein Vollblut aus Schacks Stall gegen den Vierbeiner eines Mecklenburger Gutsbesitzers um dreißig Schritte verlor. Unzählige Berliner waren Zeugen des Spektakels, denn sie säumten die Strecke. Viele von ihnen hatten erkleckliche Summen auf eines der beiden Tiere gesetzt.

Schack wollte Victoire heiraten, um sich seiner Schulden zu entledigen, wählte jedoch den Freitod, bevor es zur Verehelichung gekommen war. Zu eindeutig waren seine Motive gewesen.

Fontanes Schach hingegen ist ein unsicherer, ambivalenter Mensch. Seine Eitelkeit und Schönheit wird kaum erwähnt. Vielmehr wird er als ein Mann beschrieben, der sich zeitgenössischen Traditionen und Gepflogenheiten verpflichtet fühlt und ein entsprechend kompliziertes Ehrgefühl vermittelt. Er möchte um alles in der Welt ein angesehener preußischer Offizier werden.

Bei einem Besuch auf dem heimatlichen Schloss Wuthenow, das Fontanes Schach nach dem Tod seiner Eltern übernommen hat, betrachtet er nachdenklich die Galerie seiner Vorfahren: »Hier ging er jetzt durch alle Zimmer, einmal, zweimal, und sah sich die Bilder aller der Schachs an, die zerstreut und in Gruppen an den Wänden umherhingen. Alle waren in hohen Stellungen in der Armee gewesen, alle trugen sie den Schwarzen Adler oder den Pour le mérite. *Das* hier war der General, der bei Malplaquet die große Redoute nahm, und *das* hier war das Bild seines eigenen Großvaters, des Obersten im Regiment Itzenplitz, der den Hochkirchner Kirchhof mit vierhundert Mann eine Stunde lang gehalten hatte. Schließlich fiel er, zerhauen und zerschossen, wie alle die, die mit ihm waren.«[301] Wie gerne hätte Schach später selbst einen würdigen Platz in dieser langen Reihe eingenommen.

Fontane zeigte auf eindringliche Art, wie absurd der unbedingte Glaube an die Meriten des Militärs und an das Ideal von soldatischer Ehre war. Abgesehen davon, dass es schließlich kein Lebensziel sein konnte, sich zerhauen und zerschießen zu lassen, erweist sich Schach überdies als ein Mann, der annimmt, mit einer wenig attraktiven Frau wie Victoire würde ihm die mögliche Karriere verwehrt bleiben.

In Schach von Wuthenow geht es jedoch auch um die Lebenswelt von Salonièren und Mätressen. Hierzu inspirierten Fontane schillernde Persönlichkeiten aus der Vergangenheit wie Rahel Levin (1771–1833), verheiratete Varnhagen von Ense. Sie war Intellektuelle und Schriftstellerin jüdischer Herkunft, vertrat die Epochen der europäischen Aufklärung und Romantik und führte intensive Korrespondenzen mit zahlreichen Persönlichkeiten ihrer Zeit. In ihren Briefen trat sie für die Emanzipation der Frau und die jüdische Emanzipation ein. Sie zeugen von Weitsicht und brillantem Stil.

Neben der literarischen Form des Briefes pflegte sie das Tagebuch oder verfasste Aphorismen, wirkte also gewissermaßen im Verborgenen. Andere Publikationsarten wären ihr als Frau und Jüdin auch kaum möglich gewesen. Sie war damit eine typische Vertreterin der Frauenliteratur des neunzehnten Jahrhunderts.

Schon als unverheiratete Frau führte sie um die Jahrhundertwende einen literarischen Salon in Berlin, in dem sich Geistesgrößen wie Jean Paul (1763–1825), Ludwig Tieck (1773–1853), Friedrich Schlegel (1772–1829) oder die Brüder Wilhelm (1767–1835) und Alexander (1769–1859) von Humboldt trafen. Nach der Hochzeit begleitete sie ihren Mann, den Diplomaten und Publizisten Karl August Varnhagen von Ense (1785–1858), auf seinen Reisen und Aufenthalten außerhalb Berlins. Nachdem die beiden zurückgekehrt waren, gründete Rahel im Oktober 1819 einen zweiten Salon, diesmal in der Mauerstraße 36.

Bekannt war auch die in Fontanes Erzählung erwähnte Pauline Wiesel (1778–1848), Tochter des Bankiers Carl Philipp César (1726–1795). Obwohl von gänzlich anderem Naturell, war sie mit Rahel eng befreundet und verkehrte regelmäßig in ihrem Salon. Dort lernte sie schließlich auch Prinz Louis Ferdinand von Preußen (1772–1806) kennen, den Neffen Friedrichs II. (1712–1786), mit dem sie über Jahre eine stürmische Liaison verband. Auch in dem Salon Henriette von Crayens war Wiesel häufig zu Gast. Durch Verwandtschaft über ihre Mutter – sie hieß mit Mädchennamen Leveaux – war sie eine direkte Nichte der bekannten Salonière.

Interessant an der Lebenswelt der Salonièren und Mätressen war für Fontane der Balanceakt zwischen dem leichtfüßigen Leben einer alleinstehenden Frau mit wechselnden Männerkontakten und der Seriosität, die sie wahren musste, wollte sie eine ernstzunehmende Stellung in der Gesellschaft einnehmen. Einerseits haftete ihr ein gewisser Hautgout an, andererseits war ein Salon kein Freudenhaus. Nicht zuletzt waren viele Salonièren auch Mütter und mussten darauf achten, dass der Ruf ihrer Kinder unbeschädigt blieb.

Wie kompliziert das im Einzelnen war, ist unschwer nachzuvollziehen. So hatte Henriette von Crayen, das reale Vorbild von Josephine von Carayon aus *Schach von Wuthenow*, mindestens drei Nachkommen aus wohl unterschiedlichen Beziehungen. Um die beiden Söhne Carl August Alexander (1783–1815) und Charles Marc Antoine (1785–1813) musste sie sich nicht sorgen. Sie kamen in der Armee unter und wurden Offiziere, doch ihre Tochter Victoire (1786/87– nach 1862) bedurfte besonderer Aufmerksamkeit.

Fontane scheute die Herausforderung nicht, den Balanceakt, den eine Salonière zu bewältigen hatte, in seiner Erzählung zu thematisieren. An einer Stelle wird dies besonders deutlich. Josephine spricht mit Wuthenow über Victoire: »Ich gehöre der Gesellschaft an, deren Bedingungen ich erfülle, deren Gesetzen ich mich unterwerfe; daraufhin bin ich erzogen, und ich habe nicht Lust, einer Opfermarotte meiner einzig geliebten Tochter zuliebe, meine gesellschaftliche Stellung mit zum Opfer zu bringen. Mit andern Worten, ich habe nicht Lust, ins Kloster zu gehen oder die dem Irdischen entrückte Säulenheilige zu spielen, auch nicht um Victoirens willen.«[302]

Nicht zuletzt beschäftigte sich Fontane in dieser Erzählung umfassend mit dem Thema Schönheit, auch das gemeinhin eher eine Sorge von Frauen als von Männern. Gleich im ersten Absatz wird darauf hingewiesen, wie hübsch Josephine sei, gleich im ersten Kapitel erwähnt, dass Victoire die Schönheit, die sie von ihrer Mutter geerbt hatte, bald wieder verlor. Später wird ausführlich diskutiert, was Frauen attraktiv mache und ob es dabei überhaupt auf Äußerlichkeiten ankomme. Schach ist mit seinen Regimentskameraden zu Besuch bei Prinz Louis Ferdinand und erwähnt auf Nachfrage, Victoires Gesicht trage inzwischen hässliche Narben: »Ein gewisser Reiz der Erscheinung ist ihr freilich geblieben, aber es sind immer nur Momente, wo die seltene Liebenswürdigkeit ihrer Natur einen Schönheitsschleier über sie wirft und den Zauber ihrer früheren Tage wiederherzustellen scheint.«[303]

Doch der Prinz lässt die Narben nicht gelten: »Ich bitte Sie, was ist Schönheit? Einer der allervagesten Begriffe. Muß ich Sie an die fünf Kategorien erinnern, die wir in erster Reihe Seiner Majestät dem Kaiser Alexander und in zweiter unsrem Freunde Bülow verdanken? *Alles* ist *schön* und *nichts*. Ich persönlich würde der beauté du diable jederzeit den Vorzug geben, will also sagen, einer Erscheinungsform, die sich mit der des ci-devant schönen Fräuleins von Carayon einigermaßen decken würde.«[304]

Keiner der Anwesenden wagt Louis Ferdinand zu widersprechen, nur verhalten lassen sich einige auf die Diskussion ein, und tatsächlich beendet der Prinz das Gespräch mit einem flammenden Plädoyer für innere Werte: »Ja, meine Herren, ich gehe weiter und wiederhole: ›Was ist Schönheit?‹ Schönheit, bah! Es kann nicht nur auf die gewöhnlichen Schönheitsformen verzichtet werden, ihr Fehlen kann sogar einen allerdirektesten Vorzug bedeuten. (…) Glauben Sie mir, das Herz entscheidet, *nur* das Herz. Wer liebt, wer die Kraft der Liebe hat, ist auch liebenswürdig, und es wäre grausam, wenn es anders wäre. Gehen Sie die Reihe der eigenen Erfahrungen durch. Was ist alltäglicher, als eine schöne Frau durch eine nicht schöne Geliebte verdrängt zu sehn! Und nicht etwa nach dem Satze toujours perdrix. O nein, es hat dies viel tiefre Zusammenhänge. Das Langweiligste von der Welt ist die lymphatisch-phlegmatische beauté, die beauté par excellence. Sie kränkelt hier, sie kränkelt da, ich will nicht sagen immer und notwendig, aber doch in der Mehrzahl der Fälle, während meine beauté du diable die Trägerin einer allervollkommensten Gesundheit ist, jener Gesundheit, die zuletzt alles bedeutet und gleichwertig ist mit höchstem Reiz (…) Das paradoxe ›le laid c'est le beau‹ hat seine vollkommne Berechtigung, und es heißt nichts andres, als daß sich hinter dem anscheinend Häßlichen eine höhere Form der Schönheit verbirgt.«[305]

Aus dem Mund Louis Ferdinands, der selbst ein überaus attraktiver Mann war, klingt dieses Plädoyer wie ein Spottgedicht. Niemand wusste damals besser als er, wie wichtig gerade das Aussehen für die Bedeutung und das Ansehen eines Menschen war. Wer selbst nicht betroffen war, vermochte sich leicht über Narben und Grübchen hinwegzusetzen.

Wie um das zu unterstreichen, werden die Männer anschließend auf dem Balkon des Prinzen unerwartet Zeugen eines überwältigenden Naturschauspiels: »Alle waren mit ihm an die Brüstung des Balkons getreten und sahen flußabwärts in den Abendhimmel hinein. Vor dem gelben Lichtstreifen standen schwarz und schweigend die hohen Pappeln, und selbst die Schloßkuppel wirkte nur noch als Schattenriß. Einen jeden der Gäste berührte diese Schönheit.«[306]

Schließlich betreten auch noch Schwäne die Szenerie, Tiere, die wie kaum andere für Anmut und Eleganz stehen. Die Rede des Prinzen wird ad absurdum geführt: »Am schönsten aber war der Anblick zahlloser Schwäne, die, während man in den Abendhimmel sah, vom Charlottenburger Park her in langer Reihe herankamen. Andre lagen schon in Front. Es war ersichtlich, daß die ganze Flottille durch irgendwas bis in die Nähe der Villa gelockt sein mußte, denn sobald sie die Höhe derselben erreicht hatte, schwenkten sie wie militärisch ein und verlängerten die Front derer, die hier schon still und regungslos und die Schnäbel unter dem Gefieder verborgen wie vor Anker lagen. Nur das Rohr bewegte sich leis in ihrem Rücken.«[307]

Schon kurz nach diesem Besuch kommt es zu dem Treffen zwischen Schach und Victoire, bei dem die beiden ein Paar werden. Victoire überrascht Schach mit beeindruckender Souveränität. Zwar leide sie unter ihrem vernarbten Gesicht, doch gleichzeitig gewähre es ihr eine besondere Form von Freiheit: »Die Götter balancieren. Und wie mir Lisette Perbandt eben schreibt: ›Wem genommen wird, dem wird auch gegeben.‹ In meinem Falle liegt der Tausch etwas schmerzlich, und ich wünschte wohl, ihn nicht gemacht zu haben. Aber andrerseits geh ich nicht blind an dem eingetauschten Guten vorüber und freue mich meiner Freiheit. Wovor andre meines Alters und Geschlechts erschrecken, das darf ich. An dem Abend bei Massows, wo man mir zuerst huldigte, war ich, ohne mir dessen bewußt zu sein, eine Sklavin. Oder doch abhängig von hundert Dingen. Jetzt bin ich frei.«[308]

Zu allem Überfluss tritt zum Ende der Erzählung noch Luise von Preußen (1776–1810) auf, ausgerechnet die Frau, von der noch Jahrzehnte nach ihrem Tod gesagt wurde, sie habe mit ihrer Schönheit alle Vorgängerinnen in den Schatten gestellt. Die attraktive Königin ergreift Partei für das vernarbte Mädchen. Nicht nur von ihrem Mann Friedrich Wilhelm III., sondern auch von ihr erhält Schach Weisung, Victoire umgehend zu heiraten: »Es war denselben Tag, als ich von Pyrmont wieder in Paretz eintraf, und ich kann Ihnen kaum aussprechen, wie groß meine Teilnahme mit dem Fräulein war. Und nun wollen Sie, gerade *Sie*, dem lieben Kinde diese Teilnahme versagen und mit dieser Teilnahme zugleich sein Recht. Das ist unmöglich. Ich kenne Sie so lange Zeit und habe Sie jederzeit als einen Kavalier und Mann von Ehre befunden. Und dabei, denk ich, belassen wir's. (…) Und nun eilen Sie heim, und machen Sie glücklich und werden Sie glücklich. Meine Wünsche begleiten Sie, Sie *beide*.«[309]

Es ist tragisch zu sehen, dass hier Oberflächlichkeiten wie ein paar Gesichtsnarben derartige Bedeutung erlangen können. Von Schachs Schönheit ist nur am Rande die Rede.[310] Sie wird allein als Grund für den Neid der anderen und die Eitelkeit des Betroffenen benannt. Weibliche Anmut ist in dieser Erzählung positiv, männliche hingegen negativ besetzt.

Genau das waren Fontanes Kritikpunkte, die er hier mit Bravour herausgearbeitet hat. Fast nichts machte ein weibliches Geschöpf bedauernswerter, als wenn es auf sein Aussehen reduziert wird. Und kaum ein Mensch wirkte lächerlicher als ein Offizier, dem seine Ehre wichtiger war als persönliches Mitgefühl.

Die Fürstengeliebte
Cécile (1887)

Verschlafen liegt der Platz vor dem ehemaligen Hotel Zehnpfund in der Sonne. Ein paar Spatzen picken zwischen den Steinen nach Krumen. Nahezu menschenleer dehnt sich der Kurpark zu Füßen der einst herrschaftlichen Villen im Zentrum Thales aus. Das hochherrschaftliche Hotel Zehnpfund ist verriegelt, einige Fenster sind mit Brettern verschlossen. Der weiträumige Balkon, mit Dach, Verglasung und Markisen versehen, um die Gäste, die bevorzugt hier das Frühstück einnahmen, vor direkter Sonneneinstrahlung zu schützen, ist nicht mehr zugänglich. Der Ferienort im Harz ist Ausgangspunkt für zahlreiche Wanderungen und Spaziergänge geblieben, doch Kuraufenthalte in vornehmer Gesellschaft bei anregenden Gesprächen an der Table d'hôte, wie sie im neunzehnten Jahrhundert hier gepflegt wurde, finden nicht mehr statt.

Fontanes Prosawerk, das auf einer wahren Begebenheit beruht, spielt genau in dieser Zeit an diesem Ort. Sein Roman *Cécile* beginnt damit, dass sich Pierre St. Arnaud mit seiner auffallend schönen Frau Cécile von Berlin aus mit dem Zug auf den Weg nach Thale macht, um sich dort zu erholen. Die beiden beziehen Quartier im Hotel Zehnpfund und begeben sich in Gesellschaft Robert von Gordons oder der Künstlerin Rosa, die sie beide dort kennengelernt haben, auf Ausflüge zu malerischen Plätzen wie Roßtrappe, ins Bodetal, nach Altenbrak oder Quedlinburg. Während Cécile rekonvaleszent ist und von Erschöpfungszuständen und Unpässlichkeiten heimgesucht wird, regt sie die illustre Gesellschaft im Zehnpfund an, und sie kommt allmählich wieder zu Kräften.

Fontane war Thale bestens bekannt. Mehrfach reiste er in das bekannte Harzstädtchen, erstmals am 17. Mai 1868, zuletzt im Jahr 1884, um sich der seiner Meinung nach ungesunden Luft zu entziehen, die im Sommer aus Berlins zahlreichen Wasserstraßen aufzog, aber auch, um in Ruhe zu arbeiten. Er hielt sich selbst in Hotel Zehnpfund auf, sogar mehrfach, residierte jedoch später lieber im Hotel Hubertusbad, das sich ein wenig ruhiger gelegen auf einer Insel in der Bode befand. In seinen Briefen aus dem Harz berichtet er anschaulich von anregenden Begegnungen sowie ausufernden Spaziergängen in die landschaftliche Umgebung. Nicht nur *Cécile*, sondern auch Werke wie *Ellernklipp* zeugen von der inspirierenden Wirkung dieser Aufenthalte. Sogar in *Effi Briest* soll er einen Eindruck verarbeitet haben, den er im Harz gewonnen hatte. In einem Brief an Hans Hertz (1848–1895), Sohn seines Verlegers Wilhelm Hertz (1822–1901), schrieb er, dass er die junge Effi nach dem äußeren Erscheinungsbild eines fünfzehnjährigen Methodistenmädchens zeichnete, das er im Hotel Zehnpfund beobachtet hatte.[311]

Von Thale aus erreicht man in überschaubaren Tageswanderungen nicht nur den Felsen Roßtrappe und das wildromantische Bodetal, sondern auch den Hexentanzplatz und ähnliche bizarre Steinformationen, die unverhofft steil aus dem dunklen Grün des Harzer Waldes aufragen und die Landschaft in einen geheimnisvollen Raum verwandeln. Zahlreiche Sagen und Mythen ranken sich um die märchenhafte Umgebung. Nicht nur Fontane, auch Schriftsteller wie Friedrich Gottlieb Klopstock (1724–1803), Johann Wolfgang von Goethe (1749–1832), Heinrich von Kleist (1777–1811), Joseph von Eichendorff (1788–1857) oder Heinrich Heine (1797–1856) ließen sich von der malerischen Landschaft inspirieren.

Thale galt darüber hinaus dank seiner heilkräftigen Solquelle als beliebter Kurort. 1836 erschlossen, lockte die Hubertusquelle auf der Bodeinsel zahlreiche Reisende in die abgelegene Ortschaft. Gleichzeitig entstand hier im Harz über die Jahrhunderte ein Industriestandort von weitreichender Wirkung. Schon im fünfzehnten Jahrhundert wurde in den Bergen Eisen gewonnen. Dank der holzreichen Gegend konnte der Rohstoff gewinnbringend weiterverarbeitet werden. Aus einer ab 1686 existierenden Hammerschmiede entwickelte sich im Lauf der Zeit eine respektable Eisenhütte, zu der sich im neunzehnten Jahrhundert ein Emaillewerk gesellte. Nachdem zwischen Berlin und Thale eine Zugverbindung geschaffen worden war, strömten nicht nur deutlich mehr Touristen, sondern auch zahlreiche Arbeitssuchende in die kleine Harzstadt. Beschäftigte das Eisenhüttenwerk Thale im Jahre 1872 noch 350 Personen, waren es 1905 schon 4400. Entsprechend ruft einer der wanderfreudigen Gäste von Hotel Zehnpfund in *Cécile* belustigt aus: »In den Zeitungen heißt es in einer allwöchentlich wiederkehrenden Annonce: ›Thale, klimatischer Kurort‹. Und nun diese Schornsteine! Na, meinetwegen; Rauch konserviert, und wenn wir hier vierzehn Tage lang im Schmok hängen, so kommen wir als Dauerschinken wieder heraus.«[312]

Gleich zu Beginn des zweiten Kapitels von *Cécile* schwärmte Fontane von der schönen Aussicht, die einem der Balkon über dem Eingang bot: »Der große Balkon von ›Hotel Zehnpfund‹ war am andern Morgen kaum zur Hälfte besetzt, und nur ein Dutzend Personen etwa sah auf das vor ihnen ausgebreitete Landschaftsbild, das durch die Feueressen und Rauchsäulen einer benachbarten Fabrik nicht allzuviel an seinem Reize verlor. Denn die Brise, die ging, kam von der Ebene her und trieb den dicken Qualm am Gebirge hin. In die Stille, die herrschte, mischte sich, außer dem Rauschen der Bode, nur noch ein fernes Stampfen und Klappern und ganz in der Nähe das Zwitschern einiger Schwalben, die, im Zickzack vorüberschießend, auf eine vor dem Balkon gelegene Parkwiese zuflogen.«[313]

Auch die Wiese im Kurpark hatte es Fontane angetan: »Diese war das Schönste der Szenerie, schöner fast als die Bergwand samt ihren phantastischen Zacken, und wenn schon das saftige Grün der Wiese das Auge labte, so mehr noch die Menge der Bäume, die gruppenweis, von ersichtlich geschickter Hand, in dies Grün hineingestellt waren. Ahorn und Platanen wechselten ab, und dazwischen drängten sich allerlei Ziersträucher zusammen, aus denen hervor es buntfarbig blühte: Tulpenbaum und Goldregen und Schneeball und Akazie. Der Anblick mußte jeden entzücken, und so hing denn auch das Auge der schönen Frau, die wir am Tage vorher auf ihrer Reise begleiteten, an dem ihr zu Füßen liegenden Bilde, freilich, im Gegensatze zu dem Obersten, ihrem Gemahl, mit nur geteiltem Interesse.«[314]

Ausführliche Landschaftsbeschreibungen und Exkurse in die Geschichte der Region runden den ersten Teil des Romans harmonisch ab. Der zweite Teil spielt in Berlin und schildert eher herbstliche und schließlich novembergraue Tage. Er führt uns an Schauplätze wie den Schöneberger Hafen, der nach dem Zweiten Weltkrieg zugeschüttet wurde, in den jahreszeitlich bedingt immer kahler werdenden Tiergarten oder ins Hôtel du Parc am Potsdamer Platz, in dem Gordon so manchen Abend allein zubringt. Der Kontrast zu den sonnigen Zeiten in Thale könnte stärker nicht sein.

Gordon hat sich inzwischen in Cécile verliebt und sucht sie in ihrer Villa am Hafenplatz auf, doch ihre nervösen Zustände treten wieder häufiger auf, und es drängt ihn herauszufinden, was der Grund für ihre rätselhafte Krankheit ist. Erst ein Brief seiner Schwester Clothilde, die zufällig gar nicht weit von dem Ort in Oberschlesien lebt, in dem Cécile geboren und aufgewachsen ist, bringt Aufklärung. Wie sich herausstellt, war sie jahrelang die Geliebte eines Fürsten. Ihre Mutter, Frau Woronesch von Zacha, jäh verwitwet, weil sich ihr Mann aus Geldnot umgebracht hatte, hatte die Tochter mit kaum siebzehn Jahren dem ortsansässigen Fürst von Welfen-Echingen überlassen, der sie offiziell zur Vorleserin seiner Gemahlin ernannte. In Clothildes Brief heißt es: »So kam Cécile nach Schloss Cyrillenort, lebte sich ein, begleitete das fürstliche Paar auf seinen Reisen, war mit demselben in der Schweiz und Italien, las am Teetisch vor (aber selten) und blieb im Schloss, als die alte Fürstin gestorben war.«[315]

Kaum war der alte Fürst verschieden, musste das hübsche Mädchen dem Nächsten zu Diensten sein: Prinz Bernhard, Neffe und gleichzeitig Erbe des Hauses Welfen-Echingen. Doch auch er verstarb bald, und Cécile hätte nun Herrn von Schluckmann heiraten sollen, den von ihr protegierten Hofmarschall daselbst. Doch Cécile zog lieber wieder zu ihrer Mutter und ihren zwei Schwestern. Dank eines oberschlesischen Gutes, das ihr der Fürst überlassen hatte, verfügte die junge Frau über ein Vermögen, von dem die Familie gut leben konnte.

Zurück in ihrem Elterhaus, lernte Cécile Pièrre St. Arnaud kennen, Oberst und Kommandeur des nahegelegenen Regiments, der bei ihrer Mutter zur Miete wohnte und sich in sie verliebte. Obwohl er zwanzig Jahre älter war als Cécile, willigte sie in eine Heirat mit ihm ein. Durch die Verbindung mit dem Ehrenmann hofft sie, sich von ihrer unwürdigen Vergangenheit befreien zu können. Doch leider vergebens. Sein Stabsoffizier Dzialinski klärte St. Arnaud über das Vorleben seiner Braut auf und legte ihm nahe, von der Verbindung wieder Abstand zu nehmen.

Der Oberst hingegen hielt an seiner Entscheidung fest. Er forderte den Offizier zum Duell, und Dzialinski kam ums Leben. Nachdem St. Arnaud seine Strafe abgesessen hatte,[316] quittierte er den Dienst und zog mit seiner Frau nach Berlin, um sich dort unerkannt unter die Gesellschaft zu mischen. Doch das gelang nicht. Céciles Vergangenheit sprach sich herum, und sie und ihr Mann wurden von Menschen ihres Standes gemieden. Cécile fühlte sich schuldig und war daran dauerhaft erkrankt.

Seinem Freund Paul Schlenther schreibt Fontane, er habe mit dem Roman *Cécile* illustrieren wollen, wie schwer es einem die Gesellschaft mache, sich vom Stigma der Anrüchigkeit zu befreien: »»Wer einmal ›drinsitzt‹, gleichviel mit oder ohne Schuld, kommt nicht wieder heraus.‹«[317] Ähnlich schreibt er am 19. April 1887 an Mathilde von Rohr: »Möge die Geschichte leidlich Gnade vor Ihren Augen finden; moralisch ist sie, denn sie predigt den Satz: ›sitzt man erst mal drin, gleichviel ob durch eigne Schuld oder unglückliche Konstellation, so kommt man nicht mehr heraus. Es wird nichts vergessen.‹«[318]

Bemerkenswert an *Cécile* ist, dass eine Frau aufgrund eines solchen Vorlebens damals nachhaltig in Verruf geraten konnte. Erstaunlicher noch ist, wie Gordon darauf reagiert: Nachdem er von Céciles Vergangenheit erfahren hat, betrachtet er sie offenbar als Freiwild. Nach einem Wiedersehen in der Oper sucht er sie spätabends noch auf, wohlwissend, dass St. Arnaud nicht zu Hause ist. Aufgebracht setzt sie sich gegen ihn zur Wehr: »Sie haben eines schönen Tages die Lebensgeschichte des armen Fräuleins von Zacha gehört, und diese Lebensgeschichte können Sie nicht mehr vergessen. Sie schweigen, und ich sehe daraus, dass ich's getroffen habe. Nun, diese Lebensgeschichte, so wenigstens glauben Sie, gibt Ihnen ein Anrecht auf einen freieren Ton, ein Anrecht auf Forderungen und Rücksichtslosigkeiten und hat Sie veranlaßt, an diesem Abend einen doppelten Einbruch zu versuchen: jetzt in meinen Salon und schon vorher in meine Loge...«[319]

Verzweifelt kämpft Cécile um ihre Ehre, vergeblich, wie sich herausstellt. Auch Gordon kann sie nicht wiederherstellen, wird vielmehr Teil des ganzen Unglücks. Die hübsche Frau bleibt Persona non grata. Ihre Lage ist aussichtslos: »Nun denn, die Gesellschaft hat mich in den Bann getan, ich seh es und fühl es, und so lebe ich denn von der Gnade derer, die meinem Haus die Ehre antun.«[320]

Das Ende wiederum ist drastisch, aber im Kern keine Überraschung. St. Arnaud fühlt sich durch Gordon in seiner Ehre gekränkt, erschießt auch ihn im Duell und flieht vor seiner Strafe nach Südfrankreich. Cécile lässt er mitteilen, sie solle ihm folgen, doch ihr fehlt die Kraft zu einer erneuten Flucht. Sie fällt zurück in ihre alte Agonie und nimmt sich das Leben.

Fontanes Interesse lag nicht darin, diese Geschichte glücklich enden zu lassen. Unabhängig von allen Überlegungen zu Fragen der Wahrscheinlichkeit oder zur mangelnden Qualität dieser Novelle – allein das Rätsel um Céciles Vergangenheit wird viel zu spät gelöst – ist eindeutig, dass er auch hier versucht hat, einen Menschen zu verteidigen, dessen Verhalten von der Gesellschaft als unmoralisch angesehen wurde, und wieder ist dieser Mensch eine Frau. Bei der Schilderung von Céciles Krankheit bewies er Einfühlungsvermögen und Verständnis. »(…) Cécile, die, nach Art aller Nervösen, sehr empfindlich gegen extreme Temperaturverhältnisse war, suchte nach einer schattigen Stelle (…).«[321] Da die Verletzungen, die zu Céciles Zuständen geführt hatte, schon in früher Jugend geschehen waren, ließ Fontane durchblicken, ihre Entwicklung sei, wie man es aus der Traumaforschung kennt, damals quasi stehengeblieben: »Und er empfand dabei deutlich, daß, was immer auch auf ihrer Seele laste, die Seele, die diese Last trage, trotz alledem eine Kinderseele sei.«[322]

Ähnlich zeugt die Beschreibung Céciles in Gordons Brief an seine Schwester von echter Anteilnahme: »Mir persönlich will es scheinen, daß sie, nach Art aller Nervenkranken, im höchsten Grade von zufälligen Eindrücken abhängig ist, die sie, je nachdem sie sind, entweder matt und hinfällig oder aber umgekehrt zu jeder Anstrengung fähig machen.«[323]

An keiner Stelle wird die Wahrhaftigkeit von Céciles Empfinden in Frage gestellt. Nie wird es als übertrieben, lächerlich oder gar Zeichen mangelnder Disziplin gebrandmarkt. Auch das Wechselspiel der Gefühle, die Cécile für Gordon empfindet, wird glaubwürdig nachgezeichnet: »Sie sog jedes Wort begierig ein, aber in ihrem Auge, darin es von Glück und Freude leuchtete, lag doch zugleich auch ein Ausdruck ängstlicher Sorge. Denn ihr Herz und ihr Wille befehdeten einander, und je gewissenhafter und ehrlicher das war, was sie wollte, desto mehr erschrak sie vor allem, was diesen ihren Willen wieder ins Schwanken bringen konnte. Sie hatte sich gegen sich selbst zu verteidigen, (…).«[324]

Selbst bei der Beschreibung derjenigen, die Céciles Vergangenheit zu verantworten haben, ließ Fontane Milde walten, statt grob zu verurteilen: »An Erziehung war nicht zu denken. Frau von Zacha lachte, wenn sie hörte, das ihre Töchter doch etwas lernen müßten. Sie selbst hatte sich dessen entschlagen und sich trotzdem sehr wohl gefühlt, bis zum Hinscheiden ihres Mannes gewiss und nachher kaum minder. Es stand fest für sie, daß eine junge schöne Dame nur dazu da sein, zu gefallen, und zu diesem Zwecke sei wenig wissen besser als viel.«[325]

Das Thema Fürstengeliebte hatte Fontane schon länger beschäftigt. Anregung zu seinem Roman erhielt er aus einem vergleichbaren Fall. Bei einem Diner im Hause Eulenburg am 21. Januar 1882 erzählte ihm der Gastgeber erleichtert, sein Sohn sei mit viel Glück gerade noch mal einem Duell entkommen. Als er sich unlängst mit der Dame seines Herzens habe verloben wollen, einem gewissen Fräulein von Schaeffer-Voit, habe ihn sein Vorgesetzter, ein Graf von Alten, mit den Worten beleidigt: »Lieber Eulenburg, solche Dame liebt man, aber heiratet man nicht.«[326]

Ähnlich muss es auch St. Arnaud in Fontanes Roman ergangen sein. Eine Dame wie Cécile liebt man, aber man heiratet sie nicht, muss ihm Dzialinski vorgeworfen haben. Doch in der Realität ging die Episode anders aus: Auch Eulenburg forderte seinen Vorgesetzten, wurde jedoch angezeigt und geriet in Festungshaft, bevor es zum Duell gekommen war. Der König verzieh ihm sein Vergehen wie üblich rasch, und Eulenburg konnte nach sechs Wochen zu seinem Regiment zurückkehren. Glücklich heiratete er seine Verlobte, wollte jedoch unter dem Vorgesetzten, den er gefordert hatte, nicht länger dienen und spielte schon mit dem Gedanken, sich aus dem Militär zurückzuziehen. Heimlich setzte sich sein Vater daraufhin für ihn ein, und der Sohn kam unverhofft in ein anderes Regiment, noch dazu ohne seine Stellung zu verschlechtern. Er zog mit seiner Frau nach Frankfurt am Main, trat bei den Husaren ein und führte ein zufriedenes Leben.

Fontane beschäftigte dieser Fall sehr. Betroffen notierte er in sein Tagebuch: »Der alte Graf pries den glücklichen Verlauf der Sache, und als ich einstimmte und hinzusetzte: ›Gleichviel ob Alten Ihren Herrn Sohn oder Ihr Herr Sohn den Grafen Alten erschoß, es wär immer eine furchtbare Geschichte geworden‹, bemerkte der alte Graf Eulenburg: ›Und fiel mein Sohn, so hätt es damit noch kein Ende gehabt; ich hätte die Sache persönlich fortgesetzt.‹«[327]

In *Cécile* verarbeitete Fontane diese Eindrücke und ersetzt die männliche Hauptfigur durch eine Frau. Allein mit Hilfe einer weiblichen Figur dachte er, glaubhaft schildern zu können, wie sinnlos der Streit um Ehre und Moral war und wie wenig er dem Einzelnen gerecht wurde. Gerade an Céciles diffizilen Unpässlichkeiten, an der Opferrolle, die sie einnehmen musste, konnte er zum einen das Leid veranschaulichen, das man ihr angetan hatte, und zum anderen die Moral, mit der sie gerichtet wurde, in Frage stellen.

Gelungen an diesem Roman ist der weibliche Widerpart von Cécile: Malerin Rosa Hexel. Anhand gemeinsamer Spaziergänge im Harz eingeführt, entwickelt sie sich im zweiten Teil zur verständnisvollen Freundin der nervösen Kranken. Rosa wird als offen, unkompliziert und liebenswert geschildert. Es gibt also in Fontanes Prosa auch Frauen, die nicht leiden müssen. Zudem lebt sie offensichtlich alleine – eine Tatsache, die man angesichts der Konventionen im neunzehnten Jahrhundert kaum für möglich hält. Kehrseite der Medaille ist allerdings, dass sie als nicht sonderlich attraktiv geschildert wird.

Die Künstlerin Rosa Hexel erinnert an Fontanes Tochter Martha, die ähnlich eloquent, wissbegierig und begabt war. In seiner Schilderung dieses Charakters drückt Fontane möglicherweise die unausgesprochene Hoffnung aus, dass sich Frauen im realen Leben zu ähnlich selbstbestimmten, unabhängigen Menschen entwickeln könnten.

Die Liebhaberin
Effi Briest (1895)

In kräftigem Schönbrunner Gelb strahlt die Fassade von Schloss Nennhausen im brandenburgischen Havelland durch das dunkelgrüne Laub der Parkbäume. Eine Allee aus mächtigen Eichen verbindet den Garten und seine gepflegten Rasenflächen mit den angrenzenden Wäldereien. Der weidengesäumte Teich mit seinen Schilfrändern vervollständigt das detailgetreu wiederhergestellte Ensemble aus Schloss und Landschaftspark.

Der anmutige Ort inspirierte Caroline (1773–1881) und Friedrich de la Motte Fouqué (1777–1843) zu ihren Werken der romantischen Literatur, gewährte Heinrich von Kleist (1777–1811) gastliche Aufnahme, wenn er die beiden besuchte. Nennhausen muss, wie der Literaturwissenschaftler Bernd Seiler leicht nachvollziehbar belegt, auch das Anwesen gewesen sein, an das Fontane dachte, als er Hohen-Cremmen beschrieb, das Zuhause seiner Romanfigur Effi Briest. Seiler begründet die Parallele unter anderem mit der im Roman erwähnten räumlichen Nähe zu Rathenow und Friesack oder der Tatsache, dass die märkische Adelsfamilie von Briest seit 1686 in dieser Gegend ansässig war.

Nicht zuletzt hieß Caroline de la Motte Fouqué mit Mädchennamen Briest.

Effi Briest, das letzte Werk Fontanes, das hier betrachtet werden soll, greift eindeutig auf reale Geschehnisse zurück. Der Roman hat es zu einer derartigen Bekanntheit gebracht, dass es kaum notwendig erscheint, den Inhalt zu rekapitulieren. Nur kurz zur Erinnerung: Gutsbesitzertochter Effi heiratet auf Geheiß ihrer Eltern im Alter von siebzehn den um zwanzig Jahre älteren Baron Geert von Innstetten und zieht zu ihm in das abgelegene Kessin, in dem er als Landrat residiert. Obwohl Innstetten häufig unterwegs auf Dienstreisen ist und Effi sich, allein zurückgelassen in seinem Haus, ängstigt, gestaltet sich die Ehe scheinbar erträglich. Ein Jahr nach der Hochzeit bekommt Effi eine Tochter und schließt in Kessin sogar die eine oder andere Freundschaft, insbesondere zu dem Apotheker Alonzo Gieshübler. Jahre später, der Baron ist inzwischen befördert und mit seiner Familie nach Berlin versetzt worden, findet Innstetten jedoch heraus, dass Effi in Kessin ein Verhältnis mit Nachbar Major von Crampas hatte. Obwohl die Geschichte längst verjährt ist, reicht Innstetten die Scheidung ein, fordert seinen Widersacher zum Duell, und der Major kommt dabei ums Leben. Effi, die währenddessen auf Kur ist, darf nicht einmal mehr in das gemeinsame Zuhause zurück, der Kontakt zur Tochter wird ihr untersagt, und selbst ihre Eltern brechen mit ihr, obwohl sie ihr einziges Kind ist. Drei Jahre lang führt Effi ein jämmerliches Dasein in Berlin, unterstützt lediglich von der treuen Haushälterin Roswitha. Nachdem der Hausarzt die Eltern eigenmächtig über den gesundheitlich zunehmend schlechter werdenden Zustand ihrer Tochter informiert hat, gestattet ihr der Vater die Rückkehr nach Hohen-Cremmen, wo sie kurze Zeit später verstirbt.

Die Wirkung des Romans war überwältigend. In der Zeit von Oktober 1894 bis März 1895 in der *Deutschen Rundschau* abgedruckt, erschienen im Jahr 1895 gleich zwei Auflagen. 1898 lag bereits die sechste, 1905 die sechzehnte Auflage vor. Fontane stellte in seinem Tagebuch fest, mit diesem Roman habe er den »ersten wirklichen Erfolg« erzielt.[328] Das Buch wurde ihm förmlich aus den Händen gerissen.

Auch die Literaturwissenschaft äußerte sich begeistert. *Effi Briest* gilt als ein Höhepunkt des poetischen Realismus und war in Ost wie West Schullektüre. Fontane wurde damit zum Wegbereiter des deutschen Gesellschaftsromans, der kurze Zeit später durch Thomas Mann (1875–1955) mit *Buddenbrooks. Zerfall einer Familie* (1901) Weltruhm erlangte. Der Nobelpreisträger verdankte Fontanes Werk zahlreiche Anregungen.

Das Interesse an *Effi Briest* hält bis heute an, in immer neuen Wellen wurde der Roman populär und ist ein Klassiker geblieben. 1939 ging unter dem Titel *Der Schritt vom Wege* die erste Verfilmung des Romans an den Start, Regie führte Gustaf Gründgens (1899–1963), in der Hauptrolle brillierte seine Frau Marianne Hoppe (1909–2002). Das Filmereignis gab Anlass zu einem verstärkten Interesse an Fontanes Roman. In gekürzter Fassung wurde er sowohl in der *Frankfurter Illustrierten* als auch der *Preußischen Zeitung* in Königsberg abgedruckt. Der Film selbst galt als Höhepunkt des filmischen Schaffens von Gründgens.

Vier weitere Male (1955, 1970, 1974, 2009) wurde das Buch verfilmt, nahezu jede Nachkriegsphase hatte ihre eigene »Film-Effi«. Immer waren es außergewöhnliche Regisseure, die sich des Stoffes annahmen, immer wurde Effi von einer der Primadonnen ihrer Zeit gespielt. Sowohl in der Bundesrepublik als auch der DDR hatten beide Teile Deutschlands mit Ruth Leuwerik (1924–2016) und Hanna

Schygulla (*1943) auf der einen und Angelika Domröse (*1941) auf der anderen Seite ihre jeweils spezifischen Interpretinnen. In der Inszenierung mit Hanna Schygulla führte Rainer Werner Fassbinder (1945–1982) Regie.

Nachdem *Effi Briest* erschienen war, bekam Fontane zahlreiche Kritiken und Zuschriften, für die er sich, wie es seine Art war, ausführlich schriftlich bedankte. Er freute sich, dass Effi als Person auf Zuspruch, ihr Schicksal auf Anteilnahme stieß, schämte sich aber auch ein wenig, in Innstetten eine Figur gezeichnet zu haben, die eine Freundin kurzerhand als »altes Ekel« bezeichnete: »Ja, Effi! Alle Leute sympathisieren mit ihr, und einige gehen so weit, im Gegensatze dazu den Mann als einen ›alten Ekel‹ zu bezeichnen. Das amüsiert mich natürlich, gibt mir aber auch zu denken, weil es wieder beweist, wie wenig den Menschen an der sogenannten ›Moral‹ liegt und wie die liebenswürdigen Naturen dem Menschenherzen sympathischer sind.«[329]

In seinem Brief an den Historiker Colmar Grünhagen (1828–1911) versuchte er geradezu, sich für die Prioritäten, die er in *Effi Briest* gesetzt hatte, zu rechtfertigen. »Ich war nie ein Lebemann, aber ich freue mich, wenn andere leben, Männlein wie Fräulein. Der natürliche Mensch will leben, will weder fromm noch keusch noch sittlich sein, lauter Kunstprodukte von einem gewissen, aber immer zweifelhaft bleibenden Wert, weil es an Echtheit und Natürlichkeit fehlt. Dies Natürliche hat es mir seit lange angetan, ich lege nur *dar*auf Gewicht, fühle mich nur *da*durch angezogen, und dies ist wohl der Grund, warum meine Frauengestalten alle einen Knacks weghaben. Gerade dadurch sind sie mir lieb, ich verliebe mich in sie, nicht um ihrer Tugenden, sondern um ihrer Menschlichkeiten, d. h. um ihrer Schwächen und Sünden willen. Sehr viel gilt mir auch die Ehrlichkeit, der man bei den Magdalenen mehr begegnet als bei den Genoveven. Dies alles, um Cécile und Effi ein wenig zu erklären.«[330]

Betrachtet man das Zitat näher, ist es nicht nur Rechtfertigung, sondern eine weitere Erklärung dafür, warum Fontane in seinem Werk bewusst auf weibliche Figuren setzte: Sie blieben Sympathieträger, selbst wenn sie an ihrem Schicksal zerbrachen. Sogar in offenbar schwachen Momenten wirkten sie wahr und überzeugend, waren ihren Gegenfiguren moralisch überlegen. Ein einziges Mal beschrieb er in seinem Werk ausführlich einen Mann, der in eine vergleichbar ausweglose Situation gerät: den adligen Offizier Schach von Wuthenow in gleichnamiger Erzählung.[331] Obwohl sich Fontane ausführlich der Schilderung seines Unglücks widmet, gelingt es ihm nicht annähernd, ein so starkes Mitgefühl mit dieser Figur zu wecken wie bei seinen Protagonistinnen Effi, Cécile oder Melanie van der Straaten. Schachs Entscheidung zum Freitod ist rational nachvollziehbar, erschließt sich dem Leser aber gesamtheitlich nicht und weckt gleich gar keine Sympathie.

Anregung zu *Effi Briest* erhielt Fontane durch den Fall Ardenne. Mehrfach wurde in der Presse seinerzeit darüber berichtet. Bei einem Abendessen erfuhr er von seiner Tischnachbarin Emma Lessing, Ehefrau des Haupteigentümers der *Vossischen Zeitung*, weitere Details: Elisabeth von Ardenne (1853–1952), Ehefrau des Offiziers Armand von Ardenne (1848–1919), hatte demnach eine Affäre mit einem Freund des Hauses, dem Amtsrichter Emil Hartwich (1843–1886). Ardenne war den beiden auf die Schliche gekommen und hatte den Amtsrichter zum Duell gefordert. Bei dem Schusswechsel mit Pistolen am 27. November 1886 auf der Hasenheide bei Berlin wurde Hartwich schwer verletzt und verstarb vier Tage später im Krankenhaus Charité. Ardenne geriet in Festungshaft nach Magdeburg, wurde nach achtzehn Tagen begnadigt und ließ sich von seiner Frau scheiden. Ihre beiden Kinder Margot (1873–1938) und Egmont (1877–1947) durfte Elisabeth, wie es üblich war, nicht wiedersehen. Um so wenig wie möglich von der Affäre in Mitleidenschaft gezogen zu werden, gab der Vater sie übergangsweise zu seinen Eltern nach Leipzig.

Die wahren Ereignisse hinter *Effi Briest* führen uns also nicht nach Nennhausen, sondern auf Schloss Zerben, heute ein Teil von Parey an der Elbe, nordöstlich von Magdeburg, denn Elisabeth hieß mit Mädchennamen Edle und Freiin von Plotho und wurde dort geboren. Der prächtige Renaissancebau mit dem hübschen Park war seit 1562 im Besitz ihrer Familie. Heute ist nur noch ein Flügel des Hauses erhalten, denn Teile des Hauses wurden auf Befehl der sowjetischen Militäradministration 1948 abgerissen, wie die Gemeindechronik zu berichten weiß. Er enthält, Ende der 1990er Jahre renoviert, ein Museum, das die Geschichte der Familie sowie die Entstehung *Effi Briests* nachzeichnet. Führungen geleiten durch den Ort.

In Zerben wuchs Elisabeth von Plotho, zu Hause Else genannt, recht ungezwungen auf. Sie hatte vier ältere Geschwister, darunter einen Bruder, und war begeisterte Reiterin. Ihr Vater, Felix von Plotho (1822–1864), verstarb unerwartet früh. Else war zu diesem Zeitpunkt erst zehn Jahre alt, und ihre Mutter musste daraufhin die Verantwortung für den Besitz und die Erziehung der Kinder alleine übernehmen. Auch Sohn und Erbe Wolf von Plotho (1849–1926) war noch nicht erwachsen.

Hin und wieder kamen Soldaten von Rathenow herüber, sie dienten bei den Zieten-Husaren, darunter auch der junge Ardenne. Da er gerne Klavier spielte, nutzte er die Gelegenheit, im Hause Plotho zu musizieren. Zu ihrem Leidwesen zitierte die Mutter ihre Jüngste bei solchen Gelegenheiten wiederholt in den Salon, sie möge den Konzerten doch beiwohnen. Mit krakeliger Schrift vermerkte das Mädchen dazu in ihrem Tagebuch: »Dagegen ärgerte ich mich wütend, sah ich unseren alten Carl, den Bedienten, suchend kommen, mit der üblichen Order: ›Elseken mach rasch, daß Du rein kommst, Du sollst den Fähnrich v. Ardenne Klavier spielen hören, sagt die Frau Mama.‹«[332]

Ardenne stammte aus einer belgischen Familie. Sein Vater Louis C. Prosper (1811–1889) war mit Eisenbahnaktien reich geworden und vertrat sein Königshaus als Generalkonsul in Leipzig. Ardennes Mutter Johanne Wilhelmine (1817–1897) stammte aus der bekannten Verlegerfamilie Brockhaus. Der junge Ardenne verliebte sich in Else und bat um ihre Hand an, doch das Mädchen fühlte sich noch nicht alt genug und schlug den Antrag aus. Sie wollte ihn nicht heiraten.

Dann kam der Krieg, Preußen musste gegen Frankreich ziehen, und Ardenne wurde verwundet. Überraschend plötzlich änderte Else ihre Meinung, und nach wenigen Monaten, am 7. Februar 1871, verlobte sich das Paar. Zwei Jahre später, am Neujahrstag 1873, wurde geheiratet. Bei der Hochzeit war Else neunzehn, ihr Bräutigam vierundzwanzig Jahre alt.

Ardenne war inzwischen zum Hauptmann befördert und machte rasch Karriere. Nach dem Krieg wurde er zum Großen Generalstab nach Berlin berufen, kam nach Zwischenstationen in Rathenow und Metz 1881 als Rittmeister zu den Westfälischen Husaren nach Düsseldorf und 1884 zurück an die Spree. Er war Referent im Kriegsministerium in Berlin und Adjutant des Kriegsministers Paul Bronsart von Schellenberg (1832–1891). Gleichzeitig bewahrte sich der ehrgeizige Mann seine musisch-künstlerischen Neigungen und begann sich schriftstellerisch zu betätigen. Das erste Buch, das er publizierte, handelte vom Zieten'schen

Husaren-Regiment und erschien 1874, ein Jahr nach seiner Hochzeit. Es folgten unzählige weitere militärhistorische Schriften.

Elisabeth begleitete ihren Mann gehorsam auf alle Posten. Gemäß den Konventionen ihrer Zeit machte sie keine Berufsausbildung, brachte die gemeinsamen Kinder zur Welt und kümmerte sich um ihre Erziehung. Die Ehe schien eigentlich harmonisch. Die erste Wohnung des jungen Paares am Lützowufer, nahe dem Zoologischen Garten, hatte noch Mutter Plotho eingerichtet. Sie war ausgesprochen zufrieden gewesen mit der Heirat ihrer Tochter. Nach Düsseldorf versetzt, wohnten die beiden recht elegant in Schloss Benrath, einem malerischen Rokokobau mit weitläufigem Park außerhalb der Stadt, der seit 1815 unter Verwaltung des preußischen Königshauses stand. Ardennes Schwadron war in Benrath stationiert und das Anwesen ihm und seiner Familie als Residenz zugewiesen worden.

Allein, Elisabeth schien nicht wirklich glücklich zu sein. Ihr Brautbild von 1873 zeigt sie mit mürrischem Gesicht auf einem Polstersessel in knöchellangem Kostümrock, die Jacke schließt mit hohem Kragen. Ihre Arme hält die junge Frau eng vor der Taille verschränkt. Ardenne hingegen lehnt breitbeinig und in goldbetresster Uniform hinter ihr an der Tischkante und stützt die Hände überlegen auf den Säbel. Nur seine kindlichen Gesichtszüge erinnern daran, dass auch er noch nicht ganz erwachsen geworden war. Ein dünner Schnurrbart sollte offenbar darüber hinwegtäuschen.

Literarisch und künstlerisch interessiert, wie der junge Rittmeister war, fand er in Düsseldorf bald Kontakt zu ähnlich gesinnten Leuten, wie den Mitgliedern der Künstlervereinigung »Malkasten«. Bald hatten Elisabeth und er Freundschaften unter diesen Kreativen und Intellektuellen gewonnen und luden einige regelmäßig nach Benrath ein.

Der Maler Wilhelm Beckmann (1852–1942) beschrieb diese Treffen anschaulich in seinen Memoiren: »Wir waren oft, ein enger kleiner Freundeskreis, in dem blumenduftenden Garten eines wundersamen Rokokoschlosses bei Wein und Liedern, Gedichten und Gesängen an weichen stimmungsvollen Sommertagen bis tief in die sternenhelle Nacht hinein, um eine aristokratische Frau vereint. Die Nachtigall schmetterte ihr sehnsuchtsvolles Locklied, der Vollmond breitete seinen fahlblauen Lichtschleier über die Wiesen, und gespenstig standen im Hintergrund die Bäume des Waldes.«[333] Weiter schwärmte der Künstler von dem nächtlichen Garten, seiner Herrin Elisabeth von Ardenne und kam schließlich auf das Anwesen selbst zu sprechen: »Es ist ein architektonisches Juwel, von einem Park mit schattigen Alleen umschlossen. Der jeweilig dorthin kommandierte Rittmeister führt das beneidenswerte Leben eines Serenissimus. Und Ardenne, ein geistreicher Offizier von umfassenden Kenntnissen, musikalisch und belesen, war ganz der Mann, einen Kreis um sich zu versammeln und zu fesseln.«[334]

Der »Malkasten« war kein gewöhnlicher Künstlerclub. 1848 im Zuge der Märzunruhen in Düsseldorf entstanden, verstanden sich seine Gründungsmitglieder als durchaus revolutionäre Vereinigung, die alles neu und anders machen wollte. Am 6. August desselben Jahres luden sie feierlich zum »Fest der Einheit« und verabschiedeten gleich erste Statuten. Entscheidend war, dass Vertreter aller Berufe in diesem Verein zugelassen werden sollten, also auch Juristen oder Historiker, die ihrer künstlerischen Leidenschaft lediglich nebenher nachgingen und sie als Freizeitbeschäftigung ansahen. Damit wollten die Gründungsmitglieder ihre demokratische Grundhaltung zum Ausdruck bringen: gleiches Recht für alle. Der Name »Malkasten« implizierte entsprechend, dass im Club Vertreter jeglicher politischer und künstlerischer Richtung wie Farben in einem Malkasten gleichberechtigt neben- und miteinander agierten.

Als Ardenne Anfang der 1880er Jahre mit den Aktivisten in Berührung kam, hatte der Verein sich längst gesellschaftliches Renommee erworben. Die Mitgliederzahl war auf mehrere Hundert Mann gewachsen, und seit 1867 besaß der »Malkasten« sogar ein eigenes Gebäude inmitten der Stadt. Hier wurden Feste gefeiert, Konzerte veranstaltet, Vorträge gehört oder Salons mit engagierten Diskussionsrunden abgehalten. Kauf des Grundstücks und Bau des Hauses waren mit Hilfe von Kunstwerken im Wert von 46 000 Talern ermöglicht worden, die die Künstler zwecks Verlosung zur Verfügung gestellt hatten.

In diesen Kreisen verkehrte auch der Amtsrichter Hartwich, Ardenne lernte ihn kennen, lud ihn in sein Haus ein, und bald verband die beiden echte Freundschaft. Sie verabredeten sich zu gemeinsamen Spaziergängen, gingen zusammen rudern, verbrachten ihre Freizeit miteinander.

Der Amtsrichter wirkt auf den ersten Blick nicht sonderlich sympathisch. Er hatte einen überlegenen, fast arroganten Gesichtsausdruck und trug einen Schnurrbart, der beidseitig zu langen Spitzen gezwirbelt war. Der gebürtige Danziger und Sohn eines Eisenbahningenieurs hatte in Heidelberg Jura studiert, war 1868 Mitglied des preußischen Justizwesens und 1879 Richter am Düsseldorfer Gericht geworden. In seiner Freizeit widmete er sich der Kunst, dem Theater und beschäftigte sich darüber hinaus intensiv mit dem menschlichen Körper und dessen natürlichen Bewegungsabläufen. Er war ein Fürsprecher von regelmäßigen Turnübungen und sportlicher Betätigung, insbesondere mit Blick auf Kinder und Jugendliche, publizierte Schriften zu diesem Thema und machte sich für die sogenannte Spielebewegung stark. Sie führte mit den Jahren dazu, dass an vielen Gymnasien ein grundsätzlich hausaufgabenfreier Nachmittag eingeführt wurde, damit Kinder und Jugendliche einmal die Woche Fußball spielen oder Sport treiben konnten.

In Düsseldorf hatte Hartwich auch seine Frau kennengelernt: Hero Jung (*1845). Die beiden heirateten am 22. Februar 1870 und hatten vier Kinder, von denen allerdings nur ein Sohn, Emil Waldemar, das Erwachsenenalter erreichte. Nichtsdestoweniger sorgte Hartwich auch in seiner Familie für eine gewisse Sportlichkeit und achtete beharrlich darauf, dass die Kinder keine krummen Rücken bekämen.

Die Verbindung zwischen Ardenne und Hartwich wuchs sich bald zu einer echten Familienfreundschaft aus. Die Männer trafen sich zu gemeinsamen Unternehmungen, die Frauen pflegten ein freundliches Verhältnis miteinander. In der Biographie Horst Budjuhns heißt es, Hartwich habe seine zwei Söhne Eberhard und Erich wiederholt in die Obhut Elisabeths gegeben.[335] Gleichzeitig freundete sich der Amtsrichter mit Ardennes Sohn Egmont an und ging mit ihm in den Düsseldorfer, später auch den Berliner Zoo. Nicht zuletzt malte er auf Anregung Ardennes Elisabeth, dann auch den Jungen. Das Kinderporträt zeigt den kleinen Egmont mit dichten, glatten Haaren und verträumtem Gesichtsausdruck. Elisabeth muss ein besonderes Faible für dieses Porträt gehabt haben. Es soll ihr Leben lang über ihrem Schreibtisch gehangen haben.

Ferner existiert ein Gemälde von Ardenne, das Hartwich angefertigt haben soll. Es zeigt den bei seiner Hochzeit noch kindlichen Haudegen als inzwischen vornehmen, hocheleganten Offizier.

Auch Briefe wechselten längst zwischen beiden Parteien, ohne dass sich irgendjemand etwas dabei gedacht hätte. Hartwich schrieb Elisabeth von Studienreisen, die er alleine unternahm, oder aus den Ferien, die er mit der Familie 1882 in Skodsborg bei Kopenhagen verbrachte.

Zwei Fotos aus jener Zeit zeigen Elisabeth und Hartwich, jeweils in historischen Kostümen. Elisabeth mimt ein Ritterfräulein mit hüftlangem, breit geflochtenem Zopf, Hartwich einen Chevalier mit Hut und Degen, in der Linken hält er verführerisch eine Blume. Beide waren begeisterte Anhänger von »lebenden Bildern« und gingen auch gemeinsam ins Theater. Die Mode, sich im Kostüm auf einer Bühne wort- und möglichst bewegungslos zur Schau zu stellen, auch »Tableau vivant« genannt, wurde schon im achtzehnten Jahrhundert am französischen Hof gepflegt. Längst hatte man sie in bürgerlichen Kreisen übernommen. Auch im »Malkasten« fanden regelmäßig Veranstaltungen mit »lebenden Bildern« statt, an denen die Offiziersgattin und der Richter gemeinsam teilnahmen. Möglicherweise befand sich Ardenne sogar unter den Zuschauern, als die beiden genannten Fotos entstanden. In Düsseldorf war Karneval, und im »Malkasten« wurde selbstverständlich Scharade gespielt.

Ab wann sich die Freundschaft zwischen Elisabeth und Hartwich zu einer veritablen Affäre ausgewachsen hatte, kann keiner ihrer Biographen mit Sicherheit sagen. Nach der Rückkehr der Ardennes 1884 nach Berlin schrieben sie sich weiterhin regelmäßig. Auch besuchte der Richter die Familie bisweilen. Im Oktober 1886 musste Ardenne ins Manöver ziehen. Diesmal war Elisabeth allein zu Hause, als der Düsseldorfer Familienfreund auftauchte.

Den beiden war klargeworden, dass sie sich liebten, und sie hatten wohl auch beide die Absicht, mit ihren jeweiligen Ehepartnern darüber zu sprechen, doch Armand kam ihnen zuvor. Nach seiner Rückkehr schöpfte er Verdacht und entwendete die Briefe, die Hartwich seiner Frau geschrieben hatte. Was Ardenne ihnen entnahm, war ihm Grund genug, um mit Elisabeth zu brechen und eigenmächtig gegen den Liebhaber vorzugehen. In der Gerichtsverhandlung, in der er später dafür verurteilt wurde, legte der Offizier zu seiner Rechtfertigung diese Briefe vor.

Als Ehrenmann, der Hartwich letztlich sein wollte, war er überflüssigerweise auf die Forderung Ardennes zum Duell eingegangen. Nachdem er beim Schusswechsel getroffen wurde, soll er sich, was manche Effi-Briest-Verfilmung aufnahm, bei seinem Kontrahenten sogar entschuldigt haben. Warum aus solch einem Ehebruch »wie hundert andere mehr«, wie Fontane es selbst ausdrückte, ein Skandal werden konnte, der die gesamte Berliner Gesellschaft beschäftigte, ist im Nachhinein kaum nachvollziehbar. Die Geschichte inspirierte nicht nur Fontane, sondern auch den Schriftsteller Friedrich Spielhagen (1829–1911) zu einem Roman. *Zum Zeitvertreib* erschien 1897; ausführlich korrespondierten die beiden Autoren darüber. Der Künstler Max Liebermann (1847–1935), der sich in den Berliner Jahren mit Ardenne angefreundet hatte, fertigte zwei Steinzeichnungen dazu an. Nicht zuletzt nahm Rolf Hochhuth das Thema Jahre später in seinem Monolog *Effis Nacht* (1996) wieder auf.

Effi Briest kehrte, wie erwähnt, einige Jahre nach ihrer Scheidung zurück nach Hohen-Cremmen und verstarb, ohne Mann und Kind je wiedergesehen zu haben. Die Wirklichkeit sah zum Glück nicht ganz so schlimm aus: Elisabeth von Ardenne wurde weder von ihrer Herkunftsfamilie verstoßen noch ging sie an dem Unrecht zugrunde, das ihr widerfahren war. Sie wurde weit über neunzig Jahre alt, überlebte ihren Ehemann und fand mit den Jahren sogar zu den Kindern zurück. Das Gericht billigte ihr bei der Scheidung eine Abfindung von 32 000 Mark zu. Es stand also auch wirtschaftlich nicht ganz schlecht um sie.

Dennoch musste sie sich zunächst fragen, wie es mit ihr weitergehen sollte. Als Erstes fand sie Aufnahme bei ihrer älteren Schwester Luise, inzwischen verheiratet mit Wedell von Gersdorff, doch es ging Elisabeth in dieser Zeit nicht gut. Es gibt keine persönlichen Aufzeichnungen darüber, doch ihre Biographen glauben ihrem Verhalten und späteren Briefen entnehmen zu können, dass sie sich schuldig fühlte, besonders an Hartwichs Tod. Vor allem vermisste sie ihre Kinder. Über den Skandal hüllte man sich in ihrer nächsten Umgebung in Schweigen. Auch die Kinder dieses Hauses sollten vor übler Nachrede geschützt werden.

Hilfe und Unterstützung ergab sich für sie dann überraschend im baden-württembergischen Kurort Bad Boll. Dort wirkten Vater und Sohn Blumhardt als Ratgeber und Therapeuten für Menschen in seelischer Not. Hilfreiche Bekannte hatten ihr empfohlen, sich an die beiden zu wenden. Johann Christoph Blumhardt (1805–1880) war Geistlicher, Mitglied der Erweckungsbewegung und hatte hier im Kurhaus 1852 ein Seelsorgezentrum eröffnet. Sohn Christoph (1842–1919), ebenso protestantischer Pfarrer und Prediger, führte das Lebenswerk seines Vaters fort und übernahm das Zentrum nach dessen Tod. 1900 trat er in die SPD ein und zog als Abgeordneter seiner Partei für sechs Jahre in den Landtag. In der Kirche dafür angefeindet, entschied er sich für die Politik, legte sein Pfarramt kurzerhand nieder, blieb seinem Engagement als Prediger und Seelsorger jedoch treu. Trotz seiner schroffen und dezidierten Art konnte er Elisabeth gut helfen. In ihren Gesprächen fand sie Trost im Glauben und fasste den Entschluss, Krankenschwester zu werden. Jahrelang blieb Blumhardt für sie ein wichtiger Begleiter. Sie korrespondierte mit ihm, nannte ihn in ihren Briefen »Lebenslehrer«, auch »Lebensretter« und kehrte wiederholt nach Bad Boll zurück.

Die nun folgenden Jahre verbrachte sie in unterschiedlichen Spitälern und sozialen Einrichtungen, so im Asyl Schweizerhof in Berlin, im Sanatorium Martinsbrunn in Meran oder auch in privaten Haushalten, und arbeitete als Pflegerin. Auch für Nervenkranke fühlte sie sich verantwortlich. Auffallend ist, wie stabil und selbstverständlich sie für andere Menschen da sein konnte. Aus ihrer unglücklichen Lage hatte sie sich mit den Jahren offenbar befreit.

Zu Beginn des Ersten Weltkrieges kehrte sie für einige Monate zu ihre Schwester Luise zurück. Diese hatte in ihrem Anwesen im rheinland-pfälzischen Bad Münster am Stein ein ehrenamtliches Lazarett für einunddreißig Personen eingerichtet. Gemeinsam mit ihr und dem Pflegepersonal versorgte Elisabeth die teilweise schwer verwundeten Soldaten. Auch hier bewies sie Verbindlichkeit und Stehvermögen.

Ihre eigentliche Bestimmung hatte Elisabeth zu diesem Zeitpunkt jedoch längst gefunden. In Meran war sie der Unternehmertochter Margarethe Weyersberg, genannt Daisy (*1878), begegnet, die wegen Schwermut und psychischer Labilität im Sanatorium behandelt wurde. Die junge Frau fühlte sich zu ihr hingezogen, sie vertraute ihr, und im Einvernehmen mit der Familie wurde Elisabeth dauerhaft zu ihrer Begleiterin bestimmt. Eine gesonderte Vereinbarung verpflichtete Margarethe, den Anordnungen ihrer Pflegerin zu folgen. Im Gegenzug übernahm Elisabeth volle Verantwortung für ihr Wohl. Selbstverständlich wurde sie finanziell entsprechend ausgestattet. An Geld mangelte es im Haus Weyersberg nicht.

Die Abmachung gab der Familie die Sicherheit, dass Margarethe in guten Händen war und nicht von einem Sanatorium zum nächsten geschickt wurde, um womöglich in einer Nervenanstalt zu enden. Elisabeth sicherte der Vertrag ein regelmäßiges Einkommen, ohne an eine einzelne soziale Einrichtung gebunden und für mehrere Kranke gleichzeitig verantwortlich zu sein. Hin und wieder war ihr Margarethe lästig, insbesondere später, als Elisabeth zur eigenen Familie zurückgefunden hatte, aber sie wich nicht von ihrer Seite. Fünfzig Jahre lang widmete sie sich zuverlässig der Nervenkranken.

Ein Foto zeigt die beiden Damen aus gutem Hause in fröhlichster Eintracht: Elisabeth stützt sich, schlank und hoch aufgerichtet mit schlohweißem Haar und liebenswürdigem Gesichtsausdruck, auf ein Balkongeländer, während sich Margarethe mit verschmitztem Lachen auf die Ecke besagten Geländers gesetzt hat. Sie scheinen beide sehr zufrieden.

Als das Foto aufgenommen wurde, war Elisabeth mit ihrem Schützling schon nach Lindau an den Bodensee gezogen. Nach dem Ersten Weltkrieg hatte Margarethes Familie dort im Hochbucher Weg 49 ein Haus erstanden, wo die beiden unbehelligt leben konnten. Von hier aus gingen sie zusammen auf Reisen, über die Alpen nach Venedig oder an den Lago Maggiore. Elisabeth war eine durchweg rüstige, auch im Alter sehr bewegliche Dame. Sie fuhr Fahrrad und machte Gebirgstouren. Vom Allgäu ist es in die Berge nicht weit.

Ardenne traf Elisabeth nie wieder. Sie hörte allerdings von ihm und wusste, wie es um ihn stand. Seiner Karriere hatte ihre Affäre offenkundig keinerlei Abbruch getan. Er stieg zum preußischen Generalleutnant auf, sammelte entsprechende Orden und Auszeichnungen und publizierte weiterhin als Militärhistoriker. 1888, ein Jahr nach der Scheidung, hatte er die Soubrette Julie Peters geheiratet, mit der er eine weitere Tochter bekam, genannt Ellen.

Im Hause Ardenne wurde Anstoß daran genommen, dass

die Schauspielerin nicht standesgemäß war. Besonders Armands Mutter, die ihren Mann um Jahre überlebte, pflegte kein gutes Verhältnis zur neuen Schwiegertochter. Das Leben mit Julie kann auch für Ardenne nicht immer einfach gewesen sein. Mit der Heirat hatte sie die Bühne verlassen und litt zunehmend an Nervenzusammenbrüchen und Schwächezuständen. Als es mit Ardenne allmählich zu Ende ging und er 1919 mit einundsiebzig Jahren in Berlin-Lichterfelde ins Krankenhaus eingeliefert wurde, kamen lediglich Ellen und ihr Mann, um von ihm Abschied zu nehmen. Julie war dauerhaft in eine Nervenheilanstalt eingeliefert worden.

Deutlich besseren Kontakt hatte Elisabeth zu ihren Kindern. Nachdem Tochter Margot erwachsen geworden war, nahm sie 1904 eigenständig Verbindung zu ihrer Mutter auf. Elisabeth ging sofort darauf ein, die beiden vereinbarten ein Treffen und endlich, siebzehn Jahre nachdem sie ihre Familie hatte verlassen müssen, sah sie die Tochter wieder. Margot war inzwischen mit einem wesentlich älteren Mann verheiratet, Eduard von Langsdorff, der überdies nicht gesund war, doch die beiden liebten sich und führten eine harmonische Ehe.

Armand war mit dem Wiedersehen keineswegs einverstanden, doch wenige Jahre später gelang Elisabeth auch ein Treffen mit Egmont. Er hatte sich im Frühjahr 1905 mit Adela vermählt, Tochter eines Hamburger Senators, Justiz- und Geheimrat Matthias Mutzenbecher, und seiner vermögenden Frau aus der Kaufmannsfamilie von Ohlendorf, und war Vater geworden. Elisabeth besuchte ihn 1909 in Hamburg, lernte seine Gattin und die zwei damals noch kleinen Kinder kennen und dankte ihrem Sohn anschließend überschwänglich für die Einladung: »Wie oft sehe ich Euch plötzlich vor mir, höre Euch u Eure geliebten Kinder; dringt hier mal ein feines kleines Stimmchen zu mir, denke ich, es muß die kleine Süße sein u springe auf. Aber ... ihr braucht keinen Moment eine torhafte und weichliche Liebe u Sehnsucht fürchten. Ich habe es gelernt, über Zeit und Raum zu lieben u zu besitzen, dieses feste Hinstehen hilft mir auch jetzt, mit Mut u Dankbarkeit Eurer zu gedenken und mich sehr reich u glücklich zu fühlen.«[336] Nun war der Bann gebrochen. Es folgten noch zahlreiche weitere Begegnungen.

Das erste Treffen in Hamburg soll unter anderem deshalb möglich geworden sein, so schreiben Elisabeths Biographen, weil Ardenne sich deutlich abweisend gegenüber der neuen Schwiegertochter gezeigt hatte. Eine Eheschließung mit einer Senatoren- und Kaufmannstochter soll dem Offizier nicht genügt haben. Den Argwohn gegenüber nichtstandesgemäßen Verbindungen hatte er offenbar kritiklos aus seinem Elternhaus übernommen.

Egmonts Ehe entwuchsen mit den Jahren fünf Kinder, von denen zwei Söhne im Zweiten Weltkrieg fielen. Sohn Manfred von Ardenne (1907–1997) indes erlangte als Naturwissenschaftler schon früh mit zahlreichen patentierten Erfindungen im Bereich der Funk- und Fernsehtechnik, Elektrophysik und Medizintechnik Berühmtheit. Nach dem Zweiten Weltkrieg wurde er in die Sowjetunion abberufen und beteiligte sich an Forschungen zur Entwicklung der sowjetischen Atombombe. Zurück in der DDR, gründete er 1955 auf dem »Weißen Hirsch« in Dresden ein wissenschaftliches Institut, das mit 500 Mitarbeitern bald zum größten privatwirtschaftlichen Institut im ganzen Ostblock herangewachsen war. Elisabeth war stolz auf ihren Enkel und empfand zeit ihres Lebens besondere Freundschaft zu ihm.

Bis ins hohe Alter blieb die gelernte Krankenschwester eine körperlich und geistig bewegliche Frau. Sie machte weiterhin ausgedehnte Wanderungen. Daneben traf sie sich mit ihren Kindern, korrespondierte mit den Enkeln und führte ein selbstbestimmtes Leben. Margot war 1938 im Alter von fünfundsechzig Jahren tragischerweise an Krebs verstorben. Ein Glück, dass Mutter und Tochter rechtzeitig vorher wieder zueinandergefunden hatten.

Allein Elisabeths Begeisterung für Adolf Hitler (1889–1945) wirft einen Schatten über ihre Biographie. Nach der Lektüre von *Mein Kampf* (1925) schrieb sie ihrer Schwiegertochter im November 1933: »Euren Hitler habe ich mir bereits ganz und dankbar zu eigen gemacht. Erst aus dem Buch erkennt man staunend, bewundernd u ihn liebend in seiner ganzen großen u liebenswerten Menschlichkeit, was er ist u was er Tag u Nacht im Liebesdienst unseres Volkes schafft (…).«[337]

Auf die Sudetenkrise reagierte sie 1938 mit den Worten: »Mit diesen Wartetagen mutet der Führer seinem Volk viel zu, wieviel schwerer sind sie aber noch für ihn, mit der ungeheuren Verantwortung für sein deutsches Volk fertig zu werden. (…) Ich meine, so sollten die Besten u Treuesten sich um den armen Hitler scharen, ihre Gebete sollten ihn in seinem Kampf um das deutsche Volk vor Gott bringen, im glaubensstarken ›Dein Wille geschehe!‹«[338] Später distanzierte sie sich ausdrücklich von ihrer Haltung.

Auch nach dem Krieg, Elisabeth zählte inzwischen zweiundneunzig Jahre, lebte sie weiterhin in Margarethes Haus in Lindau. Inzwischen war sie zu alt geworden, um sich um ihren Schützling zu kümmern. Auch konnte sie kaum mehr sehen. Jetzt wurde ihr selbst eine Gesellschafterin zur Seite gestellt: Hedwig Kuse. Schwiegertochter Adela hatte die hilfsbereite Berlinerin für sie ausgewählt, eine beispiellos liebenswürdige Geste. Bis zu ihrem Tod am 4. Februar 1952 ging Frau Kuse der alten Dame zur Hand, las ihr vor und war für sie da.

Ein Foto zeigt Elisabeth in diesen letzten Lebensjahren. Sie ist immer noch eine attraktive Frau, trägt einen hellen, knöchellangen Rock und hält sich ungeheuer aufrecht und gerade. Die weiße Bluse mit den langen Ärmeln ist hochgeschlossen, das Haar dicht und wohlfrisiert. Mit knochiger Hand hält sie sich am schmiedeeisernen Gartentor des Lindauer Hauses.

In der Gegenwart angekommen, führt uns *Effi Briest* nach Schloss Marquardt bei Potsdam. Wir befinden uns im einundzwanzigsten Jahrhundert, Frauen und Männer sind auf dem Weg zur Gleichberechtigung, und es gibt keinen Anlass mehr zu trübsinnigen Betrachtungen über die Existenz von Fontanes Magdalenen. Doch das Anwesen ist verwildert, die Fassaden weder renoviert noch frisch gestrichen, das Ufer zum See naturbelassen. Hier scheint die Zeit stehengeblieben zu sein. Das Schloss spiegelt ein wenig gutsherrliche Grandezza, die Ausgangspunkt für Effis gesellschaftlichen Absturz war, zeugt aber auch von Verfall und ferner Vergangenheit, bietet also ideale Voraussetzungen für eine Effi-Briest-Verfilmung, die mit altgewohnten Deutungsmustern bricht. Die Regisseurin Hermine Huntgeburth (*1957) hat hier ihren Fontane-Film (2009) gedreht, Julia Jentsch (*1978) spielte die Hauptrolle. Huntgeburth zeichnete Effis Ehebetrug als einen Weg der Selbstbefreiung, der seinen Höhepunkt in einer stürmischen Abschlussszene findet, die deutlich von der literarischen Vorlage abweicht. Effi ist weder siech noch krank, als sie ihre Eltern erstmals wiedersieht. Sie ist Bibliothekarin geworden, trifft sich mit ihnen im Berliner Operncafé und trägt ein Kleid mit offenem Kragen und knallrotem Schal. Auf die Einladung vom alten Briest, nach Hohen-Cremmen zurückzukehren, das berühmte »Effi komm«, reagiert die Tochter mit vehementer Ablehnung. Sie wolle ihren eigenen Weg gehen, ist die Antwort, die Eltern hätten sie verraten. Sie seien keineswegs besser als der Rest der Gesellschaft. Mit Entschiedenheit springt sie auf und verlässt mit wehendem Schal das Lokal. Die neue Effi ist eine selbstbestimmte Frau.

Von dieser Hoffnung zeugt auch die Geschichte um die Briefe, die sich Elisabeth von Ardenne und Emil Hartwich schrieben. Sie existieren heute noch, wohlverwahrt im Dresdner Familienarchiv. Elisabeth hatte sie vor ihrem Tod Enkel Manfred vermacht. An ihrem neunzigsten Geburtstag am 26. Oktober 1943 hatte er ihr erzählt, er habe ein Buch mit Schriften Hartwichs gelesen, das habe ihn beeindruckt. Mit seinem Satz: »Ich hätte damals genauso gehandelt wie du«, muss der Enkel die Großmutter tief berührt haben.

Monate später schickte sie ihm das Päckchen mit den Liebesbriefen: »Daß Dir die Freude wurde, durch einen Verwandten in ein gerechtes gutes Licht den Mann gerückt zu sehen, der unendliches Leid, aber auch unendliches Glück in m. Leben gebracht, war mir ein Geschenk. Deßhalb lege ich Euch die leichten Briefe bei, die einen Einblick gewähren in den Frohsinn u die Unbeschwertheit unseres leichten Sonnendaseins – damals. Möchte ein Schein dieser ungeahnt leichten, harmlosen Zeit auch wieder in Euer Leben eindringen dürfen, das ist der Wunsch Eurer Großmutter.«[339]

Elisabeth muss Hartwich unendlich geliebt haben. »Die wertvollen persönlichen Briefe stahl mir Dein Großvater heimlich mit einem Nachschlüssel aus der wohl gesicherten Cassette«,[340] schrieb sie ihrem Enkel. Die Art, wie der Konflikt, in den sie geraten war, gelöst wurde, hat sie fürs Leben verletzt und gedemütigt. Wenn es nach ihr gegangen wäre, hätte sie sich wohl am liebsten von Ardenne getrennt und wäre mit ihren Kindern zu Hartwich gezogen, doch für selbstbestimmte Frauen war die Zeit damals noch nicht reif.

»(...) um ihrer Menschlichkeiten,
d. h. um ihrer Schwächen und
Sünden willen.«

Schlussbetrachtung

Fontane hatte eine Vorliebe für weibliche Schicksale – das
zeigt vorliegende Betrachtung in aller Ausführlichkeit.
Dabei griff er bewusst auf Frauen zurück, die sich aus der
moralischen Sicht jener Zeit schuldig gemacht hatten und
dadurch in Konflikt mit ihrer Umgebung geraten waren.
Gnadenlos verurteilte der Schriftsteller dahingehende Vorstellungen der Gesellschaft und verteidigte die Betroffenen.
Ob eine Frau als Brandstifterin verurteilt worden war oder
wegen ihres freien Liebesverhältnisses, ob sie als Kind eine
Fürstengeliebte war oder als Witwe einen Salon mit wechselnden Männerbekanntschaften betrieb – er nahm sich ihrer Biographie an und schilderte ihr Leben wie das eines
ganz gewöhnlichen Menschen.

Weibliche Schicksale waren ihm soziales Paradigma, ein
Mittel der Zeitanalyse und Zeitkritik. Anhand des Handelns
und Leidens seiner Protagonistinnen leuchtete er die Gesellschaft, in der sie lebten, aus. »Fontanes Beobachtungen
des Lebens in Deutschland brachten ihn zu der Überzeu-

gung, daß die damaligen Lebensbedingungen der Frauen ein niederschmetternder Kommentar zum moralischen Zustand des Landes seien«, schrieb der Historiker Craig.[341]

Seine Beobachtungen sammelte Fontane über viele Jahre. Schon in seiner ersten Erzählung *Geschwisterliebe*, die er im Alter von neunzehn Jahren publizierte, kommt seine ganz spezifische Herangehensweise im Umgang mit weiblichen Schicksalen zum Ausdruck. Später findet sie sich in seinen *Wanderungen durch die Mark Brandenburg* wieder. Ihren Höhepunkt erfährt sie in seinem Prosawerk, das er ab 1878 in stetem Fluss produzierte. Was er beschrieb, hatte er in Hunderten von Begegnungen, auf seinen Spaziergängen, Wanderungen und Reisen beobachtet und erfahren. Er hatte sich Notizen gemacht, Text-Entwürfe angelegt und seine Erlebnisse gespeichert, um sie dann in denkbar ausgereifter Form zum Ausdruck zu bringen. Bis in seine letzten Lebensjahre erweiterte Fontane dieses Prosawerk kontinuierlich und entwickelte dabei immer noch überzeugendere Frauenfiguren. Der Roman *Effi Briest* war ein Gipfel seines Schaffens, aber nicht der Endpunkt. In *Mathilde Möhring* ging er noch einen Schritt weiter.

Die notwendigen Informationen über die komplexen Seelenzustände von Frauen verdankte Fontane seiner Unbefangenheit im Umgang mit Vertreterinnen des weiblichen Geschlechts. Diese Fähigkeit war ihm quasi in die Wiege gelegt worden. Zeit seines Lebens hatte er ein gutes Verhältnis zu seiner Mutter, war mit seiner älteren Schwester in Kindheitstagen innigst verwoben, übernahm selbstverständlich die Patenschaft und Verantwortung für die zwölf Jahre jüngere Schwester, führte mit seiner Frau eine Ehe auf Augenhöhe und mit Tochter Martha eine Beziehung, die in puncto Interesse und Anteilnahme weit über den gewöhnlichen Umgang von Vätern mit ihren Kindern hinausging. Nicht zuletzt pflegte er geradezu geschwisterliche Beziehungen und Freundschaften zu Frauen, mit denen er nicht verwandt war, wie beispielsweise mit der Stiftsdame Mathilde von Rohr.

Was er naturgemäß in jungen Jahren über das weibliche Geschlecht noch nicht wissen konnte, darüber klärten ihn später die tiefen Einblicke in das Leben seiner Tochter Martha auf. Anhand ihrer Biographie war er schließlich in der Lage, das Leben einer Frau als Ganzes zu überblicken, insbesondere ihre Kindheit und Jugend sowie die Hindernisse, die ihr seinerzeit bei der Ausbildung und intellektuellen Weiterentwicklung in den Weg gelegt wurden. Nicht zuletzt half ihm der analytische Blick eines Naturwissenschaftlers. Dank seiner pharmazeutischen Kenntnisse und der persönlichen Erfahrung mit vielen eigenen Krankheiten wusste er, wie die Gesundheit des Menschen gesamtheitlich erhalten werden konnte.

Die Qualität, mit der Fontane seine weiblichen Charaktere schilderte, ergab sich nicht allein durch die Verwendung korrekter Fakten oder Details. Er nahm genauso die emotionale Seite von Menschen ernst und respektierte sie – auch das ein eher untypisches Verhalten für einen Mann des neunzehnten Jahrhunderts. Er beobachtete nicht nur mit Augen und Verstand, sondern auch mit dem Gefühl, er konnte intensiv antizipieren und beschrieb dann nicht nur das, was zu sehen, sondern auch das, was dabei zu spüren war. Fontane schien nicht nur rational, sondern – wenn man so sagen will – auch emotional zu denken. Gerade dadurch kam er dem Wesen von Frauen besonders nahe. Er erfasste ihre spezifische Art der Wahrnehmung und Selbstbeschreibung, konnte sie verstehen und glaubhaft nachzeichnen.

Entsprechend natürlich und selbstverständlich treten die Frauen in seinen Romanen auf. Meist wird dem Leser, wenn überhaupt, erst auf den zweiten Blick bewusst, dass sie im Konflikt mit ihrer Umgebung leben. Ob sie ihren Mann verlassen wollen, am Ende eine Stadt anzünden oder Hand an sich legen – man folgt ihrem Vorgehen wie selbstverständlich und sieht darin keinerlei Schuldhaftigkeit. Fontane rückte das Handeln seiner Frauenfiguren dadurch ins rechte Rampenlicht und erhob die geltenden Moralvorstellungen sowie die gesellschaftlichen Zwänge seiner Zeit nicht zum Maßstab. Er warb beim Leser um Verständnis und verteidigte ausdrücklich die weibliche Position.

Getrieben wurde er von einer besonderen Sympathie, einer ganz besonderen Anteilnahme für das weibliche Geschlecht. Dabei sind seine Schilderungen vollkommen frei von Lust oder Begierde. Vielmehr ist Fontane auf faszinierende Art und Weise bereit und in der Lage, die Frau als autonomes Wesen zu sehen, als unabhängiges, gescheites Individuum, das sehr wohl, allen Vorurteilen der Gesellschaft zum Trotz, fähig ist, selbstständige und weitsichtige Entscheidungen zu treffen. Sein Interesse zeugt von Respekt und Wohlwollen, von Anerkennung und, ja, man muss auch diesen Begriff in die Waagschale werfen, von Liebe.

Doch warum gerade die Frauen? Schließlich interessierte ihn weder die Aufarbeitung von Einzelschicksalen aus seinem persönlichen Umfeld noch machte er sich zum Fürsprecher der Frauenbewegung, die zu seiner Zeit gerade erstarkte. Martina Weinland hält in dem Katalog zur Ausstellung »Berlin – Stadt der Frauen« über die Frauenrechtlerin Eva Dohm und die Rezeption ihrer Theaterstücke in Berlin fest: »Theodor Fontane (...) hat an ihren Theaterstücken zwar nichts auszusetzen, ist doch das Thema ›Frauen‹ auch die Dominante seiner Berliner Gesellschaftsromane wie in ›Effi Briest‹ und ›L'Adultera‹. Allerdings kommt Fontane zu anderen Schlüssen als Hedwig Dohm. Bei ihm scheitern die

Frauen bei dem Versuch, das Alte zu überwinden und sich selbst gewiss zu sein.«[342]

Fontane bleibt seiner Zeit verhaftet. Seine Schilderungen speisten sich aus machtvollem, aktualitätsbezogenem Erleben. Große Theorie, Utopie oder Vision waren ihm fremd. Er war in diesem Sinne auch kein Intellektueller. Seine Beschreibungen fußten auf persönlichen Beobachtungen, nicht auf Ideen und Hoffnungen für eine ferne Zukunft.

War es vielleicht die Liebe zu Frau und Tochter, die ihn motivierte? Wollte er sie möglicherweise rechtfertigen oder rächen? Lebte er in seinen Romanen gar inzestuöse Phantasien aus? Auch diese Fragen kann man, wie gezeigt, getrost verneinen.

Was Fontane antrieb, war ein tief verwurzelter Gerechtigkeitssinn. Wenn er über Frauen schrieb, meinte er immer auch ein wenig sich selbst. Er hatte schon immer darunter gelitten, dass er als Schriftsteller nicht ernst genommen wurde. Anfangs drückten sich die Kränkungen in extremen Existenznöten aus, die er mangels gerechter Bezahlung erfahren musste. Intensiv rückten er und seine Frau Emilie in dieser Zeit zusammen. Später war es der generelle Mangel an Wahrnehmung und Anerkennung, der ihn bedrückte. Er wusste, wie man empfindet, wenn man sich ungerecht behandelt fühlte. Kaum ein Brief, in dem er das nicht erwähnte, kaum ein längerer Tagebucheintrag, der dieses Thema nicht streifte. Seitenweise könnte man Stellen zitieren, die sein Leid wiedergeben.

Gerade Frauenschicksale eigneten sich damals, diesem Unrechtsbewusstsein zu folgen und gesellschaftliche Missstände aufzuzeigen. Das lag an der zeitgenössischen Wahrnehmung von Frauen. Sie galten als das schwache Geschlecht und erweckten leicht Mitleid. Fontane war nach dem Erscheinen seines Romans *Effi Briest* selbst erstaunt darüber, wie einhellig sich seine Leser auf die Seite der Hauptprotagonistin schlugen. Fast schämte er sich dafür, denn er fürchtete, Innstetten zu negativ gezeichnet zu haben.

Nicht zuletzt ließ sich menschliches Leid anhand von Frauen anschaulich beschreiben. Unsentimental dargestellt, verloren sie dadurch nicht an Glaubwürdigkeit, im Gegenteil: Sie wurden zu Sympathieträgern.

Fontanes Frauen zeichnen sich dadurch aus, dass sie zwei scheinbar konträre Eigenschaften in einer Person vereinen. Sie können stark empfinden und gleichzeitig pragmatisch handeln. Dank ihrer Emotionalität sind sie Geist und Gefühl in einem. Daher offenbart sich an ihrer Biographie am ehesten eine Diskrepanz zwischen Wirklichkeit und Wunsch, zwischen dem, was getan werden muss, und dem, was verboten ist. Seine Protagonistinnen erkennen diesen Widerspruch, tun trotzdem das Verbotene, zerbrechen schließlich daran und gehen dennoch am Ende als Heldinnen aus der Geschichte hervor.

Auch Männer können, wie in *Schach von Wuthenow* plausibel gezeigt wird, an ihrem Schicksal scheitern, aber es gibt in ihrer Persönlichkeit quasi keine emotionale Komponente. Die Möglichkeit, zwei Perspektiven in einer Person zu vereinen, deren Unvereinbarkeit in einen Konflikt und schließlich zum Bruch führt, war am Beispiel einer männlichen Figur zu jener Zeit offenbar nur bedingt gegeben. Schach haderte mit seinem Dilemma und wählte den Freitod, doch Mitgefühl erweckte er damit bei keinem.

Nicht zuletzt war es Sympathie für die Frauen, die Fontane motivierte. Gerade das Echte, Natürliche und Menschliche an ihnen zog ihn an, wie der eingangs zitierte Brief an das Ehepaar Schlenther zeigt. Das »Evatum«, wie er es nannte, faszinierte ihn. Zeit seines Lebens hat er dem nachgespürt und es in seiner Prosa gespiegelt. Dabei ergab sich für ihn kein Widerspruch zwischen Emotionalität und Intellekt. Einige seiner Frauenfiguren – erinnert sei nur an Grete Minde oder Melanie van der Straaten – strahlen dank ihrer Dezidiertheit sogar eine gewisse Kraft aus.

In seinem letzten Roman *Mathilde Möhring* schließlich entwickelte er eine neue Perspektive für die Frauen und wies ihnen einen Weg, wie sie Selbstständigkeit erlangen könnten. Da sie die gesellschaftlichen Bedingungen nicht ändern konnten, mussten sie sich diese persönlich zunutze machen. Mathilde paukt ihren Auserwählten durch die Jura-Prüfungen, besorgt ihm dann eine lukrative Stelle als Bürgermeister und knüpft vor Ort geschickt ein Netzwerk, das ihm Anerkennung und Einflussnahme ermöglicht. Nach seinem Tod kehrt sie geradezu befreit nach Berlin zurück und macht auf der Basis ihrer Witwenrente eine eigene Ausbildung. Das Abschlussexamen besteht sie – an dieser Stelle scheint Fontane förmlich zu triumphieren – mit einer besseren Note als ihr verstorbener Mann.

Die Frauen in Fontanes Werk sind nicht nur liebenswert und emotional, sondern auch intelligent und pragmatisch. Der Schriftsteller schuf aus ihren unterschiedlichen Eigenschaften ein stimmiges Ganzes. Selbst wenn ihnen Unrecht widerfahren war, stilisierte er sie nicht zu Opfern und ließ Gerechtigkeit walten. Dank seiner Romane erfährt ihr ganz spezifischer Umgang mit dem Leben Aufmerksamkeit, Respekt und Anerkennung.

Anmerkungen

1 Craig 1997, S. 3.

2 Brief vom 6. Dezember 1894, Erler 1980, Bd. 2, S. 352.

3 Vgl. Dieterle 1996.

4 Brief vom 15. Februar 1888 an Emil Schiff in: Theodor Fontane, *Irrungen, Wirrungen*, München 1974, S. 190.

5 Vergl. Goldammer u. a. 1984, Bd. 5, S. 544.

6 Ebenda, S. 545.

7 Craig 1997, S. 246.

8 Vergl. Nürnberger 1968, S. 50.

9 Graf Barby lebte mit seinen Töchtern in England und auch Woldmar bricht zwischenzeitlich zu einer Mission dorthin auf. Wiederholt bringt Fontane dergestalt sein Wissen über England mit ein.

10 Brief vom 27. April 1870, Erler 1998, Band 2, S. 454.

11 Brief vom 6. Mai 1870, ebenda, S. 463–464.

12 *Der Schleswig-Holsteinische Krieg im Jahre 1864* (1866); *Kriegsgefangen. Erlebtes 1870* (1871); *Aus den Tagen der Occupation. Eine Osterreise durch Nordfrankreich und Elsaß-Lothringen 1871*, Band 1 und 2 (1871–1872); *Der Krieg gegen Frankreich 1870–1871*, Band 1: *Der Krieg gegen das Kaiserreich. Bis Gravelotte, 18. August 1870* (1873); *Der Krieg gegen Frankreich 1870–1871*, Band 2: *Der Krieg gegen die Republik. Orleans bis zum Einzuge in Berlin* (1876).

13 Das Verhältnis der Frauen zum Staate. In: *Sächsische Vaterlandsblätter* vom 5. September 1843, Nr. 142, S. 633 ff.

14 Brief vom 15. April 1870, Erler 2000, S. 140.

15 Goldammer u. a. 1984, Bd. 6, S. 300.

16 Ebenda, Bd. 5, S. 378.

17 Craig 1997, S. 249.

18 Ebenda, S. 251.

19 Erler 1994, S. 258.

20 Fontane 1997 (1891), S. 127 f.

21 Ebenda, S. 131.

22 Ebenda, S. 21 f.

23 Ebenda, S. 26.

24 Ebenda, S. 17.

25 Ebenda, S. 181.

26 Ebenda, S. 182.

27 Ebenda, S. 115.

28 Ebenda, S. 117.

29 Ebenda, S. 32.

30 Ebenda.

31 Flügge 2015, S. 21.

32 Fontane 1997 (1891), S. 138 f.

33 Ebenda, S. 200.

34 Erler 2003, S. 38.

35 Erler 1998, Bd. 1, S. XXVIII.

36 Erler 1994, Bd. 1, S. 35.

37 Ebenda, S. 298.

38 Vergl. Dieterle 1996, S. 108.

39 Vergl. ebenda, S. 109.

40 Erler 2003, S. 149.

41 Erler 2001, S. 285.

42 Vergl. Goldammer u. a. 1984, Bd. 6, S. 516 f.

43 Brief vom 15. Juni 1872, Erler 2003, S. 232.

44 Vergl. Nürnberger 1968, S. 107.

45 Ebenda.

46 Vergl. Goldammer u. a. 1984, Bd. 4, S. 541 f.

47 Hauptmann 1980 (1974), S. 694.

48 Erler 1998, S. XI.

49 Keitel 1980, S. 301.

50 Ebenda, S. 304.

51 Ebenda, S. 301.

52 Erler 2003, S. 378.

53 Keitel 1980, S. 110

54 Ebenda, S. 304.

55 Erler 2003, S. 38.

56 Ebenda, S. 49.

57 Nach Bernd W. Seiler, ist davon auszugehen, dass Fontane in Dresden ein Verhältnis mit der Wirtstochter Augusta Adelheid Emilie Freygang (1812 – nach 1875) hatte, dem zwei Kinder entwuchsen, davon mindes-

tens eine Tochter. Freygangs Vater besaß eine Schankwirtschaft in der Kleinen Fischergasse, heute Brühlsche Gasse, damals fester Begriff für das Dresdner Dirnenviertel. Sie befand sich in unmittelbarer Nähe der Salomonis-Apotheke, in der Fontane 1842 angestellt war. Auch später kehrte er wiederholt nach Dresden zurück. Während dieser Aufenthalte besuchte er Adelheid. Vergl. Bernd W. Seiler, »Theodor Fontanes uneheliche Kinder und ihre Spuren in seinem Werk«, in *Wirkendes Wort* 48/1998, S. 215–233.

58 »Denke Dir, Enthüllungen No II; zum zweiten Male unglückseliger Vater eines illegitimen Sprößlings.« Vergl. Erler, 2003, S. 52.

59 Erler 2003, S. 60.

60 Vergl. Kapitel »Zwei ungleiche Schwestern«.

61 Erler 1998, Bd. 1, S. 10.

62 Ebenda.

63 Ebenda, S. 20.

64 Ebenda, Bd. 2, S. 47.

65 Brief vom 7. Mai 1857, ebenda, S. 51.

66 Ebenda, S. 26.

67 Ebenda, Bd. 1, S. 432.

68 Ebenda, S. 394.

69 Ebenda, Bd. 2, S. 174.

70 Ebenda, S. 209.

71 Ebenda, Bd. 1, S. 292 f.

72 Ebenda, S. 194.

73 Ebenda, S. 321.

74 Ebenda, S. 507.

75 Ebenda, S. 99.

76 Erler 2003, S. 70.

77 Erler 1998, Bd. 2, S. 240.

78 Ebenda, S. 111.

79 Ebenda, S. 292 f.

80 Erler 2003, S. 126.

81 Erler 1998, Bd. 2, S. 463.

82 Erler 2003, S. 128.

83 Ebenda, S. 127.

84 Erler 1998, Bd. 2, S. 206.

85 Ebenda, S. 481.

86 Ebenda, S. 472.

87 Ebenda, S. 498.

88 Brief vom 23. August 1891, Erler 1998, Bd. 3, S. 543.

89 Brief vom 22. Juni 1850, Erler 2003, S. 58.

90 Vergl. Donner 2004.

91 Erler 1998, Bd. 3, S. 110.

92 Ebenda, S. 111.

93 Vergl. Erler 1998, Bd. 2, S. 606.

94 Erler 1998, Bd. 3, S. 305.

95 Erler 2003, S. 405.

96 Ebenda, S. 253 ff.

97 Erler 1998, Bd. 3, S. 309.

98 Fontane 1996, S. 33.

99 Erler 2003, S. 325.

100 Erler 1998, Bd. 3, S. 554.

101 Keitel 1980, S. 353.

102 Ebenda, S. 354.

103 Ebenda.

104 Ebenda, S. 350 ff.

105 »Er war mit meiner Familie liiert und namentlich meiner Mutter, die große Stücke von ihm hielt, in besonderer Liebe zugetan.« Ebenda, S. 351.

106 Ebenda.

107 Ebenda, S. 356 f.

108 Ebenda, S. 357.

109 Ebenda, S. 354.

110 Die Fontanes und die Merckels, 1987, Bd 1, S. XXXVI.

111 Keitel 1980, S. 285.

112 Die Fontanes und die Merckels, 1987, Bd. 1, S. 4.

113 Brief vom 29. September 1855, ebenda, Bd. 1, S. 11.

114 Brief zwischen 9. und 12. November 1855, ebenda, Bd. 1, S. 30.

115 Brief vom 26. November 1856, ebenda, Bd. 1, S. 79.

116 Ebenda, Bd. 2, S. 252.

117 Ebenda, S. 253.

118 Ebenda, S. 252.

119 Ebenda, S. 251.

120 Ebenda, Bd. 1, S. 80.

121 Ebenda, S. 91.

122 Ebenda, S. 94.

123 Brief vom 27. Dezember 1856, ebenda, S. 122.

124 Ebenda, S. 14.

125 Brief vom 22. Dezember 1856, ebenda, S. 102 f.

126 Ebenda.

127 Brief vom 4. September 1857, ebenda, Bd. 1, S. 149.

128 Brief vom 20. Mai 1858, ebenda, Bd. 2, S. 50.

129 Ebenda, S. 280 f.

130 Keitel 1980, S. 294.

131 Die Fontanes und die Merckels, 1987, Bd. 1, S. 24.

132 Ebenda, S. 44.

133 Brief vom 13. Dezember 1856, ebenda, Bd. 1, S. 92 f.

134 Ebenda, S. 93.

135 Brief vom 30. Juni 1858, ebenda, Bd. 2, S. 86 f.

136 Ebenda, S. 233.

137 Ebenda, Bd. 1, S. XVII.

138 Brief vom 12. Oktober 186, ebenda, Bd. 2, S. 213.

139 Ebenda, Bd. 2, S. 284.

140 Ebenda, S. 218.

141 Ebenda, S. 263.

142 Erler 2000, S. 369.

143 Vergl. Klosterurkunden, Landeshauptarchiv Schwerin, 2.12 – 312, Klöster und Ritterorden, Dobbertin, Nr. 436.

144 Ebenda.

145 Ebenda.

146 Erler 2000, S. 11.

147 Ebenda, S. 12.

148 Ebenda, S. 16.

149 Erler 2000.

150 Ebenda, S. 29.

151 Vergl. Keitel 1980, S. 279 ff.

152 Erler 2000, S. 286.

153 Ebenda, S. 288.

154 Vergl. Kapitel »Die Salonière«.

155 Nürnberger 1968, S. 131.

156 Erler 2000, S. 17.

157 Ebenda, S. 43.

158 Ebenda S. 233.

159 Ebenda, S. 22.

160 Ebenda, S.19.

161 Ebenda, S.261.

162 Ebenda, S.161.

163 Ebenda, S.357.

164 Ebenda, S.358 f.

165 Goldammer u. a. 1984, Bd. 3, S.536.

166 Vergl. Kapitel »Die Brandstifterin«.

167 Goldammer u. a. 1984, Bd. 3, S.77.

168 Ebenda, S.84.

169 Ebenda, S.85.

170 Ebenda, S.148.

171 Ebenda, S.150.

172 Goldammer u. a. 1984, Bd. 8, S.86 f.

173 Brief vom 21.März 1877, Erler 2000, S.248.

174 Brief vom 2.Januar 1884, ebenda, S.290.

175 Brief vom 23.Mai 1888, ebenda, S.309 f.

176 Ebenda, S.370.

177 Ebenda, S.26.

178 Vergl. Kapitel »Augen wie glühende Kohlen«.

179 Vergl. Dieterle 2006, S.22.

180 Die Fontanes und die Merckels, 1987, Bd. 2, S.253.

181 Dieterle, 2006. S.31 f.

182 Ebenda, S.49.

183 Vergl. Erler 2003, S.170.

184 Vergl. Erler 2000, S.140.

185 Erler 1998, Bd 2, S.458.

186 Vergl. »Vorwort«.

187 Brief vom 2.Juni 1876, Erler 2001, S.12.

188 Brief vom 30.Juli 1876, ebenda, S.15.

189 Vergl. Dieterle 2006, S.135.

190 Erler 2001, S.34.

191 Ebenda.

192 Vergl. Dieterle 2006, S.173.

193 Brief vom 1.August 1880, Erler 2001, S.36.

194 Dieterle 2006, S.181.

195 Ebenda, S.185.

196 Erler 2001, S.132.

197 Dieterle 2006, S.249.

198 Vergl. von Braun 2009, S. 37 ff.

199 Ebenda, S. 27.

200 Ebenda, S. 54.

201 Brief an Elisabeth Friedlaender, vergl. Dieterle 2006, S. 227.

202 Vergl. Kapitel »Theodor Fontane und die Frauenbewegung« und »Die eng Vertraute«.

203 Vergl. Kapitel »Trennung ohne Scheidung«.

204 Vergl. »Schrecken der Weite« von Frank Thadeusz in: *Der Spiegel*, 6/2017, S. 101.

205 Dieterle 1996.

206 Ebenda, S. 14.

207 Ebenda, S. 294

208 Ebenda, S. 135.

209 Ebenda.

210 Ebenda.

211 Ebenda, S. 15.

212 Erler 1998, Bd. 3, S. 472.

213 Vergl. Dieterle 2006, S. 205.

214 Brief vom 24. April 1891, Erler 2001, S. 428.

215 Vergl. Dieterle 2006, S. 267.

216 Dieterle 2006, S. 244.

217 Brief vom 30. September 1893 an Karl Zöllner, ebenda, S. 283.

218 Vergl. Dieterle 2006, S. 372 f.

219 Fontane, 1996. S. 33.

220 Ebenda, S. 59.

221 Ebenda, S. 64 f.

222 Ebenda, S. 14.

223 Goldammer u. a. 1984, Bd. 1, S. 205.

224 Ebenda, Bd. 2, S. 411.

225 Ebenda, S. 444.

226 Ebenda, Bd. 1, S. 50.

227 Ebenda, Bd. 3, S. 270.

228 Ebenda, S. 367 ff.

229 Ebenda, Bd. 4, S. 10 f.

230 Ebenda, S. 76.

231 Ebenda, S. 199.

232 Ebenda, S. 85.

233 Vergl. Kapitel »Zwei ungleiche Schwestern«.

234 Goldammer u. a. 1984, Bd. 4, S. 207.

235 Ebenda, Bd. 5, S. 34.

236 Mit der Witwe Pittelkow setzte Fontane Adelheid Freygang, wohl Mutter seiner unehelichen Kinder in Dresden, ein unvergessenes Denkmal. Vergl. Kapitel »Fontane und die Frauenbewegung«.

237 Goldammer u. a. 1984, Bd. 5, S. 181.

238 Ebenda, S. 220.

239 Ebenda, S. 268.

240 Brief vom 20. August 1890 an Maximilian Harden, vergl. ebenda, S. 594.

241 Ebenda, S. 598.

242 Ebenda, S. 387.

243 Ebenda, S. 380 f.

244 Ebenda, S. 385.

245 Demetz 1964, S. 166.

246 Goldammer u. a. 1984, Bd. 6, S. 82.

247 Ebenda, S. 241.

248 Erler 1994, S. 224.

249 Goldammer u. a. 1984, Bd. 7, S. 319.

250 Ebenda, S. 317 f.

251 Ebenda, S. 331 f.

252 Ebenda, Bd. 8, S. 123.

253 Ebenda, S. 269.

254 Spinnen 2012, S. 140.

255 Goldammer u. a. 1984, Bd. 7, S. 421 f.

256 Ebenda, S. 521.

257 Ebenda, S. 516.

258 Ebenda, S. 618.

259 Lübke 1891, S. 326.

260 Erler 1998, Bd. 3, S. 147.

261 Vom Tangermünder Stadtschreiber und Ratsherrn Andreas Ritner. Vergl. Brückner 2011, S. 31.

262 Goldammer u. a. 1984, Bd. 3, S. 522.

263 Parisius 1883, S. 29.

264 Ebenda, S. 78.

265 Ebenda.

266 Ebenda, S. 89.

267 Ebenda, S. 98.

268 Ebenda, S. 102.

269   Beispielsweise *Grete Minde* (1977), Regie: Heidi Genée.

270   Brief an Emilie vom 11. Juni 1878, Erler 1998, Bd. 3, S. 115.

271   Goldammer u. a. 1984, Bd. 3, S. 28.

272   Ebenda, S. 30.

273   Ebenda, S. 48.

274   Ebenda, S. 60.

275   Ebenda, S. 95.

276   Ebenda, S. 96.

277   Ebenda, S. 102.

278   Ebenda, S. 107.

279   Vergl. Kapitel »Die eng Vertraute«.

280   Goldammer u. a. 1984, Bd. 3, S. 89.

281   Vergl. Seiler 2011, S. 35.

282   Goldammer u. a. 1984, Bd. 3, S. 538.

283   Ebenda.

284   Ebenda, S. 111.

285   Ebenda, S. 118.

286   Ebenda, S. 111.

287   Ebenda, S. 176.

288   Ebenda, S. 182.

289   Ebenda, S. 199 f.

290   Ebenda, S. 206.

291   Ebenda, S. 206 f.

292   Ebenda, S. 209 f.

293   Ebenda, S. 238 f.

294   Vergl. Kapitel »Die eng Vertraute«.

295   Goldammer u. a. 1984, B. 3, S. 375.

296   Ebenda, S. 455 f.

297   Ebenda, S. 377.

298   Ebenda, S. 615 f.

299   Vergl. ebenda, S. 607.

300   Ebenda, S. 395.

301   Ebenda, S. 475.

302   Ebenda, S. 456.

303   Ebenda, S. 429.

304   Ebenda, S. 429 f.

305   Ebenda, S. 430 f.

306   Ebenda, S. 432.

307 Ebenda.

308 Ebenda, S. 438 f.

309 Ebenda, S. 492 f.

310 Vergl. Ebenda, S. 448: »(…) Ziethen der gegen den schönen, (…) Schach eine Specialmalice hegte«, oder S. 453: »›Er ist schwach und eitel nach der Art aller schönen Männer (…)‹.«

311 Brief an Hans Hertz vom 2. März 1895, Schreinert, Hay, 1972, S. 356.

312 Goldammer u. a. 1984, Bd. 4, S. 323.

313 Ebenda, S. 317 f.

314 Ebenda, S. 318.

315 Ebenda, S. 459.

316 Duelle waren damals verboten und wurden mit Gefängnis bestraft. Da sie für einen Offizier gleichzeitig eine Möglichkeit waren, seine Ehre zurückzugewinnen, erließ der König routinemäßig die Strafe, und der Duellant wurde vorzeitig entlassen.

317 Brief vom 2. Juni 1887, Erler 1980, Bd 2, S. 155.

318 Erler 2000, S. 304.

319 Goldammer u. a. 1984, Bd. 4, S. 486.

320 Ebenda.

321 Ebenda, S. 347.

322 Ebenda, S. 358.

323 Ebenda, S. 362.

324 Ebenda, S. 470.

325 Ebenda, S. 462.

326 Vergl. ebenda, S. 563.

327 Ebenda, S. 564.

328 Erler 1994, S. 263.

329 Brief an Clara Kühnast vom 27. Oktober 1895, Erler 1980, Bd. 2, S. 374.

330 Brief vom 10. Oktober 1895, ebenda, S. 373.

331 Vergl. Kapitel »Die Salonière«.

332 Franke 1994, S. 7.

333 Beckmann 1930, S. 87.

334 Ebenda.

335 Vergl. Budjuhn 1985, S. 70.

336 Ebenda, S. 169.

337 Ebenda, S. 211.

338 Ebenda, S. 214.

339 Vergl. Original-Abdruck des Briefes in Franke 1994, S. 200 ff.

340 Ebenda, S. 201.

341 Craig 1997, S. 246.

342 »Hedwig Dohm (1831–1919). ›Werde die, die Du bist‹«, in: Stiftung Stadtmuseum Berlin 2016, S. 28.

I. Biographische Angaben
zu Theodor Fontane

30. Dezember: 1819 geboren in Neuruppin

14. November 1824: Geburt von Emilie Rouanet-Kummer, Fontanes späterer Frau, Dresden

Juni 1827: Umzug der Familie nach Swinemünde (heute: Świnoujście)

Ostern 1832: Gymnasium und Internat, Neuruppin

Herbst 1833: Gewerbeschule von Karl Friedrich Klöden, Berlin

Ostern 1836: Lehrling bei Wilhelm Rose in der Apotheke »Zum Weißen Schwan«, Spandauer Straße, Berlin

Dezember 1839: Publikation der Erzählung *Geschwisterliebe* (1839)

7. Juni 1840: Tod Friedrich Wilhelms III. von Preußen; Thronfolger: Friedrich Wilhelm IV.

Herbst 1840: Apothekergehilfe in Burg, nahe Magdeburg

Januar 1841: Typhuserkrankung

1. April 1841: Apothekergehilfe in der Adler-Apotheker, Leipzig; Mitglied im »Herwegh-Klub«

Februar 1842: Rheumatisches Fieber

1. Juli 1842: Wechsel in die »Salomonis-Apotheke« von Dr. Friedrich Struve, Dresden

Ostern 1843: Defektar in der Apotheke des Vaters, Letschin im Oderbruch

1. April 1844: Einberufung ins Kaiser-Franz-Garde-Grenadierregiment Nr. 2, Berlin

Mai 1844: Kurzreise nach London

29. September 1844: Aufnahme in die literarische Gesellschaft »Tunnel über der Spree«, Berlin

Juni 1845: Rezeptar in der »Polnischen Apotheke«, Berlin

8. Dezember 1845: Verlobung mit Emilie Rouanet-Kummer

2. März 1847: Approbation zum Apotheker und Anstellung in der Apotheke »Zum Schwarzen Adler« am Georgenkirchplatz, Berlin

18. März 1848: Märzrevolution, Berlin

Sommer 1848: Unterricht im Apothekenwesen für die Diakonissinnen

Emmy Danckwerts und Aurelie von Platen im Krankenhaus Bethanien, Berlin

15. November 1849: Korrespondent für die *Dresdner Zeitung*

1850: Eltern trennen sich ohne Scheidung

Juli 1850: Lektor im »Literarischen Cabinet« des preußischen Innenministeriums, Berlin

16. Oktober 1850: Heirat mit Emilie in der französisch-reformierten Kirche in der Klosterstraße, Berlin

1. Dezember 1850: Auflösung des »Literarischen Cabinets«

1851: Antrag auf Poetenpension abgelehnt

14. August 1851: Geburt von Sohn George Émile

1. November 1851: Wiedereintritt in die »Centralstelle für Preß-Angelegenheiten« (ehemals »Literarisches Cabinet«)

April 1852: Reise nach London, Korrespondent für die *Preußische (Adler-) Zeitung*

2. September 1852: Geburt von Sohn Rudolf (verst. 16. September 1852)

Ende September 1852: Rückkehr Fontanes aus London nach Berlin

Ab Frühjahr 1853: Arbeit als Journalist, Privatstunden für Kinder der Familie von Wangenheim und Adam Flender; Tuberkulose, 100 Taler Krankenunterstützung von König Friedrich Wilhelm IV.

14. Oktober 1853: Geburt von Sohn Peter Paul (verst. 6. April 1854)

29. Mai 1855: Geburt von Sohn Hans Ulrich (verst. wenige Tage später)

September 1855 bis Januar 1859: Mitarbeiter der »Centralstelle für Preß-Angelegenheiten«, London

Januar 1856: Emilie zieht mit Schwägerin Elisabeth und Sohn George nach London

Mai 1856: Emilie kehrt zurück nach Berlin

Mai bis Juli 1856: Fontane liefert aus London Feuilletons für die *Vossische Zeitung*

Ab Oktober 1856: Fontane wird Londoner Korrespondent für die *Kreuzzeitung*

3. November 1856: Geburt von Sohn Theodor (verst. 16. Mai 1933)

Ab Januar 1857: Fontane schreibt regelmäßig von London aus für *Die Zeit*

27. Juli 1857: Emilie folgt mit Söhnen nach London

Sommer 1858: Reise nach Schottland mit Bernhard von Lepel

17. Januar 1859: Fontane kehrt endgültig aus London zurück nach Berlin

7. Februar 1859: Emilie kehrt mit Sohn Theodor aus London zurück nach Berlin. Sie lebt teilweise bei der Schwiegermutter in Neuruppin

24. Februar 1859: Fünfwöchiger Aufenthalt in München mit der Hoffnung auf eine Stelle als Privatbibliothekar bei König Maximilian II.

März 1859: Freischaffender Autor und Journalist, Berlin; Recherchen zu den *Wanderungen durch die Mark Brandenburg*

6. April 1859: Fontanes ziehen in die Potsdamer Straße 33; nach weiteren drei Umzügen (Herbst 1859, 1862, 1863) beziehen sie 1872 ihr endgültiges Quartier in der Potsdamer Straße 134c

5. September 1859: Sohn George kehrt aus London zurück

21. März 1860: Geburt von Tochter Martha (verst. 10. Januar 1917)

1. Juni 1860: Redakteur bei der *Kreuzzeitung*, Berlin

2. Januar 1861: Friedrich Wilhelms IV. stirbt; Thronfolger: Wilhelm I.

22. Februar 1864: Geburt von Sohn Friedrich (verst. 22. September 1941)

Februar bis Oktober 1864: Deutsch-Dänischer Krieg; Bericht von den Kriegsschauplätzen in Schleswig-Holstein und Dänemark

1865: Reise an den Rhein und in die Schweiz

1866: Preußisch-Österreichischer Krieg; Bericht von den böhmischen und süddeutschen Kriegsschauplätzen

5. Oktober 1867: Tod des Vaters Louis Henry in Schiffsmühle bei Freienwalde

13. Dezember 1869: Tod der Mutter Emilie in Neuruppin

April 1870: Kündigung bei der *Kreuzzeitung*; Theaterrezensent der *Vossischen Zeitung*

1870/71: Deutsch-Französischer Krieg

5. Oktober 1870: Aufbruch zu den Kriegsschauplätzen nach Frankreich; Festnahme in Domrémy; Kriegsgefangenschaft auf der Île d'Oléron

Dezember 1870: Rückkehr nach Berlin

18. Januar 1871: Kaiserproklamation in Versailles

1871: Osterreise nach Frankreich

1874: Italienreise mit Emilie

1875: Reise in die Schweiz, nach Oberitalien, Wien

6. März bis 2. August 1876: Ständiger Sekretär der Akademie der Künste in Berlin

1878–1892: Nahezu jährlich Publikation von Prosawerken: *Vor dem Sturm* (1878), *Grete Minde* (1880), *Ellernklipp* (1881), *L'Adultera* (1882), *Schach von Wuthenow* (1883), *Graf Petöfy* (1884), *Unterm Birnbaum* (1885), *Cécile* (1887), *Irrungen Wirrungen* (1888), *Stine* (1890), *Quitt* (1891), *Unwiederbringlich* (1892)

24. September 1887: Sohn George stirbt infolge eines Blinddarmdurchbruchs

9. März 1888: Tod Wilhelms I.; Thronfolger: Friedrich III.

15. Juni 1888 Tod Friedrichs III.; Thronfolger: Wilhelm II.

März bis September 1892: Fontane erkrankt an Grippe und befindet sich monatelang in einem Zustand totaler Erschöpfung und Arbeitsunfähigkeit

Ab November 1892: Fortsetzung der schriftstellerischen Tätigkeit und jährlichen Publikation neuer Werke: *Frau Jenny Treibel* (1893), *Meine Kinderjahre* (1894), *Effi Briest* (1885), *Die Poggenpuhls* (1896), *Von Zwanzig bis Dreißig* (1898), *Der Stechlin* (1899), *Mathilde Möhring* (1906)

1894: Ehrendoktor der Philosophischen Fakultät der Friedrich-Wilhelms-Universität, Berlin

20. September 1898: Fontane stirbt gegen neun Uhr abends in Berlin

18. Februar 1902: Emilie stirbt in Berlin

II. Bibliographie (Auswahl)

Becker, Sabine, Sascha Kiefer (Hg.): Weiber weiblich, Männer männlich? Zum Geschlechterdiskurs in Theodor Fontanes Romanen, Dresden 2004.

Beckmann, Wilhelm: Im Wandel der Zeiten, Berlin 1930.

Braun, Christine von: Nicht Ich. Logik, Lüge, Libido, Berlin 2009.

Brückner, Sigrid: Tangermünde. Der Stadtführer, Wettin-Löbejün ot Dössel 2011.

Budjuhn, Horst: Fontane nannte sie »Effi Briest«, Berlin 1985.

Craig, Gordon A.: Über Fontane, München 1997.

Demetz, Peter: Formen des Realismus, München 1964.

Die Fontanes und die Merckels. Ein Familienbriefwechsel. 1850–1870, Berlin und Weimar 1987.

Dieterle, Regina: Vater und Tochter. Erkundung einer erotisierten Beziehung in Leben und Werk Theodor Fontanes, Frankfurt am Main 1996.

Dieterle, Regina: Die Tochter. Das Leben der Martha Fontane, München, Wien 2006.

Donner, Sandra: Von höheren Töchtern und gelehrten Frauenzimmern: Mädchen- und Frauenbildung im 19. Jahrhundert, dargestellt an den Schloßanstalten Wolfenbüttel, Frankfurt am Main u. a. 2004.

Erler, Gotthard (Hg.): Fontanes Briefe in zwei Bänden, Berlin und Weimar 1980.

Erler, Gotthard (Hg., unter Mitarbeit von Therese Erler): Theodor Fontane, Tage- und Reisebücher Bd. 2, Tagebücher 1866–1882, 1884–1898, Berlin 1994.

Erler, Gotthard (Hg., unter Mitarbeit von Therese Erler): Emilie und Theodor Fontane. Der Ehebriefwechsel in drei Bänden, Berlin 1998.

Erler, Gotthard (Hg.): Theodor Fontane. Sie hatte nur Liebe und Güte für mich. Briefe an Mathilde von Rohr, Berlin 2000.

Erler, Gotthard (Hg.): Theodor Fontane. Meine liebe Mete. Ein Briefgespräch zwischen Eltern und Tochter, Berlin 2001.

Erler, Gotthard: Das Herz bleibt immer jung. Emilie Fontane. Biographie, Berlin 2003.

Erler, Gotthard, Rudolf Mingau (Hg.): Theodor Fontane. Wanderungen durch die Mark Brandenburg. Erster Teil. Die Grafschaft Ruppin, Berlin 2005.

Erler, Gotthard, Rudolf Mingau (Hg.): Theodor Fontane. Wanderungen durch die Mark Brandenburg. Zweiter Teil. Das Oderland, Berlin 2005.

Erler, Gotthard, Rudolf Mingau (Hg., unter Mitarbeit von Therese Erler): Theodor Fontane. Fünf Schlösser. Altes und Neues aus Mark Brandenburg, Berlin 2005.

Erler, Gotthard, Rudolf Mingau (Hg.): Theodor Fontane. Wanderungen durch die Mark Brandenburg. Dritter Teil. Havelland, Berlin 2009.

Erler, Gotthard: »Hinterm Berg wohnen auch Leute«. Theodor, seine Familie, seine Freunde, seine Bücher. Einleitungen, Nachworte, Vorträge. Mit einem Geleitwort von Helen Chambers, Berlin 2013.

Faber, Richard: »… der hebe den ersten Stein auf sie.« Humanität, Politik und Religion bei Theodor Fontane, Würzburg 2012.

Flügge, Manfred: Das Jahrhundert der Manns, Berlin 2015.

Fontane, Theodor: Geschwisterliebe, München 1996 (1839).

Fontane, Theodor: Meine Kinderjahre. Autobiographischer Roman, Berlin 1997 (1891).

Franke, Manfred: Leben und Roman der Elisabeth von Ardenne. Fontanes »Effi Briest«, Düsseldorf 1994.

Goldammer, Peter, Gotthard Erler, Anita Golz und Jürgen Jahn (Hg.): Theodor Fontane, Romane und Erzählungen in acht Bänden, Berlin und Weimar 1984.

Hauptmann, Gerhart: Das Abenteuer meiner Jugend. Zweites Vierteljahrhundert, Berlin, Weimar 1980 (1962/1974).

Jolles, Charlotte (unter Mitarbeit von Rudolf Muhs): Theodor Fontane, Tage- und Reisetagebücher Bd. 2, Tagebücher 1852, 1855–1858, Berlin 1994.

Keitel, Walter, Helmut Nürnberger: Theodor Fontane. Von Zwanzig bis Dreißig, Frankfurt am Main 1980 (1898).

Lübke, Wilhelm: Lebenserinnerungen, Berlin 1891.

Müller, Volker: Der Weg nach Sanssouci. Das Fontane-Jahr. Notizen, Plädoyers und Eskapaden, Würzburg 2001.

Neuschäffer, Hubertus: Mecklenburgs Schlösser und Herrenhäuser, Husum 1990.

Nürnberger, Helmuth: Fontane, Hamburg 1968.

Parisius, Ludolf (mit Hermann Dietrichs): Bilder aus der Altmark, Hamburg 1883.

Platritis, Christos: Die Darstellung der Frauengestalten in der Literatur des ausgehenden 19. und des beginnenden 20. Jahrhunderts. Eine Untersuchung im Werk Theodor Fontanes, Hermann Hesses und Nikos Kazantzakis, Frankfurt am Main 2005.

Rouanet, Jean Pierre Barthélemy: Von Toulouse bis Beeskow. Lebens-Erinnerungen. Berlin 2000 (1904).

Seiler, Bernd W.: Fontanes Berlin. Die Hauptstadt in seinen Romanen. Berlin 2011.

Scheuerer, Sabina: FrauenOrte im Land Brandenburg, Potsdam 2014.

Schreinert, Kurt (mit Gerhard Hay): Theodor Fontane. Briefe an Wilhelm und Hans Hertz, 1859–1898, Stuttgart 1972.

Spinnen, Burkhardt (mit Lorenz Kienzle): Sein Glück verdienen. Theodor Fontanes zeitlose Heldinnen, München 2012.

Stiftung Stadtmuseum Berlin (Hg.): Berlin – Stadt der Frauen. Couragiert und feminin. 20 außergewöhnliche Biografien. Paul Spies und Martina Weinland, Berlin 2016.

Tresnak, Elena: Theodor Fontane: Wegbereiter für weibliche Emanzipation um 1900? Vergleichende Untersuchungen literarischer Weiblichkeitskonzepte in der zweiten Hälfte des 19. Jahrhunderts am Beispiel von Theodor Fontanes »Cécile« und Helene Böhlaus »Der Rangierbahnhof«, Hamburg 2011.

III. Dank

Je dicker die Bücher, desto länger die Danksagung. Mit meiner Widmung danke ich, allen voran, Ulrike Uhlig aus der Polnischen, heute Dorotheenstädtischen Apotheke, in der Theodor Fontane einst bei Julius Schacht als Rezeptar arbeitete und die sich in meiner nächsten Nachbarschaft befindet. Frau Uhlig stand mir und meiner Familie mit pharmazeutischem Rat und Hilfe auf das Liebenswürdigste zur Seite, besonders als die Kinder noch klein waren und steter Aufmerksamkeit bedurften – eine Apothekerin mit Herz und Verstand!

Mein Dank geht ferner an Dr. Sandra Donner, Museumsdirektorin von Schloss Wolfenbüttel, die intensiv zu Frauenbildung im 19. Jahrhundert geforscht und mir ihre Ergebnisse freimütig zur Verfügung gestellt hat. Bei der Beschäftigung mit der Preußischen Bildungsreform war ihr aufgefallen, dass die Frauen darin praktisch nicht vorkamen.

Spontane Hilfe bei meiner Recherche erwies mir die Düsseldorfer Galeristin Ute Parduhn, die kurzerhand ihre Nachbarschaft abklapperte, in der das Mutterhaus der Diakonie Theodor Fliedners steht. Nach seinem Vorbild wurde das Krankenhaus Bethanien in Berlin gebaut, in dem Fontane Emmy Danckwerts und Aurelie von Platen im Apothekenwesen unterrichtete. Für ihre uneigennützige Recherche bin ich Ute zu herzlichem Dank verpflichtet.

Der Fuldaer Herzspezialist Dr. Tassilo Bonzel machte mich auf die zahlreichen Pflegeeinrichtungen aufmerksam, die Anfang des 19. Jahrhunderts zumeist auf Initiative couragierter Frauen deutschlandweit gegründet wurden.

Ermutigung auch zu diesem Buch fand ich bei Dr. Mechthild Wolf, Historikerin und langjährige Archivarin, aber im Wesentlichen eine der vielen Privatpersonen, die Fontane im Stillen über alle Maßen verehren. Besonders sein dreibändiger Ehebriefwechsel hatte es ihr angetan. Leider ist Mechthild während meiner Recherchen zu dem Projekt verstorben, doch sie wird es vom Himmel aus weiter wohlwollend begleiten. Beerdigt wurde sie in Dagow beim Stechlinsee, gleich neben »Metas Ruh«, der Grabstätte, die Fontane in seinen Wanderungen durch die Mark Brandenburg erwähnte.

Ähnlich haben mich Klaus Donat und Wolfgang Becker aus rein persönlicher Verehrung für Fontane nachhaltig unterstützt. Sie empfahlen mir die Martha-Biographie Regina Dieterles und verwiesen damit auf die übergroße Bedeutung von Tochter Martha für das Werk des Schriftstellers.

Volker Müller vermittelte mir auf seine offene und kenntnisreiche Art, inwieweit Fontanes Werk integrierend zwischen Ost und West wirkte, ein Thema, das mir besonders am Herzen liegt. Schon Jahre vor der Wende hatten sich Fontane-Experten über deutsch-deutsche Trennungsmechanismen hinweggesetzt, man traf sich heimlich und tauschte sich intensiv über den dies- wie jenseits der Grenze gleichermaßen hochgeschätzten Autor aus. Beinahe nahtlos konnte die Forschung hier nach 1989 anknüpfen.

Nicht zuletzt standen mir Freundinnen und Freunde wie Rebekka Göpfert, Franziska Günther, Nicola Kuhn, Eleonore Schrader, Thomas Brose, Arndt von Diepenbrock, Jürgen Israel, Hartmut Kühne und viele andere unverdrossen zur Seite, nicht zu vergessen Hans Ganz, der Beste der Besten, liehen mir beim lauten Nachdenken über das Buch geduldig ihr Ohr, fragten nach meinen Fortschritten und gaben hilfreiche Ratschläge. Auch ihnen sei an dieser Stelle allerherzlichst gedankt.

Mein Dank geht an das Theodor-Fontane-Archiv im Brandenburgischen Landesarchiv, Potsdam, ferner an die Stiftung Preußische Seehandlung, die dieses Buch finanziell unterstützt hat.

Bildnachweis

Bpk Bildagentur S. 8, 188, 224
Union X. A. S. 18
Art Collection 3 / Alamy Stock Photo S. 48
Theodor-Fontane-Archiv, Potsdam S. 70, 162
epd-bild S. 126 (Reproduktion Henriettenstiftung)
Nephantz! S. 256
Hans Rottenhammer S. 276

Trotz umfangreicher Recherchen ist es uns nicht in allen Fällen gelungen, die Rechteinhaber ausfindig zu machen. Berechtigte Ansprüche bitten wir an den Verlag zu richten.